朱子學文獻大系　歷代朱子學著述叢刊

近思録專輯

嚴佐之　戴揚本　劉永翔　主編

第二册　近思雜問　近思續録　近思別録

近思後録　近思録補

華東師範大學出版社

圖書在版編目（CIP）數據

近思雜問　近思續録　近思別録　近思後録　近思録補/[宋] 陳埴 [宋] 蔡模　[宋] 佚名　[明] 江起鵬著，宗韻　程水龍　顧宏義　丁小明校點. —上海：華東師範大學出版社，2014

朱子學文獻大系·歷代朱子學著述叢刊·近思録專輯/嚴佐之　戴揚本　劉永翔　主編

ISBN 978-7-5675-1698-4

Ⅰ. ①近… ②近… ③近… ④近… ⑤近…　Ⅱ. ①陳… ②蔡… ③佚… ④江… ⑤宗… ⑥程… ⑦顧… ⑧丁…　Ⅲ. ①理學—研究—中國—南宋　Ⅳ. ①B244.75

中國版本圖書館 CIP 數據核字(2014)第 020198 號

近思雜問　近思續録　近思別録　近思後録　近思録補
（朱子學文獻大系·歷代朱子學著述叢刊·近思録專輯　第二册）

著　　者　陳　埴　蔡　模　佚　名　江起鵬
校 點 者　宗　韻　程水龍　顧宏義　丁小明
項目編輯　呂振宇
審讀編輯　阮東升
裝幀設計　高　山

出版發行　華東師範大學出版社
社　　址　上海市中山北路3663號　郵編　200062
電　　話　021-60821666　行政傳真　021-62572105　客服電話　021-62865537
網　　址　www.ecnupress.com.cn
門市地址　上海市中山北路3663號華東師範大學校内先鋒路口　郵編　200062
門市(郵購)電話　021-62869887
網　　店　http://hdsdcbs.tmall.com/

印 刷 者　上海中華商務聯合印刷有限公司
開　　本　890×1240　32開
印　　張　16.875
字　　數　302千字
版　　次　2015年1月第1版
印　　次　2016年5月第2次
書　　號　ISBN 978-7-5675-1698-4/B·827
定　　價　52.00元

出 版 人　王　焰

本書爲
二〇一一年度國家社科基金重大項目
二〇一三年度國家古籍整理出版資助項目

朱子學文獻大系編輯委員會

朱子學文獻大系總序

從一九九三年起，至二〇〇七年止，我們先後策畫，相繼完成了朱子全書、朱子全書外編的編纂和出版，把朱子本人的撰述、編著與注釋之作，及其指導或授意門人弟子的撰著、纂述，作了一次元元本本的文獻清理和集成。而除此之外，這整整十五年來的收穫，還有我們對朱子學説及其歷史意義認識的不斷更新和逐步深刻。

朱子是繼孔子之後，儒家思想文化史上成就最卓越的學者和思想家。近半個世紀前，錢穆先生在朱子學提綱中提出：「在中國歷史上，前古有孔子，近古有朱子，此兩人，皆在中國學術思想史及中國文化史上發出莫大聲光，留下莫大影響。曠觀全史，恐無第三人堪與倫比。」朱子建構的理學思想體系，博大精深，不僅在儒學發展史上具有劃時代意義，而且對其身後長達七百餘年的中國，乃至日本、朝鮮等東亞諸國的思想、學術、社會、政治，都產生了深刻、巨大、恒久的影響。而此影響在思想學術史上留下的顯著印跡，就是後世學者鮮能繞開朱子説事，要麽尊朱、宗朱，要麽反朱、批朱，「與時俱進」的朱子思想研究，成爲貫穿數百年學術史無時不在的主題和主軸。於是，有學者甚至認爲，「在朱熹以後，理學就成了『朱子學』」，朱子就是「理學傳統中的孔子」。這樣的評價，雖然未必「真是」，卻亦庶幾「真事」。推而論之，則所謂「朱子學」，固然是指朱子本人的思想學術，卻又不止是其本人的思想學術。按照陳來先生的説法，朱子留下的豐厚著述與精緻學説，以及七百餘年來，他的同道學友、門人弟子與後世尊朱、宗朱學者，對朱子著述、學説的闡發與研究，即「整體地構成了現如今我們所研究的『朱子學』」。作爲整體、通貫的朱子學，其學術範疇不僅涵蓋易、詩、禮、四書等傳統經學領域，更涉及哲學、史學、文學、政治學、教育學、社會學、文獻學等諸多學科，既是一座内容廣闊、内涵精深的傳統思想寶庫，一份極富開掘意義和傳承價值的文化遺産，也是一門具有多學科交叉特色的名副其實的綜合性專學。

自上世紀八十年代以來，海内外學術界對朱子學研究表現出前所未有的興趣和關切，發展迄今三十餘載，已獲長足進步。但綜觀現狀，反思自省，我們的研究及取得的學術成果，與朱子學本身所應該享有的研究規模和研究程度，還很不相稱，若衡之以「整體、通貫」的要求，則該研究領域中的很大一部分，甚至還未曾涉及過。近年來，關於推進整體、通貫的朱子學研究的想法，逐漸成爲學界的一個共識。如以朱子學爲主題的國際學術研討會在大陸、臺灣、韓國等地數度舉辦，如朱子學通論等朱子學研究專著相繼問世。而「中華朱子學會」、「朱子學學會」等全國性學術團體的成立，則意味著一個「學術共同圈」的初步形成，以及作爲一門獨立學科的朱子學研究已進入一個新的歷史階段。學者們指出，新時期朱子學研究的任務，就是要規劃對宋、元、明、清各個朝代的朱子學，以及每位朱子學家的重要的見解進行分析，把他們流傳下來的書籍、文獻進行整理、研究。而後者，即對歷代朱子學文獻的整理與研究，無疑是前者的先行和基奠。

認識漸趨深刻，遂生自覺擔當。在完成朱子本人撰述的文獻集成之後，我們有意再接再厲，把歷代朱子學文獻整理研究工作繼續下去。先是在朱子全書外編書稿殺青之際，我們就曾醞釀用傳統的「學案體」來編纂歷代朱子學者的相關學術文獻。後來朱傑人教授主編影印朱子著述宋刻集成，又提出編纂出版「朱子學文獻大系」的構想。不過那幾年忙於編纂整理顧炎武全集，既分身無術，也分心不得，只能把研究計劃暫擱心頭。故而，當顧炎武全集一旦脱稿，此事也就順理成章地提上了議事日程。二〇一〇年末，我們開始循著「朱子學文獻大系」的思路策劃課題；翌年初春，確定以華東師大古籍研究所爲主體，組建科研團隊，以「朱子學文獻整理與研究」爲課題，擬訂科研規劃。是年初夏，課題被納入當年國家社科基金重大項目第二批招標目録；秋十月，經過競標面試，以嚴佐之教授爲首席專家的「朱子學文獻整理與研究」課題正式獲批立項；冬十二月，課題論證會在華東師大召開，經專家組評議審定，規劃通過論證，項目正式啓動。按照課題規劃，「朱子學文獻整理與研究」課題，凸顯文獻整理與研究並重的特色，旨在從理論和實踐二個方面，構建一個符合整體、通貫的「朱子學」學科内涵和特點的「朱子學文獻」分類體系，並從浩若煙海的歷代典籍文獻中，梳理出屬於「朱子學」學科範疇的基本文獻資料，打造一個集「朱子學文獻」大成的信息大平臺。爲此，課題設計了「歷代朱子學研究著述集萃校點」、「歷代朱子學研究文類輯録校點」、「歷代朱子著述珍本集成影印」、「朱子學專科目録編撰」和「朱子學文獻專題研究撰著」等項子課題。各項研究的最終成果，則將結集爲一部開放性的大型叢書朱子學文獻大系。

朱子學文獻大系下轄歷代朱子學著述叢刊、歷代朱子學研究文類叢編、歷代朱子著述珍本叢刊、朱子學文獻研究學術文庫四部不同類型的叢書，故稱之「大系」。其中歷代朱子學著述叢刊，擬按學科、著述或學術議題分編專輯，如「朱子經學專輯」、「朱子四書學專輯」、「朱子近思録專輯」、「朱陸異同專輯」等，以集中提供經過精選精校的歷代朱子學重要研究著述的閲讀文本。歷代朱子學研究文類叢編，擬按專題分類輯集散見於各種典籍的朱子學研究篇章，如序跋、劄記、語録、書信等，以集中提供經過遴選類編的歷代朱子學研究文獻散篇的閲讀文本。歷代朱子著述珍本叢刊，擬按時代分編朱子著述宋刻集成、元明刻本朱子著述集成等，以集中提供高仿真影印的朱子著述歷代各色珍稀版本。朱子學文獻研究學術文庫，擬收入具有文獻學研究屬性的各種撰述、編著，如朱子學古籍總目、朱子學史籍考、朱子與弟子友朋往來書信編年等。朱子學文獻大系下轄各叢書都已制訂基本收書書目，但不預設收書總數上限，倘日後發現宜收之書，則可隨時補編增入，故謂之「開放性」大型叢書。各叢書均自有編例，我們但在其下屬專輯或所收撰著前撰寫序言，以交代編纂宗旨與體例，如歷代朱子學著述叢刊之近思録專輯序，歷代朱子著述珍本叢刊之朱子著述宋刻集成序言，朱子學文獻研究學術文庫之朱子與弟子友朋往來書信編年序等，各叢書前則不再撰寫總序。至於歷代朱子學著述叢刊各書的校點體例，如底本、校本的遴選標準，專名號、書名號的使用規範，異體字、版别字的處理方法，舛誤衍闕的改字原則，以及校勘記的書寫格式等，皆一併延循朱子全書編纂陳例，在此不再贅述，若遇特殊需作變通，則在各書校點説明中予以交代。

朱子學文獻大系是我們按自己對整體、通貫的朱子學的認識，而爲之「量身定制」的一個朱子學文獻庫，囿於識見，必欠周詳而不能盡如人意。好在大系是「開放」的，可以隨時吸納同道高明之見，不斷補充，漸臻完善。朱子學文獻大系的規模、體量和難度，都超出朱子全書與外編許多，這樣的設計或許有些「自不量力」。編纂朱子全書、外編用了整整十五年，況且那時我們纔年過「不惑」，而今則已年届「耳順」、「從心」之間，十年再磨一劍，能否一如既往，勝任始終，尚難卜知。好在整理與研究朱子學文獻並非心血來潮之念，更非趨時應景之計，而是建設與發展整體、通貫的朱子學的真切需要，是必須要做的學術事業，也好在我們有一個同心同德的學術團隊相依託，還有華東師大出版社的精誠合作。所以，朱子學文獻大系成果的不斷推出和最終成功，是必然可以期待的。

二〇一四年五月　嚴佐之

歷代朱子學著述叢刊・近思録專輯序

一　近思録的「被經典」與近思録後續著述

編纂於公元一一七四年的近思録，在經過七八百年傳播的層層累積之後，最終成爲最能代表中國古代主流學術思想的經典之一。這樣一個結果，應該是主編朱子及其合作者吕祖謙始料未及的。因爲朱子當時邀約吕祖謙在武夷山寒泉精舍「留止旬日」編纂此書的初衷，不過是想替那些僻居窮鄉而不能遍觀周、張、二程諸先生之書的讀書人，提供一部能比較準確、全面、系統概括四子思想，且又切近日用、便宜遵行的理學入門讀本。雖説書稿初成之後，他倆仍不斷書信往返，商榷編例，其取去不可謂之不審，互議不可謂之不勤，但近思録畢竟是「十日談」出來的「速成品」。雖説朱子也自以爲近思録詳於「義理精微」，堪稱「四子之階梯」，但畢竟還算不上他用力最勤最深的撰著，至少不能與其臨終仍念念不忘的四書章句集注相提並論。然而，就是這麽一部原初設定的學術思想普及讀本，卻在朱、吕身後，被後世學者一步步發掘出潛藏的巨大學術價值，一步步提升到顯要的理學經典地位。這樣的結果確實很有意思，而更有意思的還有那個漫漫長長的累積過程。

回溯歷史，早在朱子生前，就已有他的講友劉清之，取程門諸公之説，爲之續録。及其身後，近思録注解、續補之作更是紛至競出，弟子輩中有陳埴雜問、李季札續録、蔡模續録、别録和楊伯嵒衍註，再傳弟子有葉采集解、熊剛大集解、何基發揮、饒魯注、黄績義類，以及三傳弟子程若庸注等。而由建安書塾刊行的無名氏文場資用分門近思録，則表明近思録已進入當時科舉讀物的榜單，讀者受衆勢必益多。是以近思録在南宋後期，就已被學者視爲「我宋之一經，將與四子並列，詔後學而垂無窮者」。繼之元世，又有趙順孫爲之精義，戴亨爲之補注，柳貫爲之廣輯，黄溍爲之廣輯，學者們注解、續補的熱情有增無減，皆並尊「近思録乃近世一經」。明初，永樂詔修性理大全，「其録諸儒之語，皆因近思録而廣之」，是知此書已對國家意識形態産生不小影響。只是明人注近思録者鮮少，明世盛行的讀本，大多是周公恕據葉采集解擅改的分類經進近思録集解。不過這樣的情勢，也多少能反映出王學時代朱子近思録的「社會生態環境」。明季清初，學風蜕變。於是，先有高攀龍朱子節要、江起鵬近思録補、錢士升五子近思録等陸續問世，其性質多屬續補仿編一類。易代之後，則有王夫之著近思録釋、張習孔作近思録傳、丘鍾仁撰近思録微旨等，内容更多反思和發揮。洎此以降，終清一代，近思録愈發大行於世，研讀成果更是層出不窮。據學者調查統計，清代近思録研究著述多達四十餘種。其中屬注解詮釋一類的，有張伯行集解、李文炤集解、茅星來集註、江永集註、陳沆補注、劉之珩增注、車鼎賁注析微、郭嵩燾注、張紹價解義等；屬續補仿編一類的，有朱顯祖朱子近思録、張伯行續録、廣録、汪佑五子近思録、施璜五子近思録發明、劉源渌續録、鄭光羲續録、嚴鴻逵朱子文語纂編、黄叔璥集朱、黄奭集説、管贊程集説、姚璉輯義、吕永輝國朝近思録等；屬隨筆札記一類的，則有汪紱讀近思録、李元綱隨筆、秦士顯案注、徐學熙小箋、陳階劄記、厲時中按語等。與此相應，是清人對近思録評價的一路抬升，稱此書「直亞於論、孟、學、庸」，以爲「救正之道必從朱子求，朱子之學必於近思録始」。如上所述，林林總總，蔚然大觀，爲便宜叙述起見，且以「近思録後續著述」概稱之。

據學者調查，歷代近思録後續著述總數多達百種以上。然竊以爲仍有佚著尚未計入，總量還有提升的可能。不僅如此，近思録還流布域外，在古代東亞的朝鮮、日本也得到廣泛傳播，非但屢屢重刻傳抄，爲之注釋者亦絡繹不絕。一部古代學術典籍，竟然獲得後世如此恒久的關注和衆多密集的研究！這樣的故事，自然只有儒、釋、道學的「核心」經典才會發生。無怪乎梁啓超、錢穆先生，皆奉近思録爲宋代理學經典之首選，以爲「後人治宋代理學，無不首讀近思録」。既爲古代學術思想之經典，近思録固然有其可以古今轉换、歷久彌新的思想意義和學術價值。然而，有意義、有價值的還遠不止於近思録本身，七八百年來廣泛流布於中土、東亞的衆多近思録後續著述，同樣是一大筆值得後世珍視的思想學術史實貴資源。

二　近思「續録」彌補了近思録無朱子思想資料的缺憾

近思録是朱子的編著而非撰著，它與朱子學術思想的關係，主要在其爲近思録篇章分卷的結構設計，及其對四子語録的遴選審訂，體現了朱子對理學早期思想體系的宏大思考和縝密建構。至於近思録的内容，並不能真正、完全反映朱子本人的思想，因爲書中並無朱子思想資料的記録。陳來先生説「錢穆先生推薦的國學書目，近思録下面就接著王陽明的傳習録，跳過了朱子，這是我不以爲然的」，因爲「近思録所載的是理學奠基和建立時期的四先生思想資料，其中並没有理學集大成人物朱子的思想資料」。其實，錢穆先生並非不知此情，在復興中華文化人人必讀的幾部書一文中，他是這樣説的：「這書把北宋理學家周濂溪、程明道、程伊川、張横渠四位的話分類編集，到清朝江永，把朱子講的話逐條注在近思録之下，於是近思録就等於是五個人講話的一個選本。這樣一來，宋朝理學大體也就在這裏了」。雖然，但陳先生指出近思録無朱子思想資料的意思没錯，而僅靠江永集註，也未能完全解決近思録無朱子思想資料的問題。

近思録無朱子思想資料的缺憾，其實是朱子後學早就深切關注的問題。清初朱顯祖就曾爲此大發感慨：「因思自孔、孟以後，歷漢、唐來千有餘載，始得有宋周、張、二程諸大儒，直追堯、舜相傳之意，其間精微廣大，賴先生近思一録爲之階梯，俾後學得以入門，而先生在宋儒中更稱集大成者，乃其生平格言實行，反未載於録内，豈非讀近思録者之大憾也乎！」可以説，在朱子近思録構建的理學框架中添置朱子語録，接續朱子思想資源，一直是近思録後續著述的「重頭戲」。我們看清張伯行續近思録序説：「自朱子與吕成公采摭周、程、張四子書十四卷，名近思録，嗣是而考亭門人蔡氏有近思續録，勿軒熊氏有文公要語，瓊山丘氏有朱子學的，梁溪高氏有朱子節要，江都朱氏有朱子近思録，星溪汪氏又有五子近思録，雖分輯合編，條語微各不同，要皆仿朱子纂集四子之意，用以匯訂朱子之書者。」幾乎就是對近思録「集朱續録」的「學術史回顧」了。只是嚴格來説，其中元熊禾文公要語、明丘濬朱子學的，並非「仍近思録篇目，分次其言」者，而名實相符的「集朱續録」，還另有元趙順孫近思録精義、明劉維深續近思録、錢士升五子近思録、清劉源淥近思續録、張伯行續近思録、孫嘉淦五子近思録輯要、黄叔璥近思録集朱等多種。不僅如此，近思録的注解也多以「集朱」爲旨。如宋楊伯喦衍註、葉采集解，清李文炤集解、陳沆補注等，都大量采集朱子文獻爲四子注解，而江永集註更是「取朱子之語以注朱子之書」的典型。

對於後世朱子學者在「集朱續録」這個學術議題上的執著追求，四庫館臣似乎有些不以爲然。他們認爲張伯行續近思録「因近思録門目，采朱子之語分隷之，而各爲之注」，實不足爲重，説「自宋以來，如近思續録、文公要語、朱子學的、朱子節要、朱子近思録之書，指不勝屈，幾於人著一編，核其所載，實無大同異也」。職是之故，像劉源淥近思續録、張伯行續近思録等，只能被打入存目。按説後世纂輯朱子思想資料，無非是從傳世的文集、語類、或問等著述中遴選摘取，各家續録内容有所重複，似亦在所難免，若就此而言，四庫館臣的訾議也不無道理。但若謂之「指不勝屈，幾於人著一編」，則似屬誇大之詞；而謂之「核其所載，實無大同異」，更有以偏概全之嫌。

其實，「集朱續録」在輯録條目總數、選録文獻内容、徵引文獻書目和輯録編纂體例等方面，是很有些差異的。例如最早編纂於南宋寶慶三年的蔡模近思續録，共選輯朱子語録四百三十八條。到清初汪佑編五子近思録，據明高攀龍朱子節要采録朱子語録五百四十八條，較蔡録多一百十條。至清康熙二十三年朱顯祖纂朱子近思録，又增至七百八十五條，多出蔡録三百四十七條、汪録二百三十七條。繼而康熙四十年劉源淥纂輯續近思録，更多至八百五十三條，庶幾最初蔡録之翻倍。可見「集朱續録」的規模體量，直是一路「水漲船高」。再如專論「性理」、「道氣」等形上議題的卷一道體篇，蔡録凡二十三條、汪録五十一條、朱録一百十四條、劉録三十五條、張録七十四條。專談「治具」、「治功」等形下議題的卷九治法篇，蔡録凡五十五條、汪録十六條、朱録一百十條、劉録一百條、張録二十四條。可見「集朱續録」的選項各有側重。張伯行尤喜高談性理學説，對治政實務反倒興趣不大。劉源淥恰好相反，論性理不及汪録之多，談實務卻是汪録六倍。朱顯祖則性理、治政二者並重，均采輯百條之多。究其原因，自當與續録者的治學趨向和學術水平相關。再説徵引文獻範圍之異。蔡録所用朱子文獻，有文集、語録、易本義、書傳、大學或問、論語或問、太極圖、四書章句集注、西銘解、易學啓蒙、經説、手帖、詩傳等。而朱録所取，既有「專刻」之朱子文集、朱子奏議與經濟文衡、年譜、語録諸書，還有「匯刻」之性理大全、儒宗理要、聖學宗傳與世憲編、證心録等書。再如編纂體例之異。如蔡録、汪録、朱録都是單純的「集朱」，而張録則「采朱子之語分隸之而各爲之注」。蔡録、朱録、張録等都是單一的「集朱」，汪録卻是朱子與四子的合一。一隅之證，雖不足窺其全，但已可知四庫館臣「核其所載，實無大同異」的訾議，有失武斷，不足爲訓。

近思録「集朱續録」之所以會不斷「再生産」，或有以下幾個原因可以考慮。首先，固然是朱子思想在理學傳承中不可或缺的重要性，使人不約而同地想到且做到一塊去。其次，是否還應考慮到當時圖書流通、信息傳播的局限問題。如高攀龍、錢士升、朱顯祖、汪佑、劉源渌等，他們在編纂續録時都没有提到蔡模近思續録，説明此書在明末清初並未通行。又如籍貫山東青州府安丘縣的劉源渌，「瀝盡心血二十餘年」編纂續録，卻不知十多年前江都朱顯祖就已編成朱子近思録行世。這都説明那個時代的學術信息不够靈通，以致造成研究課題的撞車。再者就是對既有「集朱續録」不稱意，自以爲需要重起爐灶。如清乾隆間孫嘉淦重纂五子近思録輯要，就是因其不滿汪佑五子近思録有「抑揚近似」之嫌。他説：汪録雖使「濂洛關閩之微言燦然備矣，然而張子之言間有出入，二程之語多出於門人所記，朱子之學與年俱進，其早年所著，有晚而更之者矣。後之學者，目不睹五子大全，又恐泥其抑揚近似之辭，或有毫釐千里之謬。蓋非前人之書尚有未善，而吾所以憂後學之心至無已也。書有以多爲富，亦有以簡爲明，有語之而欲詳，有擇焉而欲精。因不揣固陋，即舊編而更審擇之。」可見孫氏之所以重整輯要，就是要表達自己對朱子思想的不同理解。

總而言之，「集朱續録」之所以長盛不衰、層出不窮，主要還在於傳世的朱子文獻承載著廣大精微的朱子學説，其數量和範圍，都遠遠超出朱、吕編纂近思録時所面對的北宋四子文獻，而後世「續録」者更無一能如朱子這般「一錘定音」者，於是就給後人騰出了盡己之見而去取編纂的發揮空間。這也恰好證明，歷代朱子學者接連不斷編纂出面目各異的近思録「集朱續録」，正是他們對朱子理學思想的認知差異和詮釋演化的一個絶佳縮影。而這樣的「縮影」效應，還存在於其他非純粹「集朱」的近思録後續著述中。

三　近思「補録」構築起宋元明清程朱理學史基本框架

近思録後續著述的另一類型，是在朱子近思録構建的理學框架中添置歷代程朱學者的思想資料。因其書名多用「别録」、「後録」、「補録」、「廣録」等，爲了與純粹「集朱」的「續録」相區别，且用「補録」概稱之。

最早編纂「補録」的是朱子講友劉清之。據朱子語類記載：「劉子澄編續近思録，取程門諸公之説。某看來其間好處固多，但終不及程子，難於附入。」「程門諸先生親從二程子，何故看他不透。子澄編近思續録，某勸他不必作，蓋接續二程意思不得。」是知劉清之續近思録是一部專「取程門諸公之説」的「補録」。不過劉清之的編纂熱情被朱子澆了一頭冷水，因爲朱子一向認爲程門弟子未能盡得乃師真傳，用「程門諸公之説」解釋近思録，很有可能與程子原意發生偏差，故「勸他不必作」。至於劉清之是否聽從朱子之勸而中輟編纂，確實是個問題，因爲宋史本傳所載劉清之著述，並無名「續近思録」或「近思續録」者，歷代公私藏目、史志補志也一無著録。不過巧合的是，在傳世的近思「補録」中，倒是有一部南宋末佚名編近思後録，專取「吕侍講」、「范内翰」、「吕正字」、「謝上蔡」、「游察院」、「楊龜山」、「尹和靖」、「侯仲良」、「朱給事」、「胡文定」等「程門諸公之説」。這部宋建安刻本近思後録未題編撰者姓名，但從其引録文獻的範圍和内容來看，似乎還是存在著與劉清之續近思録相關聯的想像空間。此外，編纂過近思續録的蔡模還編纂了一部近思别録。與佚名近思後録專「取程門諸公之説」不同，别録只取朱子道友張栻、吕祖謙二先生之語。這或許是因爲蔡模身受朱子親炙，比較領會乃師對程門後學的態度，也或許是因爲他知曉已有專「取程門諸公之説」的劉氏「補録」，故不事重複。但不管怎樣，别録的編纂，切實爲近思録補上了南宋理學思想資料的重要環節。

明萬曆間，江起鵬纂近思録補，首次汲取明四大朱子學者薛瑄、胡居仁、蔡清、羅欽順的言論，使近思「補録」的歷史延伸到了明代。江起鵬字羽健，萬曆二十三年進士，生於朱子闕里婺源，也是一位理學思想的信奉者。他自述「年十齡，先大夫授以近思録、薛文清公讀書録」，「年十三，授以程明道先生語略、王陽明先生則言」，「既而得胡敬齋先生居業録，益用嚮往」，復「亟求羅整庵先生困知記、蔡虚齋先生密箴二書讀之，實有啓發」。而這樣的知識背景，確實也在他的補録裏有所反映。江氏近思録補共涉及二程、朱子、張栻、吕祖謙、黄榦、李方子、真德秀、薛瑄、蔡清、胡居仁、羅欽順十二家之言，較之蔡氏別録、佚名後録，更構築起了自宋及明的近思録閱讀、詮釋史框架。

清人近思「補録」，有施璜五子近思録發明、張伯行近思廣録、吕永輝國朝近思録等數家。施璜是汪佑五子近思録的「合編參較」者，所謂「發明」，就是在汪氏五子録的基础上再添補薛敬軒、胡敬齋、羅整庵、高景軒四位明代最重要朱子學者的思想資源。施璜認爲明四子乃宋五子之「羽翼」，「匯萃其精要者，以附於各卷之末」，就是「以四先生之言，發明五先生之旨」。張伯行廣録精萃張栻、吕祖謙、黄榦、許衡、薛瑄、胡居仁、羅欽順等宋元明七位大儒的語録，他説：「余於近思録所爲，既詮釋之，而又續之，而又廣之，冀有以章明義藴，引進後人，而且儒書於不墮也。」可知寓朱子「詮釋」於近思「補録」，乃其有意識的「預謀」。此後，又有無錫鄭光羲編集續近思録，據四庫提要介紹：「是編前集十四卷，采薛瑄、胡居仁、陳獻章、高攀龍四人之説。後集十四卷，采王守仁、顧憲成、錢一本、吴桂森、華貞元及其父儀曾六人之説。」顯然，那是一部專收明儒語録，並輯録最多的近思「補録」，而其將陳白沙、王陽明這二位心學先進，以及東林諸儒也補録於中，更是「别具一格」，而大可深究。可惜鄭録今已難覓蹤跡。清光緒二十六年，吕祖謙裔孫吕永輝，精選清初陸桴亭、張楊園、陸稼書、張敬庵四位朱子學者的語録，編成國朝近思録一書，彌補了近思「補録」不及清人的缺檔，雖然收録有限，但畢竟在時間跨度上完成了近思録詮釋史清代部分的接續。在自序中，吕永輝説了這麽一番話：「竊思一代則必有一代之聖賢，以綿道統於不墜。上古之世，堯、舜、禹、湯，爲開天明道之聖人。中古之世，孔、顏、曾、孟，爲繼世立極之聖人。宋之世，有周、程、張、朱五子，爲繼往開來之聖人。其後接其傳者，元有趙江漢、劉靜修、許魯齋，明有薛敬軒、胡敬齋、羅整庵、先司寇。當末世絶續之交、天地閉塞之時，則有陸桴亭、張楊園，養晦深山，獨延道統于一綫。逮我國朝，則陸清獻公、張清恪公出焉，恪守程朱，以開文明之運。嗚呼，尚矣！是近世之儒近思而有得之者，推二陸、二張四先生爲最純，悉具内聖外王之學，誠正齊治之略，得周、程、張、朱之的派，爲千古道統之正傳。因取四先生之書，讀而校之，擇其尤切近者若干條輯之，庶天下國家身心誠正之隆軌在是焉。學者近思而力行之，則入聖階梯不遠矣。」可見，對於近思録「續録」「補録」的思想學術史意義，清代學者已具有相當深切的認識。

四　近思録注解、札記及其思想學術史文獻價值

近思録後續著述的再一大宗，就是歷代學人對近思録的注解詮釋和閲讀札記。鑒於「續録」「補録」的思想資源多非直接應對近思録而言的文獻，相比之下，歷代注解、札記應該是與近思録關係更爲密切的學術文獻，理應更能體現近思録傳播、閲讀、接受史的意義。

近思録歷代注釋，今存宋楊伯喦、葉采，清張習孔、李文炤、張伯行、茅星來、江永、陳沆、郭嵩燾、張紹價等十餘家。亡佚未見者，則有元何基發揮，明程時登贅述，程若庸注，清王夫之釋，劉之珩增注，車鼎賁注析微，秦士顯案注，陳大鈞集解等。近思録歷代札記，現有宋陳埴雜問，清汪紱讀近思録，李元湘隨筆，令狐亦岱摘讀，黑葛次佩氏復隅，陳階札記，厲時中按語，張楚鍾理話等。亡佚未見者，則有清丘鍾仁微旨，徐學熙小箋等。不難看出，近思録注釋者和札記撰者的學術地位和影響力，與「續録」「補録」收録的人物，總體上存在較大「級差」。就是説，被「續録」「補録」收入的人物，幾乎全是歷代程朱學派的領袖、主將，或宗朱一派學者的代表人物。從二程先生及其高弟吕希哲、范祖禹、吕大臨、謝良佐、游酢、楊時、尹焞、侯仲良、朱光庭、胡安國，到朱子及其道友張栻、吕祖謙，門人黄榦、

李方子，從元、明朱子學「大佬」許衡、薛瑄、蔡清、胡居仁、羅欽順、高攀龍，到清初名臣陸世儀、張履祥、陸隴其、張伯行等，無一不是在中國儒學史、理學史上數得著的重要人物。就此而言，由歷代「續録」「補録」貫串起來的，或可看做一部展現朱子學者「精英」學術思想的近思録詮釋史。這固然很有意義，但近思録本質上是一部普及性的理學初級讀本，它在一般讀者中如何傳播，又曾激起怎樣的思想反響，諸如此類的問題，其實也很有探究的意義，而這卻不是「續録」「補録」所能提供的。反觀歷代近思録注解、札記的作者，似乎僅有朱子高弟陳埴、清初名儒張伯行、乾嘉學者汪紱，堪稱朱子學名家。當然王夫之、江永、魏源、郭嵩燾等也聲名卓著，但王船山繼承的主要是張横渠一脈，江慎齋擅名經史考據而非義理發揮，魏默深、郭伯琛二人的思想影響力也不在其宗朱一面。至於宋葉采、楊伯嵒，清張習孔、茅星來、李文炤、陳沆、李元湘、陳階、徐學熙等，似乎都算不上伊、洛、閩學源流脈絡中的頂尖學者、代表人物。然而，恰是這些非一流學者的詮釋意見和閱讀心得，使我們能瞭解近思録在一般宗朱學者中的閱讀狀況和思想反饋，從而與「續録」「補録」互爲補充，體現出面向更爲寬闊的近思録思想學術史意義。

爲近思録作注釋、寫札記最多的，無疑是清代朱子學者。鑒於「續録」「補録」中清代思想資源的相對欠缺，存世的諸多清人近思録注釋、札記，無疑是研究清代近思録詮釋史的寶貴文獻。這裏且舉三個比較有意思的例證：汪紱讀近思録、陳沆近思録補注和郭嵩燾近思録注。

汪紱字燦人，號雙池，徽州婺源人，著有理學逢源等。傳稱汪紱治學，「研經則參考衆説，而一衷于朱子」，「述作博及兩漢、六代諸儒疏義，元元本本，而一以宋五子之學爲歸」。在新編中國儒學史中，汪紱與謝濟世、尹會一、陳宏謀、雷鋐、朱珪等，一道被列爲乾嘉時期宗程朱之學的理學代表人物。有意思的是，六人中的四位，尹會一、陳宏謀、朱珪、汪紱，都曾注釋或刊刻過近思録。汪紱讀近思録約撰於乾隆十九年，在此之前，他的同鄉江永已推出新注本近思録集註。汪紱與江永同爲宗朱一派，但兩人「只有書牘往來，而未嘗相見」，關係並不密切。從書信來看，汪紱對江永治學頗多異議，江永則覺得汪紱的意見「與鄙衷殊不相入」。江、汪都對近思録抱有濃厚興趣，只是江永集註多「采朱子之言爲注釋」，而汪紱讀近思録則盡是自己的解讀。倆人在問學路徑上的不同，及其學術觀點的碰撞，在汪紱讀近思録中多有展現。如近思録卷九收入程子論「井田制」二則，江永集註引用朱子之語，明確表示井田今不可行，汪紱讀近思録則針鋒相對，以爲「井田亦可因而行」。衆所周知，「井田」、「封建」、「郡縣」等問題，是清初顧炎武、黄宗羲、陸隴其等十分關心、經常討論的一個涉及當下土地制度乃至政治制度的議題。今從汪紱讀近思録可知，這個議題直至乾嘉時期還在繼續爭議之中。

陳沆字太初，號秋舫，湖北蘄水人，嘉慶朝狀元，「以詩文雄海内」，世稱「一代文宗」。陳沆補注的一個重要看點，就是其中收入了好友魏源的注釋，並在全書編例、材料取捨上，都很大程度地聽取、采納了魏源的意見。如修訂稿卷首原抄録孫承澤一段話：「孫北海曰：學有原委，原云端正則委自分明，如大學之『明德』，中庸之『天命』，論語之『務本』，孟子之『仁義』，皆自原頭説起，使學者有所從入。不然，原本不識，用力雖勤，而誤墮旁蹊者不少矣。故近思録首卷宜細爲體認，朱子『識個頭腦』四字，良非易事。」但這段孫北海語録，被魏源審稿時一筆勾删，並在欄上眉間批字曰：「孫氏姓名有玷此書，且其語亦支離之甚。今學者第從第二、三卷『存養』、『致知之方』作工夫，有誤落旁蹊者耶？且空識名目，亦未必遂能通道不惑也。」孫承澤是明末清初由王學轉向朱學的代表人物，他仿近思録例，輯周、程、張、朱之言爲學約一書，復以明薛瑄、胡居仁、羅欽順、高攀龍四家之語編撰學約續編，還撰寫考正晚年定論，逐條批駁陽明朱子晚年定論，這些都是朱子學史上有代表性的文獻。然其一味尊朱，乃至「字字阿附」，處處回護，幾乎到了「佞朱」的地步。以致後來遭四庫館臣詬病，譏評他「末年講學，惟假借朱子以爲重」。物極必反，「佞朱」實則「誤朱」，這就引起宗朱陣營反思，「痛聖人之道不晦于畔朱之人，而即毀于從朱之人」。所以，孫北海條目的收入和删去，都反映了清代朱子學者在如何傳承朱子學説問題上所持的不同態度。魏源注近思録在陳沆補注中雖僅十一條，卻是其傳世詩文著述之外的佚文。而讀者也可由此知曉，這位近代「睜眼看世界」的先行者，在接受西方新事物、新思想的同時，依然保持對程朱理學的傳統情懷。

無獨有偶，郭嵩燾這位清廷首任駐英、法使節、近代「洋務運動」幹將，在寫下使西紀程的同時，還留下一部他多年閲讀近思録的學術札記。根據郭嵩燾題識，知道他於近思録曾「瀏覽所及四十餘年」，更在同治七年至光緒十年的十多年裏，「前後四次加注」。就是説，在郭嵩燾罷官歸隱、出使英法、海外召回、二度貶黜的那段跌宕起伏的仕宦歲月裏，其案頭書架，一直都有近思録的存在。這就不免讓人想到一個問題，一般總説理學家守舊，是政治改良、社會革命的思想阻礙。按此推論，思想「與時俱進」、政治理念「開放」的郭嵩燾，如此熱衷近思録這部理學入門讀物，似乎有悖常理，那些唾他唾沫的守舊儒臣，才該是近思録的「粉絲」。其實，讀不讀近思録與一個人的政治理念没有太多關係。清初，無論是「明遺」王夫之、張履祥、吕留良，還是「儒臣」孫承澤、張習孔、張伯行，都曾注釋、仿編或刊刻過近思録，但「明遺」與「儒臣」對滿清新政權的政治態度是截然不同的。郭嵩燾爲什麽要長年閲讀、「四次加注」近思録？據其自述：「深味近思録所以分章之義，盡看得大，所録四子之言，亦多是從大處説，而於一言一動之微，依然條理完密，無稍寬假。是以流行七八百年，奉此書爲入德之門，而體例之博大，記録之精審，尚亦非淺學者所能窺見也。」由此看來，他是把近思録作爲自我修養的經典來反復奉讀的，而郭注正是他多年來研讀近思録的心得手札。郭注重在義理思辨，尤多獨特見解，對周、程、張四子思想，既有發明，亦有持疑；對朱子及張栻、黄榦、葉采、江永等人的詮釋，則頗多異議辨正。且其闡發議論，多聯繫世事，切近日常，時而感慨時政之患，時而抨擊世風之弊，讀來耳目一新。故此，郭注的發現和整理，無論對近思録在清代的傳播研究，還是對清代思想家郭嵩燾的研究，都有相當重要的參考價值。

總之，與近思録這部理學入門讀物「被經典」的歷史進程同步，産生了一大批續補仿編、注釋集解、閲讀札記等近思録後續著述；這批理學文獻的編者撰者，無不遵循朱子爲近思録架構的理學體系，針對近思録提出的理學話語、議題和思想，「與時俱進」地闡發各自的理解和見解，從而映畫出一幅七百年理學思想史的學術長卷。

五　近思録專輯的收書與版本

對近思録後續著述及其思想學術史意義的認識，是在執行「朱子學文獻整理與研究」

課題的過程中不斷深化的。從規劃初選七種近思録後續著述整理校點，到最終擴充爲二十一種，并獨立成歷代朱子學著述叢刊的一個專輯，就是爲了充分傳達我們的這一認識，並使之成爲有益於學者展閱、研讀這幅思想學術史長卷的基本參考文獻。

近思録專輯收入近思録後續著述凡二十一種，依次爲：宋楊伯嵒泳齋近思録衍註、宋葉采近思録集解、宋陳埴近思雜問、宋蔡模近思續録、宋蔡模近思別録、宋佚名近思後録、明江起鵬近思録補、清張習孔近思録傳、清李文炤近思録集解、清張伯行近思録集解、清張伯行續近思録、清張伯行廣近思録、清黄叔璥近思録集朱、清茅星來近思録集註、清施璜五子近思録發明、清江永近思録集註、清汪紱讀近思録、清劉源淥近思續録、清陳沆近思録補注、清郭嵩燾近思録注、清吕永輝國朝近思録。其中宋人著述六種、明人著述一種、清人著述十四種；若按著述類型計，則有註釋集解九種、研讀札記二種、續編補編十種。專輯的收書理念，是兼顧文獻的發展階段性和學術典型性，儘可能把握主脈，真切反映近思録後續著述及其學術演變的歷史面貌。譬如，出自宋元著述遺逸多、流存少的考慮，專輯把僅存的宋人二種注解、三種續補和一種札記「一網打盡」，悉數收輯。明人著述也不多，傳世更少，但專輯只收江起鵬近思録補一種，那是考慮到周公恕分類經進近思録集解，不過是改編葉采集解而成，錢士升五子近思録，不過是合刻高攀龍朱子節要與近思録而已，都缺乏獨自的思想學術價值，故寧缺而毋濫。清代著述最多，遴選最費思量，大致是循清學之變，分前、中、後三個時期，擇優取精。前期跨康、雍二朝，斯時朱子學最盛，共收書八種。其中四家注釋，張習孔是今存最早的近思録注家，李文炤是湖湘學派的領軍人物，張伯行是向康熙力推程朱學説的理學名臣，茅星來集註「於名物訓詁考證尤詳」，各具典型意義。「續録」「補録」四種，收施璜五子近思録發明，而不收汪佑五子近思録，是因爲前者可以兼容後者；收劉源渌續録而不收朱顯祖朱子近思録、嚴鴻逵朱子文語纂編，是因爲朱録、嚴編不如劉録精要而有影響；收張伯行續録、廣録，是因爲能與其集解合觀，完整反映他的近思録詮釋思想。乾嘉之世，理學式微，考據風行，相傳書坊中已難見程朱之書，但今觀其時近思録著述仍不絶如縷。專輯收江永集註、黄叔璥集朱、汪紱讀近思録三種，注釋、續録、札記各占其一，數量雖少，庶幾尚能對清中期之概貌，獲一管窺。至於前述孫嘉淦五子近思録輯要，雖亦不無存留意義，但畢竟囿於汪氏五子録的格局，學術價值稍遜，故而割捨不取。晚清同、光時期的近思録著述之多，出乎意外。作爲後期典型，專輯選取陳沆補注、郭嵩燾注、吕永輝國朝近思録三種，其文獻價值、學術意義已在前文交代，兹不贅述。至於未收的黄奭近思録集説、李元綱五子近思録隨筆、黑葛次佩氏近思録復隅、張楚鍾小學近思理話、管贊程近思録集説等，則因其學術性稍差，或尚欠細究而不敢卒定。

近思録專輯收書在版本遴選上也力求精善，且有重大收穫。所收二十一種書籍，有四庫全書、四庫存目叢書、四庫禁燬書叢刊、續修四庫全書影印本的十一種。而其他十種中，屬海内孤本的就占六種，分别是北京大學圖書館藏日本寬文年間刻本宋蔡模近思别録、臺北「中央圖書館」藏南宋末建安曾氏刻本宋佚名近思後録、無錫市圖書館藏明萬曆三十二年自刻本江起鵬近思録補、上海圖書館藏清康熙十七年飲醇閣刻本清張習孔近思録傳、國家圖書館藏稿本清黄叔璥近思録集朱、遼寧圖書館藏清抄本清郭嵩燾近思録注。需要指出的是，宋刊近思後録曾收入臺灣四庫善本叢書初編影印出版，但此叢書本今已難以尋覓。國圖藏黄叔璥近思録集朱稿本，在校點告竣後獲知又被新編子海（珍本編）收入影印，但那是一部修訂待定稿本，書葉行間塗抹勾畫，粘有許多浮簽，整理本根據原稿提示，對浮簽及其覆蓋的文字，都一一加以校理，是未作技術處理的影印本無法取代的。至於宋刊近思别録、明刊近思録補、清刊近思録傳和清抄本近思録注，都是别無他見的唯一遺存。此外，像清光緒刻本吕永輝國朝近思録，也僅有國家圖書館、新鄉市圖書館二處收藏，但二館藏本各有破損，整理本合而校之，始臻完善。至於有四庫系列叢書收入影印的十一種典籍，雖然較爲通行易見，但專輯整理本通過精校，也多有勝出之處。如四庫存目叢書本清李文炤近思録集解，是根據華東師範大學圖書館藏殘本影印，僅存三卷，整理本别據湖南省圖書館藏殘本校補，遂成全帙。又如續修四庫全書影印本清陳沆近思録補注，係出湖北省圖書館藏清陳氏白石山館稿本，但那也是一部修訂稿，增補删改，塗抹勾畫，閲讀極爲不便，整理本另取清華大學圖書館藏清道光間刻本爲底本，以稿本校之，更稱精善。再如收入四庫禁燬書叢刊的清張伯行近思録集解，是據乾隆元年尹會一揚州安定書院刻本影印，然而經過版本調研，發現該本與今存極少的康熙間正誼堂原刻本，竟有多處重要文字異同，爲後人重刻時故意删改，整理本遂以原刻爲底本，以重刻本對校，既保存原始真意，又可在先後改易之間，探其隱情。再如宋葉采近思録集解、清江永近思録集註，是二種最常用的近思録注本，但無論是四庫全書影印本，還是新版校點本，所用底本都不盡如人意，比如現存最早的元刻明修本葉解、清嘉慶婺源李氏刻本江註，就不及清康熙邵仁泓刻本、清同治江蘇書局刻本後出轉精。凡此，整理時都秉持精益求精的理念，實事求是地作了底本更换。

遵循歷代朱子學著述叢刊規定，近思録專輯各書大體遵照中華書局擬訂的校點體例，從嚴從難執行，個别處如專名號的使用等，則根據近思録後續著述的特點，稍作更趨細化的改動。作爲歷代朱子學著述叢刊這部開放性學術史叢書的第一種子叢書，近思録專輯的編纂整理具有一定的試驗性。雖然明知「盡善盡美」是爲不能，但我與我的同仁，仍願持守「爲所不能爲」的精神，勉力而爲。我們期盼對近思録後續著述的思想學術史意義的認識能得到學界同道的認同，也期待近思録專輯的整理出版能對推進朱子學史研究有切實的助益，更渴求賜讀此專輯的高明之士能糾其不逮，不吝賜教。

二〇一四年三月　嚴佐之

近思雜問

[宋]陳埴 撰 宗韻 校點

目録

校點説明

近思雜問一卷，南宋陳埴撰。陳埴，字器之，永嘉（今屬浙江温州）人，生卒年未詳。陳埴少穎悟，嘗「師水心」，復「從朱子于武夷，所見超卓，登嘉定甲戌第，授豐城簿、湖口丞」。紹定間，江淮制使趙善湘建明道書院，辟爲幹辦公事，兼主講席，「四方學者從游數百人，稱爲潛室先生。」以通直郎致仕卒。父燁，字民表，隱於鄉，嘉定七年卒，葉適爲之撰墓誌銘。兄增，弟止善，並舉進士。「景定中，郡守吕延年表其居曰『森桂』，繪像祠於學所。」（參見宋葉適水心文集、光緒永嘉縣志等）撰述有木鍾集、禹貢辨、洪範解、王制章句等。考亭淵源録、宋元學案有傳。

陳埴從學朱子，師生交往相當密切。朱子語類收録「器之問」條目甚多。據此考知，陳埴於淳熙五年、紹熙元年、慶元三年之間至少三次問學於朱子，地點分别在武夷精舍和建陽考亭。晦庵文集卷五八有答陳器之書二通，其書二「問玉山講義」，是一篇十分重要的朱子學術文獻。據蔡沉夢奠記記載，慶元六年三月朱子臨終，陳埴是少數陪侍在旁的門人之一（參見方彦壽朱熹書院門人考）。是以後世皆以「陳氏爲紫陽文公高第弟子，其授受最有原本」，是「朱子傳易弟子」、「朱子傳詩弟子」（參見元柳貫待制集、清朱彝尊經義考等），而他的學術影響也一直延續到了元明清時期。元趙順孫撰四書纂疏，明永樂間胡廣修五經大全，清初李文炤纂近思録集解，皆多取潛室陳氏之説。陳埴門下有翁敏之、翁巖壽、車安行、董楷、徐霆、趙復齋等弟子多人（參見宋元學案木鍾學案表）。其中董楷撰周易傳義附録，車安行從子車垓撰内外服制通釋，是元代朱子學研究的重要成果。惟此二書皆與陳埴有所淵源，蓋以董楷之「學出於陳器之，器之出於朱子，故其説易惟以洛、閩爲宗」；「垓受業於季父安行，安行受業於陳埴，埴受業於朱子，故垓是書一仿文公家禮，而補其所未備」（參見四庫全書總目提要）。由此可見陳埴在傳承、傳播乃師學術思想方面的不遺餘力，及其在朱子學史上的重要貢獻。

陳埴撰述傳世者，僅木鍾集十一卷，餘皆遺佚不存。木鍾集之名，取自禮記學記「善問者如攻堅木」，「善待問者如撞鍾」之義。然其「名似文集而實語録」，「其體例皆先設問而答之」。木鍾集前九卷是對論語、孟子、六經總論、周易、尚書、毛詩、周禮、禮記、春秋的經義問答，其卷之十即近思雜問，内容主要是針對朱子近思録載周、張、二程四子理學思想的設問和答疑。清初理學名臣陸世儀對近思雜問評價極高，以爲「其言純粹中正，近世學者罕有其比」（參見清陸世儀思辨録輯要）。

近思雜問向來附著於木鍾集傳刻傳抄。木鍾集始刻於何時，今已難曉。明楊士奇文淵閣書目著録「陳潛室木鍾集一部三册、陳潛室木鍾集一部一册」，黄虞稷千頃堂書目著録「陳埴潛室木鍾集十一卷」，皆未詳版本。而現存最早的版本，則是元建安吴氏友于堂刊潛室陳先生木鍾集十一卷，該本今藏浙江圖書館、上海圖書館（有殘）。其次爲明弘治十四年（一五〇一）鄧淮刊本，據四庫館臣稱「刊帙久佚，明弘治十四年温州知府鄧淮始得舊本重刊」，今國家圖書館、上海圖書館、南京圖書館等多處有藏。再次爲明京兆木石山人刻本，今藏臺北「中央圖書館」，惟該本著録十卷，未知其詳。清代有同治六年（一八六七）東甌郡齋刊本，系據明弘治本重刊，今國家圖書館、上海圖書館、温州圖書館等皆有收藏。木鍾集抄本有乾隆四庫全書寫本，亦出明弘治本，較爲通行；另浙江圖書館、天津圖書館各藏有清抄本。此外，日本内閣文庫收藏日本寛文六年（一六六六）刻近思雜問一卷，是迄今僅見的近思雜問單刻本。

鑒於浙江圖書館藏元吴氏友于堂刊本潛室陳先生木鍾集是存世最早的近思雜問版本，故據以爲校點整理之底本，並對校以明弘治十四年鄧淮刊本（簡稱弘治本），清同治六年東甌郡齋刊本（簡稱同治本），日本寬文六年單刻本（簡稱和刻本）與文淵閣四庫全書本（簡稱四庫本）。經比勘有文字出入或錯訛者，以校勘記附之。需要説明的是，有關近思雜問版本源流的調查梳理，包括和刻本的調研與複印等工作，均由程水龍先生承擔，並承程先生慨然提供相關成果，謹此向程先生致以誠摯謝忱。校點既畢，是以爲記。

二〇一三年九月　宗韻

近思雜問

近思録載「一陽復於下，乃天地生物之心，先儒以静爲天地之心，不知動之端乃天地之心」。又説「陽始生甚微，安静而後能長。」既以動爲陽之始，復又指安静言之，何耶？一陽復於地下，即是動之端。但萌芽方動，當静以候之，不可擾也。故卦、象言「出入無疾」〔一〕，而象言「閉關息民」，蓋動者天地生物之心，而静者聖人裁成之道。

「德不勝氣，性命於氣。德勝其氣，性命於德。」義理不勝氣禀，則性與命皆隨氣禀中去，所以多不善。若義理勝氣禀，則性與命皆向義理中來，所以爲善。德謂義理之性，氣謂血氣之性。學問之道無他，不過欲以義理勝血氣。

「夏建寅爲人統，商建丑爲地統，周建子爲天統。」檢律暦志，看太簇是正月，位於寅，爲人統。黄鍾是十一月，位於子，爲天統。以林鍾爲地統，合位於丑，在十二月。今以月令攷之，則林鍾位於未，在六月。何也？

林鍾固是六月。六月即十二月之衝，陽管用正月，黄鍾太簇。陰管用其衝，大吕。必如是方得全律。黄鍾九寸，太簇八寸，林鍾六寸，餘皆奇分。大率陽全陰半，陽以一爲一，陰以二爲一，故乾三畫、坤六畫。此真至之理，不可不講。

「赤子之心」與「未發之中」同否？

「赤子之心」只是真實無僞，然喜怒哀樂已是倚向一邊去了。如生下時便有嗜慾，不如其意便要號啼，雖是真實，已是有所倚着。若「未發之中」却渾然寂然，喜怒哀樂都未形見，只有一片空明境界，未有倚靠，此時只可謂之中。要之，「赤子之心」不用機巧，「未發之中」乃存養所致，二者實有異義。

「變」、「化」如何分别？

「變」如鳩化爲鷹，雀化爲蛤，正欲脱離舊殼。「化」則已脱離舊殼了，見鷹而不見鳩，見蛤而不見雀，痕跡俱泯矣。

晦翁嘗疑日月右轉不是，以爲天行至健，一日一夜一周却剩一度，日一日一夜恰好，月則不及十三度有奇。與曆家所推大段相反，不知何所見而云耳？「日月俱左旋」，聞横渠有此語。「天行日剩一度」，出鄭康成。但曆家用簡捷超徑法巧筭，須用作右旋，却取他背後欠天零數起筭。故日只作行一度，月作行十三度有奇，庶乎簡捷超徑易布筭也。

人説性便分善惡，而心之善惡不曾説。性是心之骨子，性既如此，則心不假言。

明道曰「在人爲性，主於身爲心」，「心發於思慮謂之情」，如此則性乃心情之本，而横渠則以爲「心統性情」，如何？

心居性情之間，向裏即是性，向外即是情。心居二者之間而統之，所以聖賢工夫只在心裏着到，一舉而兼得之。横渠此語大有功於後學。

血氣之性與氣禀之性同否？

「生之謂性」，「食色性也」，是血氣之性。荀子「性惡」，楊子「性善惡混」，韓子「三品」，與論語「性近習遠」、「上智下愚」之説，皆是氣稟之性。血氣之性，是於氣稟中獨指知覺運動，悦色嗜味，言之尤爲卑下。

伊川説穿牛鼻、絡馬首是率性之道。夫牛有牛之性，馬有馬之性，彼固自率其性耳。若穿牛絡馬乃是聖人裁成之道，切慮此當是脩道之教。

不是自家穿絡他，乃是物性各有不同。牛必須穿鼻，絡首則非其性矣；馬必須絡首，穿鼻則非其性矣。是他物性各自有由行之路，如此即不干聖人事。設使牛而可絡首，馬而可穿鼻，則是不由物性，乃由聖人矣。

張子曰：「窮理盡性，則性天德，命天理。」此義如何？

有氣質之性命〔二〕，有義理之性命。由德上發者爲義理，由氣上發者爲氣質。雖其禀賦不同〔三〕，苟能學問以充之，謂窮理盡性。則向之得於氣質者，今也性皆天德，命皆天理，所謂「善反之，則天地之性存焉」。

程子説性與孟子不同。

性者，人心所具之天理。以其稟賦之不齊，故先儒分別出來，謂有義理之性，有氣質之性。仁義禮智者，義理之性也；知覺運動者，氣質之性也。有義理之性而無氣質之性，則義理必無附着；有氣質之性而無義理之性，則無異於枯死之物。故有義理以行乎血氣之中，有血氣以受義理之體，合虛與氣而性全。孟子之時，諸子之言性，往往皆於氣質上有見，而遂指氣質作性，但能知其形而下者耳。故孟子答之，只就他義理上説，以攻他未曉處。氣質之性，諸子方得於此，孟子所以不復言之。義理之性，諸子未通於此，孟子所以反覆詳説之。程子之説，正恐後學死執孟子義理之説而遺失血氣之性，故并二者而言之，曰「論性不論氣不備，論氣不論性不明」。程子之論舉其全，孟子之論所以矯諸子之偏。人能即程子之言而達孟子之意，則其不同之意不辨而自明矣。

韓退之以「三品」言性，果與夫子「上智下愚不移」之説合否？

「三品」之説略似論語「性近習遠」。

明道謂「學者爲氣所勝、習所奪，只可責志」，往往即孟子「持其志，無暴其氣」之謂。自家這裏心自有所守，如何爲氣所勝、習所奪？

學者爲氣稟所拘，習俗所制，不能擺落纏繞，只爲做人無立志，不自强爲善，不願作向上人，遂落在旋渦中，無由拔出。學者須是立志爲先，此志乃孟子「尚志」之志。

目視耳聽，此氣質之性也。然視之所以明，聽之所以聰，抑氣質之性耶？抑義理之性耶？

目視耳聽，物也；視明聽聰，物之則也。來問可施於物則，不可施於言性。若言性，當云好聲好色，氣質之性；正聲正氣〔四〕，義理之性。義理只在氣質之中，但外義理而獨徇氣質，則非也。

經、權二字如何分別？

經猶秤衡，銖兩斤鈞，一成畫定；權即秤錘，隨物低昂，以求合於銖兩斤鈞。

「五皇極」之道，程子以極爲時中，晦翁謂之至，同否？

極者，至盡，無以加之辭，本不訓中字。中是無偏倚、無過不及之稱，各有所當。前儒秤尺猶疏，晦翁加密矣。

伊川曰：「中字最難識，須是默識心通。」又曰：「中不可執，識得則事事物物皆有自然之中。」

此乃時中之中，初無定體，隨時處中，即所謂權也。中不中只在毫釐之間，非理明義精不能到此。

程子以權即經，而以反經合道之説爲非。晦翁引孟子説爲經權，亦當有辨。權乃權衡之權，即隨物以取平者。古人借此權字以秤量事理，即所謂義之宜，即所謂時中也。既曰義與中，又何嘗自反經來？但以變通從時，求合於經，不可直謂之經耳。

造化。

天地造化萬物，萬物露生于天地之間者，皆造化之迹也。是孰爲之耶？鬼神也。造化之迹，猶言造化之可見者。非粗迹之迹。于今一禽一獸、一花一木，鍾英孕秀，有雕斲繪畫所不能就者，倏忽見于人間，是孰爲之耶？即造化之迹，鬼神也。

何謂「鬼神者，二氣之良能」？

鬼者陰之靈，神者陽之靈。

晦翁謂「月加子午則潮長」，未識其説。

此説不可曉。今海居者但云月上潮長，月落潮退，誠驗其言，是乃月加卯酉方位，非子午也。朔日之潮，可驗朔日。月與日會，日才出卯方，即潮長，才入酉方，即潮又長，是月與日相隨出没。

月本無光，借日以爲光，此先儒之通論。然月過中於天，而日行於地之下，則月何以爲光借？曰四面空虚，故日從空中照出日光。既四面合照，則月當常圓，何爲復有虧缺？

爲地浮在天中間，上下四方皆空虚，只有茫茫無畔邊岸底水，水即氣。所以謂之太虚。故日雖入地，其光逆出〔五〕，與太陰之氣相感。但月去日有遠近，故光有盈缺，近日則光小，遠日則光大。

日食之變，精於數者皆於數十年之前知之。以爲人事之所感召，則天象亦當與時盈虧。

日月交會，日爲月掩則日食；日月相望，月與日亢則月食。自是行度分道到此，交加去處應當如是。曆家推筭，專以此定疏密，本不足爲變異，但天文才過此際，亦爲陰陽厄會，於人事上必有災戾，故聖人畏之，側身修行，庶幾可弭災戾也。

集註云：「管仲之德，不勝其才；子産之才，不勝其德。」功大而器小，是德不勝才；惠而不知爲政，是才不勝德。

明道以記誦博識爲「玩物喪志」，如何？

徒記誦該博而理學不明，不造融會貫通處，是逐其小者，忘其大者，反以無用之物累其空明之心，是爲「玩物喪志」。

明道謂「學不言而自得者，乃自得也，有安排布置者，皆非自得也」。安排布置須是見於施設，以安排布置爲非自得，如何？

安排布置非是見於設施，謂此心此理未到純熟兩忘地位，必有營度計慮之勞，逆施偷作之病。才到自得處，則心便是口，理便是心，心與理忘，口與心忘，處處安行自在，默識心通，不用安排布置也。

横渠云「文要密察，心要洪放」，何者爲「文」？

文謂節文之文，如「周旋中規、折旋中矩」之類，雖甚嚴密，不少舒放，然心裏却甚泰然。

在禮，「外事用剛日，内事用柔日」。祭先聖用上丁，社稷用上戊，此唐開元制也，至今用之。不知用戊、用丁何義？

外事謂祭天地、社稷、山川及兵戎之事，内事謂祭宗廟及冠婚、學校之事。社稷用戊，固剛日，古用甲日，洛邑方用戊。釋奠用上丁，乃柔日，主於文也；夏小正及月令已用之，唐因之耳。武學用戊，主武也。毛詩「吉日維戊，既伯既禱」是也。上丁釋奠，是開元禮。

伊川曰「在物爲理，處物爲義」，又曰「在義爲理」，何如？

理對義言，則理爲體而義爲用；理對道言，則道爲體而理爲用。

古今風氣人物之異，程子謂「氣有淳漓，自然之理，有盛則必有衰」。既是衰了，還有淳時否？

有大盛衰，有小盛衰。大盛衰，則三代不似唐虞，秦漢不似三代，晉宋不似秦漢，隋唐不似晉宋。小盛衰，則商初勝如夏末，周初勝如商末，漢初勝如周末，晉初勝似漢末，唐初勝如六朝之類。

横渠云「多聞不足以盡天下之故」，其旨如何？

此言記問之學雖博而有限，中窒故也。義理之學至約而無窮。中明故也。

晦翁説「仁爲愛之理，心之德」，如何？

愛是情，理是性，心統情性者也。單説愛字與心字，猶是就情上看，必曰「愛之理，心之德」，方和性在裏面，是愛之所以爲愛，而心之所以爲心者也，是之謂仁。前輩謂心爲穀種，能生處即是他所以爲穀種處，故桃杏之核皆曰仁。孔門不曾正説仁之體段，只説求仁、爲仁之方。孟子方説怵惕惻隱處，以狀仁之體段，又説「仁，人心也」，須認得仁爲人心，方見仁着落。所以不仁之人，全無人心，醫者以手足偏痺爲不仁，最是名狀得好。既無人心，問他恁麽羞惡、恭敬、是非。仁包四端，即此可見。心如穀種，所以生處是性，生許多枝葉處便是情。心亦是有形影底物事，情亦是有形影底物事，獨性無形影。

明道云「天地間只有一箇感與應而已」，莫是動静無端、陰陽無始底話？一往一來，一屈一伸，一闔一闢，一晝一夜，一寒一暑，無處不是此兩扇物事。「有感必有應，所應復爲感，所感復爲應」，備此三句，方是無端無始意。蓋感應二字，貫通陰陽動静。謂陽動爲感固可，謂陰静爲感亦可；謂陽動爲應固可，謂陰静爲應亦可。蓋今日之晝固起今日之夜，而今日之夜又起明日之晝，天地間不過如此耳。

朱子解太極圖云：「乾男坤女，以氣化者言。萬物化生，以形化者言。」竊疑「乾男坤女」非止言人，凡陽之屬皆男也，陰之屬皆女也。氣化之初，萬物已在其中矣。萬物化生，非止言飛潛動植，凡人亦萬物之一形，形化之後，人在其中矣。

氣化謂未有種類之初，以陰陽之氣合而生。形化謂既有種類之後，以牝牡之形合而生。皆兼人物言之。

「爲人」「爲己」如何？

「爲己」是真實無僞，「爲人」只是要譽近名。聖人此言，是就他源頭上分别出來。今學士大夫謂爲己不求人知，而求天知。纔説有求天知意，便不是爲己。爲己者，只是屈頭擔重檐〔六〕，不計窮達得喪也。

仁者，偏言之只一事，兼言之則包四端。四端皆心之德，頭面迥異。仁既是愛之理，則義、禮、智亦當謂之理，四者皆當用工夫。然孔門大率多去仁上着力，何耶？

所謂愛之理，是偏言之，將四端分作四去看，截然界限，不可相侵。心之德，是兼言之，將四端只作仁字看。仁爲善之長，猶家之嫡長子，包貫得諸子，故獨以理言。以心德言，須見移在諸位上用不動，方是諧理。

晦翁以三代而下皆人欲而非天理。且如漢文帝資禀純粹，如何斷以人欲？

晦翁此言止謂秦漢而下，不曾有徹底理會學問人，其中好者只是天資粹美，暗合聖賢，元不從學問中來。文帝是。若似此人主，更從學問中徹底理會，便是湯、文以上人。

王伯如何分別？

司馬温公無王伯之卞。要之，源頭只是王伯兩字。以其爲天下王，故謂之王；以其爲方伯，故謂之伯。以王天下言之謂之王，猶伯之爲伯也，未見其美玉珷玞之辨。後來制字有不備，故伯字有霸字，王字只是王字，點法爲之。然伯字亦無詐力之義，故言三王以其王天下也，言五霸以其伯諸侯也。自其有三王之至公，有五霸之智力，而後有王霸是非誠僞之分。故今之言王霸之分者，當以孟子「德行仁」、「力假仁」爲正。

「無將迎」如何？

人心如鏡，物來則應，物去依舊自在，不曾迎物之來，亦不當送物之去。只是定而應，應而定道理。

「空積忽微」如何？

言起空立數，以求忽微之數也。如四分度之一，起空立四分，於内取其一。積却是積疊，如説五寸三分二之類。

「誠無爲，幾善惡」。誠爲太極，幾之動爲陰陽。陽爲善，陰如何便是惡？陽大陰小，陽貴陰賤，陽明陰暗，陽清陰濁，有善惡之類焉。周子此言是以人心説太極。當其誠實無妄，此實理即爲太極，才動便善惡生焉。幾者，動之微。蓋欲於其萌動而蚤辨之，使之有善而無惡也。

夏尚忠，商尚質，周尚文，此固各一代之所尚，然使其不易代，則夏將終於忠，商將終於質，周將終於文。不知時節既變〔七〕，聖人如何區處？

自是三勢如此，不是三代聖人開國之初揭箇樣範要人如此。

横渠曰：「未知立心，患思多之致疑。」

立心，持敬之謂。先立箇主人翁了，方做得窮理格物工夫。

或問明道曰：「『出辭氣』莫是於言語上用工夫否？」曰：「須是養乎中，自然語順。」若如須欲於外面着力加修辭之功，是如何？

「出辭氣」，出字着工夫不得，工夫在未出之前。此是静時有工夫，故才動，道理便在此。動時自有着工夫者，如「修辭」、「安定辭」之類。

「由太虛，有天之名；由氣化，有道之名；合虛與氣，有性之名；合性與知覺，有心之名」，如何？

凡古書言天處，皆指理而言，非但謂蒼蒼者。凡古書言道處，皆主物而言，非但謂空空者。故横渠以太虛、氣化釋之。凡説性處，雖主氣，必帶理。此皆古人制字之深意，當作如是看。

性中具仁、義、禮、智，道、德如何？

行是四者即爲道，得是四者即爲德。

「乾爲大，坤爲至。」

大者尊辭，至者親辭，所謂尊天而親地也。

忿、慾二字，爲人害最大。損之象曰「君子以懲忿窒慾」，然喜、怒、哀、懼、愛、惡、慾，君子以爲人情。夫情出於性，性出於天，則是天之付於人者亦有不善耶？

喜怒發而中節則爲和，發不中節則爲害。此事全在當人，責天不得。「山下有澤，損。君子以懲忿窒慾」。只奉行此語。

伊川謂：「致知在所養，養知莫過於寡慾二字。」往往寡慾則知無不盡。

程子以持敬爲入德之門。蓋欲格物致知，須是心常存在方可〔八〕。所以有寡慾之説，恐引出心向外去也。

集注：「成德以仁爲先，進學以知爲先。」意者學以智爲先，莫是「知至至之」之説否？

成德以仁爲先，其義未解。

進學是施功時，則智先於仁，由明至誠也。成德是收功時，則仁大於智，誠則能明矣。

明道曰「中者天下之大本」，「唯敬而無失最盡」，則中不過是箇敬字，才敬便是中否？

當喜怒哀樂未發之時，便着甚工夫，才着得力便是發了。所以先賢當此境界，不是無工夫，又不可猛下工夫，只是敬以直内，即戒謹恐懼意。敬不唤做中，敬而無失方是中。無失即不偏倚之謂。

或問九章謂：「有諸己不必求諸人，以爲求諸人而無諸己則不可也；無諸己不必非諸人，以爲非諸人而有諸己則不可也。」

爲經文有以己求人、以己非人之嫌，却自己才有善便去求人之善，己才無惡便去非人之惡，不是君子反躬意思。故先賢下此一轉語，方見全是爲己，大意謂欲責人先須責己，不是才責己了便責人。此君子小人、爲己爲人之分，毫釐間耳。

程子曰：「明善爲本，固執之乃立，擴充之則大，易視之則小，在人能弘之而已。」

聖賢工夫只此兩端，在論語則爲「博文約禮」，在大學則爲「致知誠意」，在中庸則爲「擇善固執」，在易則爲「知崇禮卑」。能擴充此二事，即作聖之資，若輕視之，所以爲下愚也。

循物之信與率性之道如何？愚謂實有此道便是信，不知然否？

「循物無違之謂信」。信主人言，言貴有物，如物有五分便言五分，物有十分便言十分，是謂循物無違。如以道言實，有便曰有，無便曰無。循物無違也，與率性之道不同。

「堯夫解『他山之石，可以攻玉』：玉者温潤之物，若將兩塊來相磨，必磨不成，須是箇麄物，方磨得出。譬如君子與小人處，爲小人侵陵，則脩省畏避，動心忍性，便是進道之階。」由堯夫之言，則是與不正人居，亦可以正乎？

學道人處處是進道之機，逆境處進人益峻，是他自做小人，吾輩却因他做君子。老子云「不善人者，善人之資」，亦此意。先賢此等處訓人真切，但當三復受用。

「天開於子，地闢於丑，人生於寅」，如何？

此謂太朴始散之初，三才所生之序如此。子是玄冥之方，氣自玄冥中始開，丑則其形見露矣，故地於此而闢，寅則見露尤著，故合氣與形而人於是乎生。今百物所生之序亦如此，皆從子上生起。

明道云「人之爲學，忌先立標準」，何謂標準？

標準，猶言限格。學問既路頭正了，只劄定脚根滔滔做去，不可預立限格，云我只欲如此便休。今世學者先立箇做時文取科第標準横在胸臆，煞害事。

遺書云：「天地生物，各無不足之理。常思天下君臣、父子有多少不盡分處。」既曰無不足，如何又有不盡分處？

天理本無不足，人自虧欠他底。

「無妄之謂誠，不欺其次矣」，無妄、不欺相去還如何？

無妄是實理自然如此，可以説天與聖人；不欺是欲實其心，只可説學者。

「陽者陰之根，陰者陽之根」，不知周子以陽具於陰静内，陰具於陽動内？還是説陰中有陽，陽中有陰？還是説陰了陽，陽了陰？乃若水爲陰而生於陽之變，火爲陽而生於陰之合，又何也？

陽生陰，陰生陽，猶今日之晝固生今日之夜，而今日之夜又生來日之晝。晝之根在夜，夜之根在晝，所謂互爲其根也。根者生之義，二氣無判然兩截之理，本只一氣分而爲二名耳。陽變生水，即天一生水也。陰合生火，即地二生火也。

「氣行於天」，「質具於地」，則是有氣便有是質，氣如是，質便如是。以氣而語，其行之序則木火土金水。以質而言，其生之序則水火木金土。氣之序如此，質之序如此，願聞其旨。

五行始生，謂太極流行之後，自氣而成質，自柔而成剛。水最柔，故居一；火差剛，故居次；至木、至金、至土，則浸堅剛。故洪範與易言所生之序皆如此，氣則成四時之序，即五行之序也。今更不須問所生之序，此太極剖判之初也。

「動静無端，陰陽無始。」端與始如何分別？

端，頭也。物之圓環者無端，中則有端矣。始者，終之對。二氣循環不已故無端，運行不歇故無始，不斷故無端，無終故無始。

近思録明道言：「中有主則實，實則外患不能入。」伊川云：「心有主則虚，虚則邪不能入。無主則實，實則物來奪之。」所主不同，何也？

有主則實，謂有主人在内，先實其屋，外客不能入，故謂之實。有主則虚，謂外客不能入，只有主人自在，故又謂之虚。知惟實故虚，蓋心既誠敬，則自然虚明。

近思云「學不能推究事理，只是心麁，至於顏子未到聖人處，猶是心麁」，如何？

心麁是暗處多，明處少，故只見得明白道理，若精微處則分析不去，只爲有寸而無分也。聖人心如百分秤，謂體統光明，查滓渾化，故分毫處皆照。顏子未到查滓渾化地位，猶未免有暗處，故謂之心麁。

樂書云：「自仲尼不能與齊優遂容於魯，雖退正樂以誘世，作五章以刺時，猶莫之化。」未審五章，可得而聞否？

五章未聞，恐如過河聞趙鞅殺鳴犢而作詩以哀之，韓文公後補之爲琴操，未知然否。

明道先生在澶州日，修橋少長梁，曾博求之民間。後因出入，見林木之佳，必起計度之心，因戒學者「心不可有一事」。毋乃死灰其心耶？

只爲滯着在胸次，雖事過之，後猶復萌動。正所謂心有好樂則不得其正，若事往即化，則得其正矣。

横渠云：「『精義入神』，事豫吾内，求利吾外也。『利用安身』，素利吾外，致養吾内也。

『窮神知化』，乃養盛自致，非思勉之能强。故『崇德』而外，君子或未之知也。」如何？

研窮義理之精微，至於入神，即是義理浹洽，純熟心胸間，悦豫潤澤，是事豫吾内也。豫吾内者，乃所以利吾外也。此語解「以致用也」一句。利用安身，謂資物之用以養其身，使氣體之間安舒順適，是素利吾外也。利吾外者，乃所以養吾内也。此語解「以崇德也」一句。橫渠釋易四語，謂皆是内外交相養，平生得此受用。其下云，皆釋易下文。

伊川説：「心本善，發於思慮，則有善有不善。」思慮從心生，心若善，思慮因何有不善？

思慮以交物而蔽，故有不善。

龜山説：「聖人縱心，聖人無心。」不知心如何縱，如何無得？

此異教語，先儒墮落其中而不知。要知古無「縱心」語，「無心」則有之，止謂無計較之私心耳。

伊川撰明道行狀曰：「盡性至命，必本於孝弟。窮神知化，由通於禮樂。」性命、孝弟，伊川已作一統底事看了，不識神化、禮樂當如何看？

兩句皆由粗至精，由學者至聖人，謂本是一串道理，但須還踏實處底做起。本孝弟而盡性至命，此行之極至。通禮樂而窮神知化，此知之極至。佛氏盡性至命矣，而不本於孝弟，則行之過也。莊氏窮神知化矣，而不通於禮樂，則知之過矣。

横渠學堂右書訂頑，左書砭愚，伊川曰「是起爭端」，不知如何「是起爭端」？

二銘中言義理𢀖𢀖，正好講量，却不於血肉上理會，乃於皮膚之外起意。豈非頑不知訂，愚不知砭耶？横渠憫俗學頑愚，故以此立齋。吾友以此問余，以此相詰，非起爭端耶？

「仁者右也，道者左也。仁者人也，道者義也。」

仁與道猶身之左右體，一息相去離不得。但仁主利愛，故以右言，取其便順也。右體順。「仁者，人也」。古語不必説。道者事物當然之路，義者事物當然之理，故以道爲義。此皆漢儒無理之言，不妨作如此觀。

「鬼神，造化之迹。」

神氣、雷霆、風雨、霜露，皆迹也，鬼神尸之。

「非明則動無所之，非動則明無所用」。

有足而無眼，則欲動而何之？有眼而無足，則雖明而何用？此義取之噬嗑，致知力行夾截並進之説。

明道以記誦博識爲「玩物喪志」，謝顯道聞之不服。是邪？非邪？

明道是明睿内照，故書無不記，却不是記問上做工夫。此語正欲點化顯道，惜其爲記問所障，領會不去。

嘗聞伊川先生曰「動以人欲」之私，然則如之何則可？

應舉求合程度，此乃道理當爾，乃若不合程度而萌僥倖之心，不守三寸而起冒爲之念〔九〕，此則妄矣。應舉何害義理？但克去此等妄念，方是真實舉子。

周濂溪云「養心不止於寡慾」，蓋寡焉以至於無。

此謂私慾耳。克去私慾當自寡而至於無。若飲食男女之慾，發而中節者，是理義之當然，雖大聖不能無。濂溪即非寂滅之謂也。

程子曰：「冬至一陽生却寒，正如欲曉而反暗也。陰陽之際，亦不可截然不相接，厮侵過便是道理，天地之間如是者極多。艮之爲義，『終萬物，始萬物』，此理最妙。」

大率陰陽消長之理一，氣不頓消，不頓長，欲消之氣却侵帶些在初長之中，初長之氣却侵帶些在欲消之中。大凡寒暑晦明之交，接頭處須兩下侵帶些，所以艮居八卦之終，宜只是止萬物。然分於東北之間，一頭接坎之殺氣，固是終萬物；一頭接震之生氣，又爲始萬物。蓋震豈能頓生？惟於殺氣未盡之時，已是侵帶些子氣了，故至震方發生也。

伊川言：「四德之元，猶五常之仁。偏言則一事，專言則包四者。」夫元之統亨、利、正，是一元之氣統此三者，不知仁統義、禮、知、信如何？

仁爲四端首，乃衆善之長。人有是仁則謂之人，無是仁則不足以言人，故曰「仁者，人也」，言人所以爲人者，以有此理耳。義、禮、智皆從此分出，義者宜此者也，禮者履此者也，智者知此者也，所以包四端。

伊川曰：「以功用謂之鬼，以妙用謂之神。」

氣歸爲鬼，屬陰；氣伸爲神，屬陽，此以陰陽之功用言。若偏言神處，即以陰陽不測之妙言。

程子曰：「有感必有應。凡有動皆爲感，感則必有應。所應復爲感，所感復有應。」這箇道理還作麼生？

太極動而生陽，此感也。動極而静，静而生陰，此應也。静極復動，此所應復爲感也。動極復静，此所感復有應也。大率陽爲感則陰爲應，陰爲感則陽爲應，一陽一陰，互爲感應，此言循環無端之理。

周子曰：「愛曰仁。」程子曰：「愛自是情，仁自是性，豈可專以愛爲仁？」程子學周子者也，何故議論迥别？

善言性者必有驗於情，故孟子以惻隱爲仁之端，周子以愛言仁，皆是借情以明性。若便以愛爲仁，則是指情作性，語死不圓矣。韓子博愛之仁是。

明道曰：「『上天之載，無聲無臭』，其體則謂之易，其理則謂之道，其用則謂之神。其命于人則謂之性，率性則謂之道，脩道則謂之教。」

前三句主易言，如一陰一陽之謂道。後三句主中庸言，各有分付頓放處。

程子曰：「學詩不求序，猶入室不由户。」則序實詩之綱領也。今或以爲子夏，或以爲漢儒。程子又曰詩小序「要之皆得大意」，晦翁乃不取小序，何耶？

晦翁出於諸老先生之後，有集大成之義。故程子有未盡處，至晦翁而始成。

「仁者必有知覺」，知覺何可以盡仁哉？仁者特有之耳。切以爲才言知覺，已入智中來。

程門雖有「以覺言仁」，然不專主此説，其他話頭甚多。上蔡專主此説，故流入禪學去。所以晦翁絶口不言，只説「愛之理、心之德」。此一轉語亦含知覺在中，可更思求。

朱子言：「人形生於陰，神發於陽。五常之生，感物而動。陽善陰惡，又以類分。」切疑「繼之者善」，「成之者性」，則陰曷爲便謂之惡耶？通書言柔善爲慈、順、巽，惡爲懦、爲邪佞，則陰柔之中亦自有善惡也。今遽以陰爲惡，所以可疑。

陰陽以氣而言則爲匹敵，無非正氣；以類而言則有貴賤，用分淑慝。故陽爲君子、陰爲小人，陽主善而陰主惡者，皆以類也。自有並行不悖之理，難執一方一面死定説也。

明道云：「以己及物，仁也；推己及物，恕也。」伊川先生又曰：「仁所以能恕，所以能愛，是則恕乃仁之發見。」然質之明道所云，則「以己及物」尚有事於推乎？恕之得名，只是推己之義，然所以能推己者，爲人心有是仁也。若元無是心，何處推得來？

西銘之書似無「親親之殺」？

程子曰：「西銘理一而分殊，墨氏二本而無分。」

明道謂：「學者能識仁體，實有諸己，只要義理栽培。如講求經義，皆栽培之意。」若仁之在人心一耳，不學之人，獨無仁乎？

識得仁體謂滿腔子是惻隱之心，既體認得分明，無私意夾雜，又須讀書涵泳義理，以灌漑滋養之，不爾便枯燥入空門去。

「退藏於密」，程子曰「密是用之源」，朱子云「不可窺」。較之謂密，程子説得輕些。密字如何看？

此是「幾事不密」之密，未與物接之時，無聲、無臭、無視、無聽，此密也。

伊川每見人論前輩，則曰「汝輩且取他長」。愚謂長處可法，短處亦可鑒，兼論何害？

後輩於前輩便有少長之分，此皆前輩所以助成仁也〔一〇〕。

横渠曰：「由太虚，有天之名；由氣化，有道之名；合虚與氣，有性之名；合性與知覺，有心之名。」何謂也？

四者本是一理，但所由之名異耳。從太虚上看則謂之天，天爲太極是也；從氣上看則謂之道，一陰一陽之道是也；從虚與氣合上看，則謂之性，天命之性是也；從性與知覺合上看，知覺是血氣動物，則謂之心。其實一理耳。

七情裏愛與欲如何？

愛者惡之反，欲者愛之流。

有無本不足以謂道，周子必曰「無極而太極」，何也？

此語爲未識太極者設，恐人着相尋求此物也。今人説道、説太極，皆似懸空中有一物，高掛在事物形器之外，閃鑠底似，此見解須用腦上着一穴也。

程子曰「静後見萬物皆有春意」，如何？又問此還是指聖賢而言否？

觀物内會，静者能之，固是聖賢如此，吾人胸次豈可不見此境界？静却不分聖賢。

晦翁謂凡物，「其間自有天理人欲之下，而不可以毫釐差」。若未能分别天理人欲頭面，如何？大意恐是如程子所言「峻宇彫牆，本於宮室；酒池肉林，本於飲食」，「先王制其本者，天理也；後人之流於末者，人慾也。」凡物之天理人欲，皆可放此推之。

五峰曰「天理人欲同行異情」，此語儘當玩味。如飲食男女之欲，堯舜與桀紂同，但中理中節即爲天理，無理無節即爲人欲。

伊川言「窮理非必盡窮天下之理」，又謂「非止窮得一理便到」，又云「格物者，非必謂欲盡格天下之物，但於一物上窮得盡，其他可以類推」。

只格一物便是致知，雖曾、顔不敢如此道。晦翁曰：「日格一物，積久自有豁然貫通處。」此道儘着玩索。日格一物，豈是只格一物？積久貫通，到此境界，即明睿洞照，不待物物盡窮矣。

橫渠曰：「乾之九五『飛龍在天，利見大人』，乃大人造位天德，成性躋聖者爾。若夫受命首出，則所性不存焉。」

橫渠此語，不要做得時位大人看，要做孔夫子看。所謂君有君用，臣有臣用，聖人有聖人用，學者有學者用，此善學易者如此。若只指乾爲堯舜湯武用，則不識易矣。

橫渠曰：「『陟降庭止』，上下無常，非爲邪也，進德修業，欲及時也。『在帝左右』，所謂欲及時歟。」「陟降庭止」何以謂「上下無常」？「在帝左右」何以謂「進德及時」？

一陟一降，初無定所。此言上下無常，而常若有所見，於庭真見有物臨之者，豈非存誠無邪之驗耶？「在帝左右」，天理無時去離吾身，豈非進修欲及時耶？

伊川曰：「人心常要活，則周流無窮而不滯於一隅。」

提撕醒覺之意。

伊川曰：「盡性至命必本於孝弟，窮神知化由通於禮樂。」不知孝弟何以能盡性至命？不知禮樂何以能窮神知化？

盡性至命〔一二〕，窮神知化，皆聖人事。欲學聖人，皆從實地上做起。升高必自下，陟遐必自邇，此程門切實之學。積累之久，將自有融液貫通處，非謂一蹴便能。

「天地之常，以其心普萬物而無心；聖人之常，以其情順萬事而無情。」

心以宰物言，情以應物言，此先儒用字最精處，移換不得。

「鬼神，造化之迹」，又曰「二氣之良能」。

鬼神只陰陽屈伸之氣，所以爲寒爲暑、爲晝爲夜、爲榮爲枯，有迹可見，此處便是鬼神。蓋陰陽是氣，鬼神是氣之良能，流轉活動處故曰良能。

十二律相生，是以陰陽分上下，定損益，五音相生亦有上下？

生之者爲母，生者爲子，即是陰陽。

道至於聖人極矣，然禹湯文武周公之措置，未嘗或同。或時不同，故措置不容不異。

乃若諸子論性，豈係於時？

聖賢之所同處，非依本畫葫蘆之謂，斟酌損益，各當於義理耳。才各當於義理，則湯武之征誅與堯舜之揖遜天地相反，不害爲同也。蓋堯舜揖遜，義理當揖遜；湯武征誅，義理當征誅。但得義理長在，所以異而同也。若諸子論性不同，又不可以此論，是其學問有醇疵，故義理有同異。若都到純粹地位，則義理所同亦無不同也。

邢和叔問伊川「一日三點檢，如何？」「夫能點檢固是好。」

此學人言語，不知如見肺肝。「一日三點檢，閒時何處去」，此語與「三省」言語霄壤異。

文中子曰「化至九變」而王道明，不知所謂「九變」者何如？

此以「簫韶九成」推之，樂所以象治功之成也。舜樂既九變，則舜之化亦九變矣，文中子問答可見。如武之樂六成，則武之化亦六變。

「游氣紛擾，合而成質者生人物之萬殊；其陰陽兩端，循環而不已者立天地之大義。」上兩句説五行，下兩句説陰陽。五行交錯，故生萬有之不同；二氣循環，故兩儀終古不息。

程子曰：「天地之正氣，恭作肅，肅便雍也。」此必是解「肅時雨若」，一身之氣與天地相應。

文中子曰：「諸葛亮而無死，禮樂其有興乎？」近思録程子亦以此許之。敢問孔明自比管樂，使果能興復漢室，恐未必便能興禮樂如三代。孔明是天資帶得，又從學問中攛出來。據他用事，行師調度，若當升平之時做出，必須光明不止漢唐人物。

「與仁同過，然後其仁可知。」過者，人之所辟也，如何便知其仁？

「與仁同過」，如唐太宗之處兄弟，與周公之處兄弟，均是過也。但周公之過，光明正大而無私心，終不離乎仁。太宗則陰賊傾危，純是私慾上行，仁心已不在矣。

太極圖如何言「水而木，木而火，火而土，土而金，金又水」？

水得氣之初，陽氣一動便蒸潤，便生水。既蒸潤，便萌達，便生木。既萌達，便盛勢，便生火。火既盛，便剥落，便生土。土既剥落，便堅硬，便生金。金既生，依舊又能生水，到春來即萌蘖發生，到夏來都長茂，秋冬都收藏而堅勁。又至一陽來，依舊又生水，蓋非歸根則不能發達，乃生生不窮之理也。

無極。

無之極乃有之極，惟其無中有有，故少刻方生得這陰陽五行。若無許多有在裏面，如何有許多發出來？以手閉太極，指無極言這箇只是無。復以手閉無極，指太極言這箇便是無極中有底。復以手閉無極、太極，指五行言這箇便是無極、太極，其於男女太極，萬物太極也。太極所謂「沖漠無朕」，此之謂也。

太極分陰陽，圖上太極之左右，各一重足矣，何以三爲？

這便是循環無端處，反覆其手而言，陽了陰，陰了陽，何曾窮已？

校勘記

〔一〕故卦象言出入無疾　「象」，原作「法」，因周易復卦的卦辭與象辭皆有「出入無疾」，故據四庫本改。

〔二〕有氣質之性命　「氣」，弘治本作「性」。

〔三〕雖其稟賦不同　「其」，同治本、和刻本作「有」。

〔四〕正聲正氣　「氣」，和刻本、四庫本作「色」。

〔五〕其光逆出　「逆」，弘治本、和刻本作「迸」。

〔六〕只是屈頭擔重檐　「擔重檐」，弘治本作「檐重檐」，和刻本作「擔重擔」。

〔七〕不知時節既變　「知時」二字原脱，據和刻本、四庫本補。

〔八〕須是心常存在方可　「方」，弘治本、和刻本作「才」。

〔九〕不守三寸而起冒爲之念　「三」，弘治本、和刻本作「尺」。

〔一〇〕此皆前輩所以助成仁也　「輩」下，弘治本、和刻本有「風流」二字。

〔一一〕盡性至命　「至」，同治本作「知」。

附録

四庫全書總目卷九二子部儒家類二

［清］紀　昀等

木鍾集十一卷浙江巡撫采進本

宋陳埴撰。埴字器之，永嘉人。嘗舉進士，授通直郎致仕。其學出於朱子。永樂中修五經大全所稱潛室陳氏，即埴也。是編雖以集爲名，而實則所作語録，凡論語一卷，孟子一卷，六經總論一卷，周易一卷，尚書一卷，毛詩一卷，周禮一卷，禮記一卷，春秋一卷，近思雜問一卷，史一卷。其説大學、中庸列禮記之中，蓋其時四書章句集注雖成，猶私家之書，未懸於國學之功令，故仍從古本。史論惟及漢、唐，則伊、洛之傳不以史學爲重，偶然及之，非專門也。其體例皆先設問而答之，故卷首自序謂取禮「善問者如攻堅木，善待問者如撞鍾」義，名曰木鍾。刊帙久佚。明弘治十四年，温州知府鄧淮始得舊本重刊。自第五卷至十一卷皆題曰「某卷下」，疑或各佚其上半卷。而核其所列，則書始二典，詩始比、興、賦，春秋始隱元年，近思雜問始理氣，史始漢，皆不似尚有前文。惟周禮不始天官而始府史，禮記不始曲禮而始王制，似有所佚。然府史之名先見於序官，而王制亦禮記第三篇，即從此托始，亦無不可。宋本既不可見，姑闕所疑焉可矣。

四庫全書總目凡例

［清］紀　昀等

陳埴木鍾集，名似文集而實語録。

四庫全書總目卷三經部易類

［清］紀　昀等

周易傳義附録十四卷兩江總督采進本

宋董楷撰。楷字正叔，臺州臨海人，寶祐四年進士，官至吏部郎中。其學出於陳器之，器之出於朱子，故其説易惟以洛閩爲宗。

思辨録輯要卷三十三經子類

［清］陸世儀

近思雜問，永嘉陳埴所撰。其言純粹中正，近世學者罕有其比。惜未覩其全，與未悉其出處行事，當細訪之耳。

木鍾序

［宋］陳　埴

志曰：「善問者如攻堅木」，「善待問者如撞鍾」。朋友講習，不可以無問也，問則不可以無復。今之不善問者，徒先其所難，後其所易，取其節目之堅，乃欲一斧而薪之，不少徐徐以待其自解，則匠石從旁而竊笑之矣。至其待人之問者，或小叩之而大鳴，或大叩之而小鳴，不待其再至而亟盡其餘聲，或餘之未盡而恣其人之更端焉。然則是鍾也，其必州鳩氏之所棄者乎？余非待問者，顧諸友方持班氏之斧，以運成風之巧，乃欲以空中之物隨酢焉，其不哆然肆、黯然啞者，幾希矣。或曰：「空故能聲，虛故能應，壞木之竅穴而萬籟出焉，物固有然者矣。」余有感於斯言也，取二物因命之曰「木鍾」焉。子幸有以問余，余方以

問子。永嘉潛室陳埴題。（録自元吴氏友于堂刊本潛室陳先生木鍾集）

木鍾集跋

［明］楊士奇

木鍾集一册，朱子門人永嘉陳埴器之著。余初得於江夏樊思齊子賢。子賢遺余他書尚多，後率爲親友持去，今獨存此集及韓文耳。余弱冠至武昌，逆旅與子賢居相接，一見相好如平生，時年已七十。其少與郡人聶炳、南昌包希魯交厚，嘗親見虞揭、歐陽原功、許可用諸公。其爲學有要領，治詩經，評論古今人物，及忖度事後當成敗皆有理。而浮湛市廛，以賣書爲業，雖鄉人莫或知之者。獨吴啓公佑時來就之，然不知其意也。頗喜作中州樂府，以爲馮海粟之豪俊，張小山之精麗，當兼而有之。時有所作，輒爲余誦焉。余一日效其體，和數篇，見之愀然不懌，曰：「老夫豈以是望賢者？」又曰：「老夫過矣。」余甚愧焉，自是不復與余言樂府矣。可謂愛人以德者也。未幾而别，别未幾遂卒。惜哉！不肖駑劣，既無副前輩之望，獨其拳拳厚意，至於今未始一日忽忘之也。故因此書，識余之情。（録自東里續集卷十八）

通直陳潛室先生埴父煜

［清］全祖望等

陳埴，字器之，永嘉人，舉進士。少師水心，後從文公學。其言：「善問者如攻堅木，善待問者如撞鍾。朋友講習，不可以無問也，問則不可以無復。今之不善問者，徒先其所難，後其所易，取其節目之堅，乃欲一斧而薪之，不少徐徐以待其自解，則匠石從旁而竊笑之矣。至其待人之問者，或小叩之而大鳴，或大叩之而小鳴，不待其再至而亟盡其餘聲，或餘之未盡而恣其人之更端焉。然則是鍾也，其必州鳩氏之所棄者乎？」故集其答門弟子之問者，名之曰木鍾集。其四端説，即文公之答其所問者，而轉以之答其弟子之問，蓋能墨守師説者也。江淮制使趙善湘建明道書院，辟先生爲幹官兼山長，從遊者甚盛。後以通直郎致仕。所著有禹貢辯、洪範解、王制章句。學者稱爲潛室先生。先生之父煜，字民表，隱君子也。嘗戒其子曰：「昔人患進士浮靡，議罷之。察孝廉，雖不果，然薦送必由州縣，比鄉舉里選猶近也。今縻歲月，捐父母，棄室家，以爭優校，可乎？得喪命也，若慎無然。」諸子守其教，必待鄉貢，不上太學。（録自宋元學案卷六五木鍾學案）

近思續録

［宋］蔡模 編纂　程水龍 校點

目録

校點説明

近思續録十四卷，宋蔡模編纂。蔡模（一一八八——一二四六），字仲覺，號覺軒。福建建陽人。建陽蔡氏一門與朱子關係十分密切，蔡模的祖父西山先生蔡元定，乾道間「以師事文公，而文公顧曰『季通吾老友也』」。蔡元定長子節齋先生淵、次子復齋先生沆、季子九峰先生沉，兄弟三人「皆從文公遊」，而蔡模就是朱子高弟蔡沉的長子，并同列朱子門墻。蔡模的名字乃朱子所取，「仲覺之幼也，文公先生命之曰模，及其長也，又訓之以伊尹之『覺』」（參見宋真德秀西山文集卷三十三蔡仲覺名字説），而朱子殁後，蔡模爲乃師編撰朱文公年譜事實一卷（參見束景南朱熹年譜長編卷上）。史傳稱其「操行高潔，風度夷坦，隱居篤學，一以聖賢爲師」。淳祐三年，建安守王埜創建安書院，特邀蔡模掌席。淳祐四年，以宰相謝方叔等舉薦，詔補迪功郎，添差本府教授，令有司録所著書，并訪以所欲言。撰著除近思續録、補録外，還有易傳集解、大學衍説、論孟集疏、河洛探賾等，今除二録外惟存孟子集疏十四卷，爲清四庫全書所收（參見清李清馥閩中理學淵源考、清黄宗羲宋元學案等）。

近思續録乃蔡模倣朱子近思録類例，專集朱子之語編次而成，彌補了朱子編纂近思録卻無朱子思想資源的缺失。全編共收輯朱子語録四百三十八條，其取材主要源自朱子文集、語類、周易本義、四書或問、太極圖説解、四書章句集註、西銘解、易學啓蒙、書傳、經説、手帖、詩集傳等。亦分十四卷，各卷標題分别爲：「道體」、「爲學」、「致知」、「存養」、「克治」、「齊家」、「出處」、「治體」、「治法」、「臨政處事」、「教人」、「警戒」、「辨别異端」、「總論聖賢」，與朱子原本近思録和葉采近思録集解卷目題名基本一致。據宋趙希弁郡齋讀書附志著録：「續近思録十四卷，寶慶丁亥蔡模纂晦庵先生之語以續之」，是知蔡模纂輯近思續録的時間，約在宋理宗寶慶三年（一二二七）。又據宋寶慶四明志卷二「州學書板」載有「續録」，景定嚴州續志卷四載有知郡錢可則刊「近思續録」，推知蔡模續録在南宋即有寶慶四明州學刊本和景定嚴州州學刊本行世（參見王國維遺書、張秀民中國印刷史）然此二種宋刻續録并未傳世。明清書目著録該書者，有王圻續文獻通考、錢謙益絳雲樓書目、好古堂書目、吴壽暘拜經樓藏書題跋記等。惟拜經樓藏書題跋記著録宋刻本近思録續録二十三卷，「每葉二十六行，每行大字二十四，小字二十五六字不等，紙墨精雅」。然據考此本實爲宋熊剛大性理群書句解後集，只是其中卷十四至二十爲蔡模近思續録（參見繆荃孫藝風藏書續記)。

據中國古籍總目著録,現存最早的蔡模近思續録版本,是清康熙二十八年刻本,吉林圖書館有藏。然據查嘉興市圖書館藏清初刻本,半葉十行二十二字,左右雙欄,上下黑口,對魚尾。扉頁中行刻書名「近思續録」,左下刻「天蓋樓藏板」四字。卷首載清康熙己巳(二十八年)柯崇樸序,其後有近思續録目録,題署「考亭門人蔡模集編,嘉善後學柯崇樸較訂」。按柯序曰:「覺軒之述,其有功於朱子,並有功於聖學,豈淺鮮哉?此崇樸所急爲刊布意也。」是知此本係康熙二十八年柯崇樸校刻而吕氏天蓋樓藏板者也。又柯序曰:「原本有古溪先生熊剛大集解,句櫛字比,意極詳明。然朱子之書明白簡易,原可不煩辭説,故輒删去,以待學者自得焉。」由此推知此本或即源自宋熊剛大性理群書句解後集本中的近思續録。柯崇樸字寓匏,號敬一,又小幔亭,浙江嘉善西塘人,生卒年不詳。吕留良弟子,康熙十八年舉博學鴻儒,官内閣中書。曾協助朱彝尊選編詞綜。著有紀游草、振雅堂集等(參見傅逅勤嘉興歷代人物考略)。據中國古籍總目著録,蔡模近思續録又有同治八年刻本、光緒刻西京清麓叢書本、光緒三十一年正誼書院刻本等。據考光緒三十一年正誼書院本係據清連梅軒抄本校刻,而連氏抄本則出自天蓋樓柯崇樸校刻本;而光緒西京清麓叢書本,實收録光緒三十一年刻本,與正誼書院本并無二致。此外,日本國立公文書館藏日本寬文八年（一六六八）刻本，相當於康熙七年，較柯崇樸刻本更早。該本半葉八行十七字，四周單欄，白口，無界欄，有日文訓點。正文卷端題「考亭門人蔡模集編」，卷十四末載寬文戊申谷勿撰近思續録跋。寬文刻本卷首近思續録目録下各卷類目標題和條目數，皆與康熙柯崇樸刻本略有差異。經比對，兩本語録條數的差異，主要體現在條目分合上，内容并無出入。

此次校點整理，以嘉興市圖書館藏清康熙二十八年柯崇樸刻本爲底本，而取日本國立公文書館藏日本寬文八年刻本（簡稱寬文本）對校，有異同處，則取朱子之書參校之。校點既畢，遂以爲記。其中疏失錯誤，敬祈讀者指正。

二〇一二年十月　程水龍

近思續録序

近思續録十四卷，乃宋覺軒先生蔡模倣朱子近思録例，集朱子遺言類次之。崇樸既得而卒讀，爰校訂其字句之訛謬，因刊行之。而爲叙曰：記云「作者之謂聖，述者之謂明」，明、聖者，述、作之謂也。夫豈易言哉？六經之書尚已，孔子爲之删定贊修，而後焕焉與日月同光。此孔子之「述而不作」，功在萬世也。是後火於秦，雜於漢，支離晻翳者千五百餘年。迨宋室嗣興，名儒輩出，得不傳之旨於遺經，斯道燦然復明於天下。然周、程、張子之書，廣大閎博，若無津涯，此朱子近思録所由作。而其言曰：「四書爲五經之階梯，近思録爲四書之階梯。」則朱子之明，誠足以近述諸儒而上繼孔子也。乃朱子生平諸經之傳註，交友之書疏，同堂之講論，至精至詳，惜後世更無有如朱子者起而述之。故其廣大閎博者，猶散漫無統。惟忠憲高景逸先生集爲朱子節要，然其明或未足及之。故我師吕晚邨先生謀更爲纂輯，會疾革不就。嗚呼！豈天之無意斯文耶？何後起者之不得與於斯文也？猶幸是編尚存，崇樸獲購而讀之。夫覺軒爲九峰先生令嗣，親炙師承，爲得其要領已。間嘗論之。近世儒者之失，莫大於不循下學，妄希上達，以致知格物爲支離，以直捷了悟爲能事，未明日用，輒語性天。所謂「心性」，所謂「良知」，總不過借我儒字目，以陰行其詖淫邪遁之説，於朱子之道，怯者陽奉而陰違，黠者明攻而肆詆。嗚呼！正學不明，邪説日熾，不有朱子，誰爲正之？不有述朱子者，又誰爲翼之哉？是書雖約，然首明道之大體，以示之端，繼言爲學之要、修己治人之方，終則辨别邪異，統論聖賢，以一其向。使學者得此而潛玩焉，觸類引伸，豁然貫通，循夫擇善固執之理，裕夫明體達用之功，則於朱子之廣大閎博者，亦可得其門而入矣。由是邪説不攻而自破，正學已晦而復明，則覺軒之述，其有功於朱子，并有功於聖學，豈淺鮮哉？此崇樸所急爲刊布意也。原本有古溪先生熊剛大集解，句櫛字比，意極詳明，然朱子之書明白簡易，原可不煩辭説，故輒删去，以待學者自得焉。康熙己巳夏日嘉善後學柯崇樸序。

近思續録卷一　凡五十五條〔一〕

道體

濂溪先生之言，其高極乎無極、太極之妙，而其實不離乎日用之間；其幽探乎陰陽五行造化之賾，而其實不離乎仁義禮智、剛柔善惡之際。其體用之一源，顯微之無間，秦漢以下，誠未有臻此理者。蓋其所謂「太極」云者，合天地萬物之理而一名之耳。以其無器與形，而天地萬物之理無不在是，故曰「無極而太極」。以其具天地萬物之理，而無器與形，故曰「太極本無極」也。是豈離乎生民日用之常，而自爲一物哉？其陰陽五行造化之賾者，固此理也。其爲仁義禮智、剛柔善惡者，亦此理也。性此理而安焉者，聖也；復此理而執焉者，賢也。自堯舜以來，以至於孔孟，其所以相傳之説，豈有一言以易此哉？文集。下同。

「動静無端，陰陽無始」，天道也。始於陽，成於陰，本於静，流於動，人道也。然陽復本於陰，靜復根於動，其動靜亦無端，陰陽亦無始，則人蓋未始離乎天，而天亦未始離乎人也。

元亨，誠之通，動也；利貞，誠之復，靜也。元者，動之端，本乎靜。貞者，靜之質也，著乎動。一動一靜，循環無窮。而貞也者，萬物所以成終而成始者也。故人雖不能不動，而立人極者必主乎靜。則其著於動也，無不中節，而不失本然之靜矣。

靜而無不該者，性之所以爲中也，「寂然不動」者也。動而無不中者，情之發而得其正也，「感而遂通」也。靜而常覺，動而常止，心之妙也。寂而感，感而寂者也。

易曰：「無思也，無爲也，寂然不動，感而遂通天下之故。」其寂然者，無時而不感；其感通者，無時而不寂。是乃天命之全體，人心之至正，所謂「體用之一源，流行而不息」者也。然於其未發也，見其感通之體；於其已發也，見其寂然之用。程子曰：「中者，言寂然不動者也。和者，言感而遂通者也。」然中和以情性言也，寂感以心言者也。中和蓋所以爲寂感也。

天地以生物爲心者也，而人物之生，又各得夫天地之心以爲心焉。故語心之德，雖其總攝貫通，無所不備，然一言以蔽之，則曰「仁」而已。請試申之。蓋天地之心，其德有四，曰「元亨利貞」，而元無不統。其運行焉，則爲春夏秋冬之序，而春生之氣無所不通。故人之爲心，其德亦四，曰「仁義禮智」，而仁無不包。其發用則爲愛恭宜别之情，而惻隱之心無所不貫。故論天地之心者，曰「乾元」、「坤元」，則四德之體用，不待悉數而足。論人心之妙者，曰「仁，人心也」，則四德之體用，不待偏舉而該。蓋仁之爲道，乃天地生物之心，即物而在，情之未發而此體已見〔二〕，情之既發而其用不窮。誠能體而存之，則衆善之源、萬行之本，莫不在是。此孔門之教，所以必使學者汲汲於求仁也。其言有曰「克己復禮爲仁」，言克去己私，復乎天理，則此心之體無不在，而此心之用無不行也。又曰「居處恭，執事敬，與人忠」，則亦所以存此心也。又曰「求仁得仁」，則以讓國而逃、諫伐而餓，爲能不失乎此心者也。又曰「殺身成仁」，則以欲甚於生、惡甚於死，爲能不害乎此心也。此心何心也？在天地則盎然生物之心，在人則温然愛人利物之心〔三〕，包四德而貫四端者也。或曰：程子所謂「愛，情，仁，性，不可以愛爲仁」者，非歟？曰：程子之所訶，以愛之發而盡仁者也。吾之所論，以愛之理而名仁者也。或曰：程子之徒，言仁多矣，蓋有謂「愛非仁，而以萬物與我爲一爲仁之體」者矣。亦有謂「愛非仁，而以心有知覺以釋仁之名」矣。然則皆非歟？曰：彼謂「物與我爲一」者，可以見仁之無不愛矣，而非仁之所以爲體之真也。彼謂「心有知覺」者，可見仁之包乎智矣，而非仁之所以得名之實也。觀孔子答子貢「博施」、「濟衆」之問，與程子所謂「覺不可訓仁」，子尚安得復以此論仁哉？抑泛言同體者，其弊或至於認物爲己者，有之矣； 專言知覺者，其弊或至認欲爲理者，有之矣。 又安得復以此論仁哉？

心者，人之知覺，主於身而應於事者也。 指其生於形氣之私而言，則謂之人心。 指其發於義理之公者而言，則謂之道心。 人心易動而難反，故危而不安。 義理難明而易昧，故微而不顯。 惟能省察於二者公私之間，以致其精而不使有毫釐之雜，持守於道心微妙之本，以致其一，而不使有頃刻之離，則其日用之間，思慮動作，自無過不及之差，而信能執厥中矣。 書傳。

人只是一箇心，人心是自人身上發出來底，道心是義理上發出來底。 雖聖人不能無人心，如飢食渴飲之類； 雖小人不能無道心，如惻隱之心是。 語録。

先天乃伏羲本圖，非康節所自作。 太極却是濂溪自作，發明易中大概綱領。 故論其格局，則太極不如先天之大而詳； 論其義理，則先天不如太極之精而約。

「上天之載」，是就有中説無。 「無極而太極」，是無中説有。

易，變易也，兼指一動一靜、已發未發而言之也。 太極者，性情之妙也，乃一動一靜、已發未發之理也。 故曰「易有太極」。

「陽魂爲神，陰魄爲鬼。」「鬼，陰之靈； 神，陽之靈。」此以二氣言。 氣之來而方伸者爲神，氣之往而既屈者爲鬼。 陽主伸，陰主屈，此以一氣言也。 故以二氣言，則陰爲鬼，陽爲神；以一氣言，則方伸之氣亦有伸有屈。其方伸者，神之神；其既屈者，神之鬼。既屈之氣亦有屈有伸。其屈者，鬼之鬼；其來格者，鬼之神。天地人物皆然，不離此氣之往來屈伸合散而已。語録。

天地是體，鬼神是用。鬼神只是陰陽二氣往來屈伸。如春夏是神，秋冬是鬼；晝是神，夜是鬼；息底是神，消底是鬼；生是神，死是鬼；鼻息呼是神，吸是鬼；語是神，嘿是鬼。

仁爲四端之首，而智則能成始成終。猶元雖四德之長，然元不生於元，而生於貞。蓋由天地之化，不翕聚，則不能發散，理固然也。仁智交際之間，乃萬化之機軸，此理循環不窮，脗合無間。程子所謂「動靜無端，陰陽無始」者，此也。

變者，化之漸；化者，變之成。易本義。下同。〔四〕

始者，氣之始；生者，形之始。

盡己之謂忠，推己之謂恕。夫子之一理渾然而泛應曲當，譬則天地之至誠無息，而萬物各得其所也。曾子有見於此而難言之，故借學者盡己、推己之目以著明之，欲人之易曉也。蓋至誠無息者，道之體也，萬殊之所以一本也；萬物各得其所者，道之用也，一本之所以萬殊也。以此觀之，「一以貫之」之實可見矣。論語集註〔五〕。下同。

盡己爲忠，道之體也；推己爲恕，道之用也。忠爲恕體，是以分殊而理未嘗不一；恕爲忠用，是以理一而分未嘗不殊。此聖人之道，所以同歸而殊塗，一致而百慮，而無不備、無不通也。

若天之自然無外，又何己之盡有待於推以及物耶？特以天道著人事，取其理之屬乎是者而分之耳。亦曰本體之流行者，在人則謂之忠；由是而生物者，在人則謂之恕耳。

曾子忠恕是天，子思忠恕尚是人在。

禮者天理之節文，人事之儀則也。

道者事物當然之理，人之所共由者也。

仁者心之德、愛之理。

義者心之制、事之宜。

四端之信，猶五行之土。無定位，無成名，無專氣，而水火金木，無不待是以生者。故土於四行無不在，於四時則寄王焉，其理亦猶是也。孟子集註。下同。

性者，人之所得於天之理也。生者，人之所得於天之氣也。性，形而上者也；氣，形而下者也。以氣言之，則知覺運動，人與物若不異也；以理言之，則仁義禮智之稟，豈物之所得同哉？此人之性所以無不善，而爲萬物之靈也。

心之爲物，實主於身。其體則有仁、義、禮、智之性，其用則有惻隱、羞惡、辭遜、是非之情，渾然在中，隨感而應，各有攸主，而不可亂也。次而及於身之所具，則有口、鼻、耳、目、四肢之用。又次而及於身之所接，則有君臣、父子、夫婦、長幼之常。是皆必有當然之則，而自不容已，所謂理也。外而至於人，則人之理不異於己也；遠而至於物，則物之理不異於人也。極其大，則天地之運，古今之變，不能外也；盡其小，則一塵之微，一息之頃，不能遺也。是乃上帝所降之衷，烝民所秉之常，劉子所謂「天地之中」，夫子所謂「性與天道」，子思所謂「天命之性」，孟子所謂「仁義之心」，程子所謂「天然自有之中」〔六〕，張子所謂「萬物之一原」，邵子所謂「道之形體」者。但其氣質有清濁偏正之殊，物欲有淺深厚薄之異，是以人之與物，賢之與愚，相與懸絶而不能同耳。大學或問。

天覆地載，萬物並育於其間而不相害；四時日月，錯行代明而不相悖。所以不害不悖者，小德之川流；所以並育並行者，大德之敦化。小德者，全體之分；大德者，萬殊之本。川流者，如川之流，脈絡分明，而往不息也；敦化者，敦厚其化，根本盛大，而出無窮也。以天地言之，則高下散殊者，小德之川流；於穆不已者，大德之敦化。以聖人言之，則物各付物者，小德之川流；純亦不已者，大德之敦化。中庸或問。下同。〔七〕

天命之性，仁、義、禮、智而已。循其仁之性，則自父子之親，以至仁民愛物，皆道也；

循其義之性，則自君臣之分，以至於敬長尊賢，亦道也。循其禮之性，則恭敬辭遜之節文，皆道也；循其智之性，則是非邪正之分別，亦道也。蓋所謂性者，無一理之不具，故所謂道者，不待外求，而無所不備。所謂性者，無一物之不得，故所謂道者，不假人爲而自無不周。雖鳥獸草木之生，僅得形氣之偏，而不能通貫乎全體，然其知覺運動，榮悴開落，亦皆循其性而各有自然之理焉。至於虎狼之父子，蜂蟻之君臣，豺獺之報本，雎鳩之有別，則其形氣之偏，又反有以存其義理之所得，尤可以見天命之本然，初無間隔，而所謂道者，亦未嘗不在是也。

天命之性，萬理具焉，喜怒哀樂，各有攸當。方其未發，渾然在中，無所偏倚，故謂之中。及其發而皆得其當，無所乖戾，故謂之和。謂之中者，所以狀性之德、道之體也。以其天地萬物之理，無所不該，故曰「天下之大本」。謂之和者，所以著情之正、道之用也。以其古今人物之所共由，故曰「天下之達道」。蓋天命之性，純粹至善，而具於人心者，其體用之全，本皆如此，不以聖愚而有加損也。然靜而不知所以存之，則天理昧，而大本有所不立矣；動而不知所以節之，則人欲肆，而達道有所不行矣。此君子自其不睹不聞之前，而所以戒謹恐懼者，愈嚴愈敬，以至於無一毫之偏倚，而守之常不失焉，則爲有以致其中，而大本之立，日益固矣。尤於隱微幽獨之際，而所以謹其善惡之幾者，愈精愈密，以至於無一毫之差繆，而行之每不違焉，則爲有以致其和，而達道之行，日以益廣矣。極其至於靜而無一息之不中，則吾心正而天地之心亦正，故陰陽動靜各止其所，而天地於此乎位矣；動而無一事之不和，則吾氣順而天地之氣亦順。故充塞無間，歡欣交通，而萬物於此乎育矣。此萬化之本源，一心之妙用，聖神之能事，學問之極功也。

不偏不倚云者，程子所謂在中之義，未發之前，無所偏倚之名也。無過不及者，程子所謂中之道，見諸行事，各得其中之名也。蓋不偏不倚，猶立而不近四旁，心之體、地之中也。無過不及，猶行而不先不後，理之當、事之中也。故於未發之大本，則取不偏不倚之名；於已發而時中，則取無過不及之義。

太極者，本然之妙也；動靜者，所乘之機也。太極，形而上之道也；陰陽，形而下之器也。是以自其著者而觀之，動靜不同時，陰陽不同位，而太極無不在焉。自其微者觀之，則冲漠無朕，而動靜陰陽之理，已悉具於其中矣。雖然，推之於前，而不見其始之合；引之於後，而不見其終之離也。故程子曰：「動靜無端，陰陽無始。非知道者，孰能識之？」太極圖。下同。

其曰「體用一源」者，以至微之理言之，則冲漠無朕，而萬象昭然已具也。其曰「顯微無間」者，以至著之象言之，則即事即物，而此理未嘗不在也。言理則先體而後用，蓋舉體而用之理已具，是所以爲一源也。言事則先顯而後微，蓋即事而理之體可見，是所以爲無間也。

天地，其形體也；乾坤，其性情也。乾者健而無息之謂，萬物之所資以始者也；坤者順而有常之謂〔八〕，萬物之所資以生者也。是乃天地之所以爲天地，而父母乎萬物者。西銘解。

太極者，象數未形而其理已具之稱，形器已具而其理無朕之目，在河圖、洛書，皆虚中之象也。周子曰「無極而太極」，邵子曰「道爲太極」，又曰「心爲太極」。易學啓蒙。

陰陽，若論流行底則只是一箇，對待底則兩箇。如日月、水火之類，皆是兩箇。經説。下同。

易有兩義：一是變易，便是流行底；一是交易，便是對待底。

復有兩般，有善惡之復，有動静之復。二者自不相須，要各看得分曉。終日營營，與物並馳，忽然有惻隱、是非、羞惡之心發見，此善惡之爲陰陽也。若寂然至静之中，有一念之動，此動静爲陰陽也。伊川與濂溪説得亦不同，濂溪就歸處説復，伊川就動處説復。濂溪云「利貞，誠之復」，謂「誠心，復其不善之動」也，此就歸處説。伊川説「元亨利貞」，則「元」爲「復」，此就動處説。二者各所指地頭不同，其理只一。

嘗謂康節之學，與周子、程子所説小有不同。康節於那陰陽相接處看得分曉，故多舉此處爲説。周子説「無極而太極」與「五行一陰陽，陰陽一太極」，説得周徧。若如周子、程子之説，則康節之説在其中矣。康節是指貞、元之間言之，周子、程子説得活，「體用一源，顯微無間」。語録。下同。

性、情、心，同是一理，然心卻包著這性情在裏面。横渠説「心統性情者也」，看得精。邵堯夫云：「性者，道之形體；心者，性之郛郭；身者，心之區宇；物者，身之舟車。」語極有理。

問「五性感動而善惡分」。先生曰：天地之性是理也。才到有陰陽五行處，便有氣質之性，於此便有昏明、厚薄之殊。

有天地之性，有氣質之性。天地之性，則太極本然之妙，萬殊之一本者也。氣質之性，則二氣交運而生，一本而萬殊者也。〔九〕

論天地之性，則專指理而言；論氣質之性，則以理與氣雜而言之。「維天之命，於穆不已」，萬古只如此。〔一〇〕

問「萬物之生意最可觀」。先生曰：萬物之生，天命流行，自始至終，無非此理。但初生之際，純粹未散，尤易見爾。

无妄是自然之誠，不欺是著力去做的。

心，譬則水也。性，水之理也。性所以立乎水之靜，情所以行乎水之動，欲則水之流而至於汎濫者也。才者，水之氣力，所以能流者，然其流有緩有急，則是才之不同。〔一一〕

才出於氣，氣清則才亦清，氣濁則才亦濁。

性出於天，才出於氣。性是形而上者，氣是形而下者。形而上者，全是天理；形而下者，只是那查滓。至於形，又是查滓至濁者也。

敬之問盡心知性。先生曰：性是吾心之實理，若不知得，却盡箇甚？又問知性知天。曰：性以賦予我之分而言；天以公共道理而言。吾之仁義禮智，即天之元亨利貞。凡吾之所有，皆自彼而來也。故知吾性，則自然知天矣。

敬之問「君子所性」。先生曰：此是説生來承受之性。「仁義禮智根於心」，便見四端著在心上。才有些子私意，便剗斷那根，便無生意。

「仁」字須兼義、禮、智看。仁者仁之本體，禮者仁之節文，義者仁之斷制，智者仁之分別。猶春夏秋冬雖不同，而同出於春：春則生意之生也，夏則生意之長也，秋則生意之收也，冬則生意之藏也。

問：「四端」集註以爲端緒，蔡丈季通説端乃尾，如何？曰：以體用言之，端亦可謂之尾；以始終言之，端是始發處。二説自不相礙。

「道」字宏大，「理」字精密。

人多説性，方説心，論來當先説心〔一二〕。古人製字，亦只先製得一箇「心」字，「性」與「情」皆從「心」生〔一三〕。

校勘記

〔一〕凡五十五條　寬文本無此五字。按：正文中各卷標題原本無，據寬文本補輯。

〔二〕情之未發而此體已見　「見」，寬文本、晦庵集卷六十七（朱傑人、嚴佐之、劉永翔主編朱子全書本，下同）仁説作「具」。

〔三〕在人則温然愛人利物之心　「心」，原作「性」，據寬文本、晦庵集卷六十七仁説改。

〔四〕自「變者」至「下同」　寬文本緊接上條，未單列作一條。

〔五〕論語集註　「論」字原脱，據寬文本補。

〔六〕程子所謂天然自有之中　「然」，原作「地」，據寬文本、大學或問（朱子全書本，下同）改。

〔七〕自「以天」至「下同」　寬文本緊接上條，未單列作一條。

〔八〕坤者順而有常之謂　「之謂」二字原脱，據寬文本、西銘解（朱子全書本，下同）補。

〔九〕自「有天」至「者也」　寬文本緊接上條，未單列作一條。

〔一〇〕自「論天」至「如此」　寬文本另行單列，且與下一條合爲一條。按：此語與下條文字出處不同，可分開。

〔一一〕自「心譬」至「不同」　寬文本緊接上條，未單列作一條。按：此條與前條内容差異、出處不同，宜分開各爲一條。

〔一二〕論來當先説心　「論」，寬文本、朱子語類卷五（中華書局本，下同）作「看」。

〔一三〕性與情皆從心生　「生」，寬文本、朱子語類卷五無。

近思續録卷二

凡六十六條[一]

爲學

張子西銘後，論曰：天地之間，理一而已。然「乾道成男，坤道成女」，二氣交感，化生萬物」，則其大小之分，親疏之等，至於十百千萬而不能齊也。不有聖賢者出，孰能合其異而反其同哉？西銘之作，意蓋如此。程子以爲明理一而萬殊[二]，可謂一言以蔽之矣。蓋以乾爲父、坤爲母，有生之類，無物不然，所謂「理一」也。而人物之生，血脈之屬，各親其親，各子其子，則其分亦安得而不殊哉！一統而萬殊，則雖天下一家，中國一人，而不流於兼愛之蔽；萬殊而一貫，則雖親疏異情，貴賤異等，而不梏於爲我之私。此西銘之大旨也。觀其推親親之厚，以大無我之公，因事親之誠，以明事天之道，蓋無適而非所謂分立而推理一者。夫豈專以民吾同胞、長長幼幼爲理一，而必默識於言意之表，然後知其分之殊哉？

程夫子之言曰：「涵養須是敬，進學則在致知。」此實學者立身進步之要，而二者之功，蓋未嘗不交相發也。然夫子教人持敬，不過以整衣冠、齊容貌爲先，而所謂致知者，又不過讀書史、應事物之間求其理之所在而已。

寢堂之旁有兩夾室，名其左曰「敬齋」，右曰「義齋」。蓋嘗讀易而得其兩言，曰「敬以直內，義以方外」。以爲爲學之要，無以易此，而未知其所以用力之方也。及讀中庸，見其所論修道之教，而必以戒謹恐懼爲始，然後得夫所以持敬之本。又讀大學，見其所論明德之序，而必以格物致知爲先，然後得夫所以明義之端。既而觀夫二者之功夫，一動一靜，交相爲用，又有合乎周子太極之論，然後又知天下之理，幽明鉅細，遠近淺深，無不貫乎一者。

孔子曰：「古之學者爲己，今之學者爲人。」又曰：「女爲君子儒，無爲小人儒。」此是古今學者君子、小人之分，差之毫釐，繆以千里，切宜審之。

先生諭學者曰：老蘇自言其初學爲文時，取論語、孟子、韓子及其它聖賢之文，兀然端坐，終日以讀之者七八年。方其始也，入其中而惶然以疑，觀於其外而駭然以驚。及其久也，讀之益精，而其胸中豁然以明，若人之言固當然者，然猶未敢自出其言也。積時既久，胸中之言日益多，不能自制，試出而書之。已而再三讀之，渾渾乎覺其來之易矣。予謂老蘇但欲學爲古人說話聲響〔三〕，極爲細事，故其所就，亦非常人所及。今人學道，依老蘇法，以二三年爲期，正襟危坐，將大學、論語、中庸、孟子，及詩、書、禮記、程張諸書分明易曉處，反覆讀之，更就己身心上存養玩索，著實行履，有箇入處，方好求師，證其所得而訂其謬誤。是乃所謂「就有道而正焉」者，而學之成也可冀矣。

古之聖賢，其文可謂盛矣，然初豈有意學爲如是之文哉？有是實於中，則必有是文於外。如天有是氣，則必有日月星辰之光耀；地有是形，則必有山川草木之行列。聖賢之心，既有是精明純粹之實，以旁薄充塞於其內，則其著見於外者，亦必自然條理分明，光耀發越而不可掩蓋，不必托於言語、著於簡冊而後謂之文。但自一身接於萬事，凡其語嘿動靜，人所可得而見者，無適而非文也。姑舉其最而言，則易之卦畫、詩之詠歌、書之紀言、春秋之述事，與夫禮之威儀、樂之節奏，皆已列爲六經而垂萬世。然其所以盛而不可及者，豈非所自來，而世亦莫之識也。

「顯諸仁，藏諸用。」顯，自内而外也。仁，謂造化之功，德之發也。藏，自外而内也。用，謂機緘之妙，業之本也。易本義。下同。

精研其義，至於入神，屈之至也。然乃所以爲出而致用之本，利其施用，無適不安，伸之極也。然乃所以爲入而崇德之資，内外交相養、互相發也。

「觀其會通，以行其典禮。」會，謂理之所聚而不可遺處。通，謂理之可行而無所礙處。人與天地鬼神，本無二理。先天不違，謂意之所爲，默與道契。後天奉天，謂知理如是，奉而行之。〔四〕

學而爲論語首篇，所記多務本之意，乃入道之門，積德之基，學者之先務也。論語集註。下同。

無私心，然後好惡當於理。當理而無私心，則仁矣。

未得則發憤而忘食，已得則樂而忘憂。以是二者「俛焉日有孳孳」，而不知年數之不足。夫子但自言其好學之篤耳。然深味之，則見其全體至極，「純亦不已」之妙，有非聖人不能及者。〔五〕

不得於天而不怨天，不合於人而不尤人，但知下學，自然上達。此但自言其反己自修，循序漸進耳，無以甚異於人而致其知也。然深味其語意，則見其中自有人不及知而天獨知之之妙。

天地之化，往者過，來者續，無一息之停，乃道體之本然也。然其可指而易見者，莫如川流，故於此發以示人，欲學者時時省察，而無毫髮之間斷也。

學者自强不息，則積少成多；中道而止，則前功俱棄。

學莫先於立志〔六〕。志道則心存於正而不他，據德則道得於心而不失，依仁則德性常用而物欲不行，游藝則小物不遺而動息有養。學者於此，有以不失其先後之序、輕重之倫焉，則本末兼該，内外交養，日用之間，無少間隙，而涵泳從容，忽不自知其入於聖賢之域矣。

詩本情性〔七〕，有邪有正。其言既易知，而吟詠之間，抑揚反覆，其感人又易入。故學者之初，所以興起其好善惡惡之心，而不能自已者，必於是而得之。禮以恭敬辭遜爲本，而有節文度數之詳，可以固人肌膚之會、筋骸之束。故學者之中，所以能卓然自立，而不爲事物之所摇奪者，必於此得之。樂有五聲十二律，更唱迭和，以爲歌舞八音之節，可以養人之情性，而蕩滌其邪穢，消融其查滓。故學者之終，所以至於義精仁熟，而自和順於道德者，必於此得之。

非弘不能勝其重，非毅無以致其遠。仁者，人心之全德，而必欲以身體而力行之，可謂重矣。一息尚存，此志不容少懈，可謂遠矣。

意，私意也。必，期必也。固，執滯也。我，私己也。四者相爲終始。起於意，遂於必，留於固，而成於我也。蓋意、必常在事前，固、我常在事後。至於我又生意，則物欲牽引，循環不窮矣。

明足以燭理，故不惑；理足以勝私，故不憂；氣足以配道義，故不懼。此學之序也。

不切則磋無所施，不琢則磨無所措。故學者雖不可安於小成，而不求造道之極致，亦不可騖於虛遠，而不察切己之實病也。

有恒者之與聖人，高下固懸絶矣，然未有不自有恒而能至於聖者也。

敬以持己，恕以及物，則私意無所容而心德全矣。

「博學而篤志，切問而近思。」四者皆學問思辨之事耳，未及乎力行而爲仁也。然從事於此，則心不外馳，而所存自熟，故曰「仁在其中矣」。

仁義根於人心之固有，天理之公也；利心生於物我之相形，人欲之私也。循天理，則不求利，而自無不利；狥人欲，則求利未得，而害已隨之。所謂毫釐之差，千里之謬。此孟子之書所以造端託始之深意，學者所宜精察而明辨也。孟子集註。下同。

至大，初無限量；至剛，不可屈撓。蓋天地之正氣，而人得以生者，其體本如是也。惟其自反而縮，則得其所養，而無所作爲以害之，則其本體不虧，而充塞無間矣。

事親從兄，良心真切，天下之道，皆原於此。然必知之明而守之固，然後節之密而樂之深也。

君子所以博學於文而詳説其理者，非欲以誇多而鬭靡也，欲其融會貫通，有以反而説到至約之地耳。非欲其徒博，而亦不可以徑約。

人物之生，同得天地之理以爲性，同得天地之氣以爲形。其不同者，獨人於其間得形氣之正，而能有以全其性，爲少異耳。雖曰少異，然人物之所以分，實在於此。衆人不知此而去之，則名雖爲人，而實無以異於禽獸。君子知此而存之，是以戰兢惕厲，而卒能有以全其所受之理也。

人，理義之心未嘗無，唯持守之即在耳。若於旦晝之間，不至梏亡，則夜氣愈清。夜氣清，則平旦未與物接之時，湛然虚明，氣象自可見。

心者人之神明，所以具衆理而應萬事者也。性則心之所具之理，而天又理之所從以出者也。人有是心，莫非全體，然不窮理，則有所蔽而無以盡乎此心之量。故能極其心之全體而無不盡者，必其能窮夫理而無不知者也。既知其理，則其所從出，亦不外是矣。

萬物之理，具於吾身。體之而實，則道在我而樂有餘；行之以恕，則私不容而仁可得。

學問之道，固非一端，然其道則在於求其放心而已。蓋能如是，則志氣清明，義理昭著，而可以上達。不然則昏昧放逸，雖曰從事於學，而終不能有所發明矣。

所謂學者，有所效於彼而求其成於我之謂也。以己之未知，而效夫知者，以求其知，以己之未能，而效夫能者，以求其能，皆學之事也。人既學而知且能矣，而於其所知之理、所能之事，又以時反復而温繹之，則所學者熟，而中心悦懌也。蓋人而不學，則無以知其所當知之理，無以能其所當能之事，固若冥行而已矣。然學矣，而不習，則表裏扞格，而無以致其學之之道；習矣，而不時，則工夫間斷，無以成其習之之功。是其胸中雖欲勉焉以自進，亦且枯燥生澁，而無可嗜之味，危殆杌隉，而無可即之安矣。故既學矣，又必時時習之，則其心與理相涵，而所知者益精，身與事相安，而所能者益固。從容於朝夕俛仰之中，凡其所學而知且能者，必皆有以自得於心，而不能以語諸人者，是其中心油然悦懌之味，雖芻豢之甘於口，亦不足喻其美矣。論語或問。

明德者，人之所得乎天，而虚靈不昧，以具衆理而應萬事者也。但爲氣稟所拘、物欲所蔽，則有時而昏。然其本體之明，則有未嘗息者。故學者當因其所發而遂明之，以復其初也。大學章句。

學之大小，固有不同，然其爲道則一而已。人之幼也，不習之於小學，則無以收其放心，養其德性，而爲大學之基本；及其長也，不進之於大學，則無以察夫義理，措諸事業，而收小學之成功。大學或問。下同。

以理而言，則萬物一原，固無人物貴賤之殊。以氣而言，則得其正且通者爲人，得其偏且塞者爲物，是以或貴或賤而不能齊。然人之生，其通也，或不能無清濁之異；其正也，或不能無美惡之殊。况乎又以氣質有蔽之心，接乎事物無窮之變，則其目之欲色，耳之欲聲，口之欲味，鼻之欲臭，四肢之欲安逸，反覆深固。是以此德之明，日益昏昧，而此心之靈，其所知者，不過情欲利害之私而已。然而本明之體，得之於天，終有不可得而昧者。是以雖其昏蔽之極，而介然之頃，一有覺焉，則即此空隙之中，而其本體已洞然矣。是以聖人施教，既已養之小學之中，而復開之以大學之道〔八〕。其必先之以「格物」「致知」之說者，所以使之即其所養之中，而因其所發，以啓其明之之端也。繼之以「誠意」、「正心」、「修身」之目者，則又所以使之因其已明之端，而反之於身，以致其明之之實也。

中庸第一章，首明道之本原出於天而不可易，其實體備於己而不可離。次言存養省察之要。終言聖神功化之極。蓋欲學者於此反求諸身而自得之，以去夫外誘之私，而充其本然之善，一篇之綱領也。中庸章句。下同。

中庸大旨，以知仁勇三達德爲入道之門。故於篇首即以大舜、顔淵、子路之事明之。舜，知也。顔淵，仁也。子路，勇也。

達道者，天下古今所共由之路，即書所謂「五典」，孟子所謂「父子有親，君臣有義，夫婦有別，長幼有序，朋友有信」是也。知，所以知此也；仁，所以體此也；勇，所以强此也。謂之達德者，天下古今所同得之理也。一則誠而已矣。達道雖人所共由，然無是三德，則無以行之；達德雖人所同得，然一有不誠，則人欲間之，而德非其德矣。

聖人之德，渾然天理，真實無妄，不待思勉，從容中道，則亦天之道也。未至於聖，則不能無人欲之私，而其爲德不能皆實。故未能不思而得，則必擇善，而後可以明善；未能不勉而中，則必固執，然後可以誠身。此則所謂人之道也。

尊德性，所以存心而極乎道體之大也。道問學，所以致知而盡乎道體之細也。二者修德凝道之大端也。不以一毫私意自蔽，不以一毫私欲自累，涵泳乎其所已知，敦篤乎其所已能〔九〕，此皆存心之屬也。析理則不使有毫釐之差，處事則不使有過不及之謬，理義則日知其所未知，節文則日謹其所未謹，此皆致知之屬也。蓋非存心無以致知，而存心者又不可不致知。

人之性無不同，而氣則有異，故惟聖人能舉其性之全體而盡之。其次則自善端發見之偏，而悉推致之，以各造其極也。曲無不致，則德無不實，而形、著、動、變之功自不能已。積而至於能化，則其至誠之妙，亦不異於聖人也。

學之博，然後有以備事物之理，故能參伍之以得所疑而有問；問之審，然後有以盡師友之情，故能反覆之以發其端而可思；思之謹，則精而不雜，故能有所自得，而可以施其辨；辨之明，則斷而不差，故能無所疑惑，而可以見於行；行之篤，則凡所學、問、思、辨而得之者，又皆必踐其實，而不爲空言矣。此五者之序也。

通書極力説箇「幾」字，儘有警發人處。近則公私邪正，遠則廢興存亡，只於此處看破，便斡轉了。此是日用第一親切工夫，精粗隱微〔一〇〕，一時穿透。堯舜所謂「惟精惟一」，孔子所謂「克己復禮」，便是此事。

學者須是將身心做根柢。語録。下同。

大凡爲學，最切要處在身心，其次便是做事，此是的實緊切處。

須敬義夾持，循環無端，則内外透徹。〔一一〕

敬之問：思誠莫是明善否？先生曰：明善是格物、致知，思誠是毋自欺、謹獨。明善固所以思誠，而思誠上面又自有工夫在。

愈細密，愈廣大；愈謹確，愈高明。〔一二〕

下學者事也，上達者理也，理只在事中。若真能盡得下學之事，則上達之理便在此。

人之進德，須是剛健不息。〔一三〕

開卷便有與聖賢不相似處，豈可不自鞭策？

思索義理，涵養本原。

擇之問：且涵養去，久之自明。先生曰：亦須窮理。涵養、窮索，二者不可廢一，如車兩輪，如鳥兩翼。

主敬以立其本，窮理以進其知。使本立而知益明，知精而本益固。

熟底是仁，生底是恕。自然底是仁，勉强的是恕。

知與行常相須，如目無足不行，足無目不見。論先後，知爲先；論輕重，行爲重。

學須做自家的看，便見切己。今人讀書只要科舉用，及已第則爲雜文用，其高者則爲古文用，皆做外面看。

學者只是不爲己，故日間此心安頓在義理上時少，安頓在閑事上多，於義理却生，於閑事却熟。今人爲學多是爲名，不肯切己。

爲學須要剛毅果决，悠悠不濟事。且如「發憤忘食，樂以忘憂」，是什麽精神，是什麽骨肋〔一四〕。

爲學正如撑上水船，一篙不可放緩。

立志要如飢渴之於飲食，才悠悠，便是志不立。

聖人之教，學者之學，不越博文、約禮兩事。博文是「道問學」之事，於天下事物之理，皆欲其知之；約禮是「尊德性」之事，於吾心固有之理，無一息而不存。

「擇言」是「修辭」，「篤志」是「立誠」。大率進德修業，祇是一事，進德是就心上説，修業是就事上説。「知崇」是知識超邁，「禮卑」是就切實處行。若不知高，則識見淺陋；若履不切，則所行不實。知識高便是象天，所行實便是法地。

校勘記

〔一〕凡六十六條　寬文本無此五字。

〔二〕程子以爲明理一而萬殊　「萬」，寬文本、西銘解作「分」。

〔三〕予謂老蘇但欲學爲古人説話聲響　「欲學爲」三字，寬文本、晦庵集卷七十四滄州精舍諭學者作「爲欲學」。

〔四〕自「人與」至「行之」　寬文本單列一條，當是。

〔五〕自「未得」至「及者」　寬文本緊接上條末，未單列一條，當是。

〔六〕學莫先於立志　「學莫」上，寬文本刻有符號「○」，且本條文字緊接於上條，未單列一條。按：從内容看宜單列。

〔七〕詩本情性　「情性」，寬文本同，論語集註（四書章句集註，中華書局排印本，下同）作「性情」。

〔八〕而復開之以大學之道　「復」，寬文本、大學或問作「後」。

〔九〕敦篤乎其所已能　「所」字原無，據寬文本、中庸章句（四書章句集註本，下同）補。

〔一〇〕精粗隱微　「微」，寬文本、晦庵集卷三十五與劉子澄作「顯」。

〔一一〕自「須」至「透徹」　寬文本緊接於上條，未單列一條。

〔一二〕自「愈細」至「高明」　寬文本緊接於上條，未單列一條。

〔一三〕自「人」至「不息」　寬文本緊接於上條，未單列一條。

〔一四〕是什麼骨肋　「肋」，寬文本同，朱子語類卷三十四作「力」。

近思續録卷三

凡四十九條〔一〕

致知

格物者，窮理之謂也。蓋有是物，必有是理。然理無形而難知，物有迹而易覩，故因是物以求之，使是理瞭然心目之間，而無毫髮之差，則應於事者，自無毫髮之謬。是以意誠心正而身修，至於家之齊、國之治、天下之平，亦舉而措之耳。文集。

所謂「致知在格物」者，言欲致吾之知，在即物而窮其理也。蓋人心之靈莫不有知，而天下之物莫不有理，惟於理有未窮，故其知有不盡也。是以大學始教，必使學者即凡天下之物，莫不因其已知之理而益窮之，以求至乎其極。至於用力之久，而一旦豁然貫通焉，則衆物之表裏精粗無不到，而吾心之全體大用無不明矣。此謂物格，此謂知之至也。大學補亡。

程子之言曰：「學莫先於致知，能致其知，思日益明，至於久而後有覺耳。書所謂『思曰睿，睿作聖』。董子所謂『勉强學問，則聞見博而智益明』，正謂此也。」又曰：「誠固不可不勉，然天下之理，不先知之，亦未有能勉以行之者也。昔嘗見有談虎傷人者，衆莫不聞，其間一人神色獨變，問其所以，乃嘗傷於虎者也。夫虎能傷人，人孰不知？然聞之有懼有不懼者〔二〕，知之有真有不真也。學者之知道，必如此人之知虎，然後爲至。」此兩條者，皆言格物致知，所以當先而不可後之意也。又曰：「凡有一物，必有一理，窮而至之，所謂格物者也。然而格物亦非一端，如或讀書，講明道義；或論古今人物，而別其是非；或應事接物，而處其當否，皆窮理也。」又曰：「惟今日而格一物，明日又格一物，積習既多，然後脱然有貫通處。」又曰：「自一身之中，以至萬物之理，理會得多，自當豁然有箇覺處。」又曰：「窮理，非必盡窮天下之理，又非謂止窮得一理便到，但積累多後，自當脱然有悟處。」又曰：「格物，非欲窮天下之物，但於一事上窮盡，其他可以類推。若一事上窮不得，且別窮一事，或先其易者，或先其難者，各隨人淺深。譬如千蹊萬徑，皆可以入國，但得一道而入，則可以類推而通其餘矣。蓋萬物各具一理，而萬理同出一原，此所以可推而無不通也。」又曰：「物必有理，皆所當窮。若天地之所以高深，鬼神之所以幽顯是也。」又曰：「如欲爲孝，則當知所以爲孝之道，如何而爲奉養之宜，如何而爲温清之節，莫不窮究而後能之。」又曰：「物我一理，纔明彼，即曉此，此合内外之道也。」又曰：「致知之要，在當知至善之所在，如父止於慈、子止於孝之類。」又曰：「格物莫若察之於身，其得之尤切。」此十條者，皆言格物致知所當用力之地，與其次第功程也。又曰：「格物窮理，但立誠意以格之，其遲速則在乎人之明暗耳。」又曰：「入道莫如敬，未有能致知而不在敬者。」又曰：「涵養須用敬，進學則在致知。」又曰：「致知在乎所養，養知莫過於寡慾。」又曰：「格物者，適道之始，思欲格物，則固已近道矣。是何也？以收其心而不放也。」此五條者，又言涵養本原之功，所以爲格物致知之本也。大學或問。下同。

聖人設教，爲之小學，而使之習於誠敬，則所以收其放心，養其德性者，已無所不用其至矣。及其進乎大學，則又使之即夫事物之中，因其所知之理推而究之，以各到乎其極，則吾之知識，亦得以周徧精切而無不盡也。若其用力之方，則或考之事爲之著，或察之念慮之微，或求之文字之中，或索之講論之際。使於身心性情之德，人倫日用之常，以至天地鬼神之變，鳥獸草木之宜，自其一物之中，莫不有以見其所當然而不容已，與其所以然而不可易。必其表裏精粗，無所不盡，而又益推其類以通之，至於一日脱然而貫通焉，則於天下之物，皆有以究其義理精微之所極，而吾之聰明睿智，亦皆有以極其心之本體，而無不盡矣。

人之所以爲學，心與理而已矣。心雖主乎一身，而其體之虚靈，足以貫乎天下之理〔三〕。理雖散在萬物，而其用之微妙，實不外乎一人之心。初不可以内外精粗而論也。然或不知此心之靈，而無以存之，則昏昧雜擾，而無以窮衆理之妙。不知衆理之妙，而無以窮之，則偏狹固滯，而無以盡此心之全。此皆理勢之相須，蓋亦有必然者。是以聖人設教，使人默識此心之靈，而存之於端莊静一之中，以爲窮理之本；使人知有衆理之妙，而窮之於學問思辨之際，以致盡力之功〔四〕。巨細相涵，動静交養，初未嘗有内外精粗之擇，及其真積力久，而豁然貫通焉，則亦有以知其渾然一致，而果無内外精粗之可言矣。

昔聞延平先生之教，以爲「爲學之初，且當常存此心，勿爲他事所勝。凡遇一事，即當且就此事反復推尋，以究其理，待此一事融釋脱落，然後循序少進，而别窮一事。如此既久，積累之多，胸中自當有洒然處，非文字言語之所及也。」

來諭謂「孟子以養氣爲學，以不動心爲始」。某竊謂孟子之學，蓋以窮理集義爲始，不動心爲效。蓋惟窮理爲能知言，唯集義爲能養氣。理明而無所疑，氣充而無所懼，故能當大任而不動心。手帖。

謝上蔡説格物只是尋箇是處，甚好。須是於其一二分，直尋到十分是處，方可。語録。下同。

窮理以虚心静慮爲本。人入德處，全在致知格物。

格物只是就事上理會，知至便是心透徹。

格物是零細説，致知是全體説。

大學不説窮理，只説格物，便是要人就事物上理會。窮理且令有切己工夫。若只是泛窮天下萬物之理，不務切己，即遺書所謂「遊騎無歸」矣。

知得深，便信得篤。

讀書是格物一事。

看文字須是如猛將用兵，直是鏖戰一陣；如酷吏治獄，直是推勘到底，决是不恕他。

讀書，始讀未知有疑，其次則漸漸有疑，中則節節是疑。過了這一番後，疑漸漸釋，以至融貫會通，都無可疑，方始是學。

大疑則大進。

無疑者須要有疑，有疑者却要無疑，到這裏方是長進。

文字大題目，痛理會三五處，後當迎刃而解。

韓退之云：「沉潛乎訓義，反覆乎句讀。」讀書須有沉潛反覆之功方得。

凡看文字，諸家説異同處最可觀。某舊日看文字，專看異同處。

觀書一舉兩得，這邊又存得心，這邊理又到。

看道理難〔五〕，又要寬著心，又要緊著心。不寬不足以見其規模之大，不緊不足以見其文理之密。

事上皆有一箇理。當處事時，便思量體認教分明。久而思得熟，只見理，不見事。

學問須以大學爲先，次論語，次孟子，次中庸。中庸工夫密，規模大。

上古之書，莫尊於易。中古後，書莫大於春秋。然此兩書，皆未易看。

由格物至修身，自淺以及深。自齊家至平天下，自内以及外。經説。下同。

格物是夢覺關。格得來是覺，格不得是夢。誠意是善惡關。誠得來是善，誠不得是惡。過得此二關，上面工夫一節易如一節了，到得平天下處，尚有些工夫，只爲天下闊，須著如此點檢。致知誠意，乃生死路頭。

孔子説話，無不子細，磨稜合縫，盛水不漏。

孟子説得段段痛切，如檢死人相似，必有箇致命痕。

孟子激發人，説「放心」、「良心」諸處，説得人都流汗。

學者讀夫二書，於其訓釋之詳且明也，日講焉而無不通矣；義理之精且約也，日誦焉而無不識矣。通者已知而時習，識者未解而勿忘。予之始學，亦若斯而已矣。嗚呼，其懋戒之哉〔六〕！汲汲焉而無欲速也，循循焉而毋敢惰也。毋牽於俗學而絶之，以爲迂且淡也；毋惑於異端而躐之，以爲近且卑也。聖人之書，大中至正之極，而萬世之標準也。古之學者，其始即此以爲學，其卒非離此以爲道。窮理盡性，修身齊家，推以及人，内外一致，蓋取諸此而無所不備，亦修吾身而已矣。文集。下同。

讀書之法，在循序而漸進，熟讀而精思。或問循序漸進之説。曰：以二書言之，則先論而後孟，通一書而後及一書。以一書言之，則其篇章文句、首尾次第，亦各有序而不可亂也。量力所至，約其程課而謹守之。字求其訓，句索其旨，未得乎前，則不敢求於後；未通乎此，則不敢志乎彼。如是循序而漸進焉，則意定理明，而無疏易凌躐之患矣。是不惟讀書之法，是乃操心之要，尤始學者之不可不知也。曰：其熟讀精思者，何耶？曰：論語一章不過數句，易以成誦，成誦之後，反覆玩味於燕閒静一之中，以須其浹洽可也。孟子每章或千百言，反覆論辨，雖若不可涯者，然其條理疏通，語意明潔，徐讀而以意隨之，出入往來，以十百數，則其不可涯者，將可有以得之於指掌之間矣。大抵觀書，先須熟讀，使其言皆若出於吾之口，繼以精思，使其意皆若出於吾之心，然後可以有得爾。至於文義有疑，衆説紛錯，則亦虚心静慮，勿遽取舍於其間。先使一説自爲一説，而隨其意之所之，以驗其通塞，則其尤無意義者〔七〕，不待觀於他説而先自屈矣。大抵徐行却立，處静觀動，如攻堅木，先其易者而後其節目，如解亂繩，有所不通則姑置而徐理之。此讀書之法也。

讀中庸者，毋跂於高，毋駭於奇。必沉潛乎句讀文義之間，以會其歸；必戒謹恐懼乎不睹不聞之中，以踐其實。庶乎優柔饜飫，真積力久，而於博厚高明悠久之域，忽不自知其至焉。

凡詩之言，善者可以感發人之善心，惡者可以懲創人之逸志。其用，歸於使人得其情性之正而已。論語集註。下同。

詩本人情，其言易曉，而諷詠之間，優柔漸漬，又有以感人而入於其心。故誦而習焉，則其或邪或正，或勸或懲，皆有以使人志意油然興起於善，而自不能已也。

讀尚書，歷代世變難看，不若求聖人之心。如堯則考其所以治民，舜則考其所以事君。且如湯誓曰：「予畏上帝，不敢不正。」熟讀，豈不見湯之心？大抵尚書有不必解者，有須著意解者，有略須解者，有不可解者。如仲虺之誥、太甲諸篇，只是熟讀，義理自分明，何俟於解？如洪範則須著意解。如典、謨諸篇，辭稍雅奧，亦略須解。若如盤庚諸篇已難解，而康誥之屬則已不可解矣。經説。下同。

尚書初讀甚難，似見與己不相干，後來熟讀，見堯、舜、禹、湯、文、武之事，皆是切己。

禮有經有變，經者常也，變者常之變也。先儒以曲禮爲變禮，看來全以爲變亦不可。蓋曲者，委曲之義，故以曲禮爲變。然「毋不敬，安定辭，安民哉」，豈可以此三句爲變禮？

只是禮各有經有變，先儒以儀禮爲經禮，儀禮中亦自有變。然所謂變禮者，又自有經，不可一律看也。

儀禮是經，禮記是解。如儀禮有冠禮，禮記便有冠義；儀禮有昏禮，禮記便有昏義。其它亦然。

周官徧布周密，乃周公運用天理熟爛之書。

周禮好看，廣大精密，周家之法度在焉。

伏羲畫八卦，只此數畫，該盡天下之理。

程先生易傳，義理精，字數足，無一毫欠闕。只於本義不相合。易本是卜筮之書，程先生只説一理。

春秋大旨，其可見者：誅亂臣、討賊子，内中國、外夷狄，貴王、賤霸而已。未必如先儒所言，字字有義也。近世如蘇子由、吕居仁却看得平。

先生作資治通鑑綱目，表歲以首年，而因年以著統；大書以提要，而分註以備言。使夫歲年之久近，國統之離合，辭事之詳略，議論之同異，通貫曉析，如指諸掌。夫歲周於上，而天道明矣；統正於下，而人道定矣。大綱既舉，而監戒昭矣；衆目畢張，而幾微著矣。是則凡爲致知格物之學者，亦將慨然有感於斯。

問看史。先生曰：亦草率不得，須當看人物是如何，治體是如何，國勢是如何，皆當子細。

上蔡看明道看史，逐行看過，不蹉一字。語録。下同。

太史公樂書説許多制度，分寸極好。此必有古書可考。

校勘記

〔一〕凡四十九條　寬文本無此五字。

〔二〕然聞之有懼有不懼者　下「有」字原無，據寬文本補。

〔三〕足以貫乎天下之理　「貫」，寬文本、大學或問作「管」。

〔四〕以致盡力之功　「力」，寬文本、大學或問作「心」。

〔五〕看道理難　「道」，朱子語類卷九作「義」。

〔六〕其懋戒之哉　寬文本同，晦庵集卷七十五論語訓蒙口義序「戒」作「敬」。

〔七〕則其尤無意義者　寬文本同，晦庵集卷七十四讀書之要「意義」作「義理」。

近思續録卷四

凡四十七條[一]

存養

觀養説曰：程子所謂「存養於未發之前則可」，又謂「善觀者却於已發之際觀之」。此持敬之功，貫通乎動静之際也。方其未發，必有事焉，是所謂「静中之知覺」，復之所以「見天地之心」也。及其已發，隨事觀省，是乃所謂「動上求静」，艮之所以「止其所」也。然則静中之動，非敬孰能形之？動中之静，非敬孰能察之？故又曰：「學者莫若先理會敬，則自知此矣。」文集。下同。

先生與湖南諸生論中和書曰[二]：按文集、遺書諸説，似皆以思慮未萌、事物未至之時，爲喜怒哀樂之未發。當此之時，即是此心寂然不動之體，而天命之性，當體具焉。以其不偏不倚，故謂之中。及其感而遂通天下之故，則喜怒哀樂之性發焉，而心之用可見。以其無不中節，無所乖戾，故謂之和。此則人心之正，而情性之德然也。然未發之前，不可尋覓；已發之後，不容安排。但平日莊敬涵養之功至，而無人欲之私以亂之，則其未發也，鏡明水止，而其發也，無不中節矣。此是日用本領工夫，至於隨事省察，即物推明，亦必以是爲本。而於已發之際觀之，則其具於未發之前者，固可嘿識。故程子之答蘇季明，反復論辨，極其詳密，而卒之不過以敬爲言。又曰：「敬而無失，即所以中。」又曰：「人道莫若敬，未有致知而不在敬者。」又曰：「涵養須是敬，進學則在致知。」蓋爲此也。

二先生所論「敬」字，該貫動靜。方其無事而存主不懈者，固敬也。及其應事而酬酢不亂者，亦敬也。故曰：「毋不敬，儼若思。」又曰：「事思敬，執事敬。」豈必以攝心坐禪而謂之敬哉？

舊見李先生常教靜坐。後來看得不然，是只一箇「敬」字好。方無事時，敬於自持。及應事時，敬於應事；讀書時，敬於讀書。便自然該貫動靜，心無時而不存。語録。〔三〕

聖賢之學，徹頭徹尾只是一「敬」字。致知者，以敬而致之也；力行者，以敬而行之者也。文集。下同。

學問根本，在日用持敬集義工夫。

所論敬事工夫〔四〕，於應事處用力爲難，此亦常理。看聖賢說「行篤敬」、「執事敬」，則

「敬」字不爲嘿然無爲時設，須向難處力加持守，庶幾動靜如一耳。〔五〕

道不難於求，而難於養，故程子曰：「學莫先於致知，然未有致知而不在敬者。」邵康節告章子厚曰：「以君之才，於吾學頃刻可盡，但須相從林下二十年〔六〕，使塵慮消散，胸中豁然無一事，乃可相授。」正爲此也。

學問臨事不得力，固是靜中欠却工夫，然欲舍動求靜，又無此理。蓋人之身心動靜，循環反復，無時不然，但常存此心，勿令忘失，則隨動隨靜，無處不是用力處矣。

古人教人，非獨教之，固將有以養之。理義以養其心，聲音以養其耳，采色以養其目，舞蹈降登，疾徐俯仰以養其血脈，以至於左右起居，盤盂几杖，有銘有戒，其所以養之之具，可謂備至矣。夫如是，故學者有成材，而庠序有實用。心體通有無、該動靜，故工夫亦通有無、該動靜，方無透漏。若必待其發而後察，察而後存，則工夫所不至者多矣。

人心至靈，主宰萬變，而非物所能宰。故有執持之意，即是此心先自動了。此程夫子所以每言坐忘即是坐馳，而其指示學者操存之道，則必曰「敬以直內」，而又有「以敬直內，便不直矣」之云也。非是別有以操存乎此，而後以敬名其理也。

明道先生言：「某寫字時甚敬，非是要好，只此是學。」因作書字銘。

君子慎言語，節飲食，養德、養身之切務。易本義。

「敬」之一字，聖學所以成始而成終也。大學或問。下同。敬者，一心之主宰，而萬物之本根也〔七〕。

或問：所謂敬者，若何而用力？曰：程子於此，嘗以主一無適言之矣，嘗以整齊嚴肅言之矣。至其門人謝氏之説，則又有所謂「嘗惺惺法」者焉〔八〕。尹氏之説，則又有所謂「其心收斂，不容一物」者焉。觀此數説，足以見其用力之方矣。

當其未發，此心至虛，如鏡之明，如水之止，則但當敬以存之，而不使其小有偏倚。至於事物之來，此心發見，喜怒哀樂，各有攸當，則又當敬以察之，不使其小有差忒。中庸或問。

問：張子謂「始學之要，當知『三月不違』與『日月至焉』，內外賓主之辨」。先生曰：「不違仁」者，仁在內而爲主，然而未熟，亦有時而出於外。「日月至焉」者，仁在外而爲賓，雖有時而入於內，而不能久也。語録。下同。

問：程子曰「思無邪，誠也」。曰：思在言與行之先，思無邪則所言所行皆無邪矣，惟其表裏皆然，故謂之誠。

問「思無邪」、「毋不敬」。曰：「毋不敬」，是正心、誠意之事。「思無邪」，是心正、意誠之意。

無事時敬在裏面，有事時敬在事上。有事無事，吾之敬未嘗間斷也〔九〕。

伊川答或人問未出門、未使民時如何，曰：此「儼若思」時也。聖人之言，得他恁地説也是好。

問：周子「一者無欲也」，比程子「主一之謂敬」，如何？曰：「無欲」與「敬」一般，「敬」字分外分明。要之，持敬頗似費力〔一〇〕，不如無欲瞥脱〔一一〕。

古人於小學中已自把捉成了，故於大學之道，無所不可。今人既無小學之功，却當以敬爲本。

道理自有動時，自有靜時。無處不是道理，不可專要去靜處求。伊川謂「只用敬，不用靜」，便説得平。

「坐如尸，立如齊」，「頭容直，目容端，足容重，手容恭，口容止，氣容肅」，皆敬之目也。

問：存養多用靜否？曰：不必然，孔子却都就用處教人做工夫。

主一，兼動靜而言。

或疑主一則滯。先生曰：所謂「主一」者，何嘗滯於一事？不主一，則方理會此事，而心留於彼，這却是滯於一隅。

一者，其心湛然，只在這裏。

人心虚靈，無有限量。如六合之外，思之即至，前乎千百世之已往，後乎千萬世之未來，皆在目前爾。人爲利欲所昏，所以不見此理。

此心曠然，無一毫私意，直與天地同量，便有天下爲一家、中國爲一人底意思。

君子心大則是天心，心小則如文王之翼翼小心。小人心大則放肆，心小則褊隘私吝。

聖人之心，曠然大公，了無一物。

天地之心，動方見。聖人之心，應事接物方見。

古人言志帥、心君，須心有主張始得。

心一放時，便是斧斤之伐，牛羊之牧。一收斂在此，便是日夜之息，雨露之潤。

虚心看物，物來便知是與非。

問：未應事接物時如何？曰：未應接之時，只是戒謹恐懼而已。

把心不定，喜、怒、憂、懼四者皆足以動心。心才係於物，便是爲其所動。

持其志，則氣自清明。

敬便是天理，肆便是人欲。

問「九容」、「九思」。曰：即此便是涵養本原。這裏不是涵養，更將甚物涵養？

聖人之心如鑑。事物之來，若小若大，四方八面，莫不順而應之。此心元不曾有這物。

人心惟定則明。

學者常用提醒此心，使如日之方升，群邪自息。心肅則容莊。

校勘記

〔一〕凡四十七條　寬文本無此五字。
〔二〕先生與湖南諸生論中和書曰　寬文本同，晦庵集卷六十四與湖南諸公論中和第一書「生」作「公」。
〔三〕自「舊見」至「語録」　寬文本緊接上條，未單列一條。
〔四〕所諭敬事工夫　「事」，寬文本、晦庵集卷五十答周舜弼作「字」。
〔五〕自「所諭」至「一耳」　寬文本緊接上條末，未單列一條。
〔六〕但須相從林下二十年　「二」上，晦庵集卷五十答吴仲玭有「一」字。
〔七〕而萬物之本根也　「物」，寬文本、大學或問作「事」。
〔八〕則又有所謂嘗惺惺法者焉　「嘗」，寬文本、大學或問卷一作「常」。
〔九〕吾之敬未嘗間斷也　「間」上原衍「無」字，據寬文本、朱子語類卷十二删。
〔一〇〕持敬頗似費力　「似」，寬文本作「以」，朱子語類卷九十四作「似」。
〔一一〕不如無欲瞥脱　寬文本同，朱子語類卷九十四「瞥」作「撇」。

近思續録卷五

克治

凡二十六條〔一〕

或問：克伐怨欲不行，固不得爲仁矣。然亦豈非所謂克己之事、求仁之方乎？曰：克去己私以復乎禮，則私欲不留，而天理之本然者得矣。若但制而不行，則是未有拔去病根之意，而容其潛藏隱伏於胸中也。豈「克己」、「求仁」之謂哉？學者察於二者之間，則所以求仁之功，益親切而無滲漏矣。論語集註。下同。

克己復禮，乾道也；主敬行恕，坤道也。顔、閔之學〔二〕，其高下淺深，於此可見。然學者誠能從事於敬恕之間而有得焉，亦將無己之可克矣。

鍾鼓、苑囿、遊觀之樂，與夫好勇、好貨、好色之心，皆天理之所有，而人情之所不能無者。然天理人欲，同行異情。循理而公於天下者，聖賢之所以盡其性也；縱欲而私於一己者，衆人之所以滅其天也。二者之間，不能以髮，而其是非得失之歸，相去遠矣。故孟子因時君之問，而剖析於幾微之際，皆所以遏人欲而存天理。其法似疏而實密，其事似易而實難。學者以身體之，則有以識其非曲學阿世之言，而知所以克己復禮之端矣。孟子集註。

人受天地之中以生，而仁義禮智之性具於其心。仁雖專主於愛，而實爲心體之全德。禮則專主於敬，而心之所以爲規矩者也。然人有是身，則耳目口體之間，不能無私欲之累，以違於理而害夫仁。人而不仁，則自其一身，莫適爲主，而事物之間，顛倒錯亂，益無所不至矣。此聖門之學，所以汲汲於求仁。而顔子之問，夫子特以「克己復禮」告之，蓋欲其克去有己之私欲，而復於規矩之本然也。則夫本心之全德，將不離乎此，而無不盡也。然己者，人欲之私也；禮者，天理之公也。一心之中，二者不容並立，而其相去之間不能以毫髮，出乎此則入乎彼，出乎彼則入於此矣。是其克與不克、復與不復，如手反覆，如臂屈伸，誠欲爲之，其機亦在我而已，夫豈他人之所得與哉？論語或問。下同。

禮爲心之規矩，而其用無所不在。以身而言，則視、聽、言、動四者，足以該之矣。四者之間，由粗而精，由小而大，所當爲者皆禮也，所不當爲者皆非禮也。禮即天之理也，非禮則己之私也。於是四者，謹而察之，知其非禮，則勿以止焉，則是克己之私，而復於禮矣〔三〕。

且非禮而勿視聽者，防其自外入而動於内者也；非禮而勿言動者，謹其自内出而接於外者也。内外交進，爲仁之功，不遺餘力矣。

中庸之「强」，非世俗之强也。蓋强者，力有以勝人之名也〔四〕。凡人和而無節，則必至於流；中立而無依，則必至於倚。國有道而富貴，或不能不改其平素；國無道而貧賤，或不能久處乎窮約。非持守之力，有以勝人者，其孰能反之？夫子以是告子路者，所以抑其血氣之剛，而進之以德義之勇也。中庸章句〔五〕。下同。

不一其内，則無以制其外；不齊其外，則無以養其中。静而不存，則無以立其本；動而不察，則無以勝其私。故「齊明盛服，非禮不動」，則内外交養，而動静不違，所以爲修身之要也。

人無英氣，固安於卑陋，而不足以語上；其或有之，而無以制之，則又反爲所使，而不肯遜志於學，此學者之通患也。所以古人設教，自洒埽、應對、進退之節，禮、樂、射、御、書、數之文，必皆使之抑心下首，以從事其間而不敢忽，然後可以銷磨去其飛揚倔强之氣，而爲入德之階。今既無此矣，惟有讀書一事，尚可以爲攝伏身心之助。手帖。

顔子生平，只是受用「克己復禮」四字。語録。下同。

顔子克己，如紅爐上一點雪。

「有不善，未嘗不知，知之未嘗復行。」顔子只是天資好，如至清之水，纖芥必見。「不遷怒，不貳過」。此是顔子好學之符驗，却不是只學此二件事。顔淵學處，專是非禮勿視、聽、言、動處。

問：顔子所樂何事？曰：人之所以不樂者，有私意爾。克己之私則樂矣。

問：克己之私有三樣：性質之偏，一也；耳目鼻口之欲，二也；人我忌克之私，三也。不知那箇是夫子所指者？先生曰：三者都在裏面，然看非禮勿視、勿聽、勿言、勿動，則耳目鼻口之欲較多，聖人所以下箇「克」字。譬如相殺相似，定要克勝他。大率克己工夫，是自著力做底事，與他人殊不相干。緊緊自閉門，自就身上子細體認，覺得才有私意，便與克去。故曰：「爲仁由己，而由人乎哉！」

天理人欲，相爲消長，此進一步，則彼退一步，看是那箇勝得。

動箴「順理則裕，從欲惟危」兩句，是緊要。這是生死路頭。

問：顔子地位，有甚非禮處？何待下「四勿」工夫？先生曰：只心術間微有些子非禮處，也須用淨盡截斷了。聖人教顔子克己，譬如賊來，進步與之厮殺。教仲弓以敬恕，是教他堅壁清野，截斷路頭，不教賊來。顔子是近前一刀兩斷，仲弓是一面自守。聖人教人，因其資之高下。要之成德則一耳。嘗記胡侍郎舉説文云，「勿」字勢是旗。旗是揮止禁約之物。勿者，欲人揮止禁約其私欲也。

「克己復禮」，是一服藥。打疊了這病。「主敬行恕」，是漸漸服藥，磨銷了這病。凡事上便有是有非，是底即是天理〔六〕，非底即是人欲。天理至公，人欲是私。是則擴而充之，非則克而去之。

克己之功，乃是知至以後事。

克伐怨欲，須從根上除治。〔七〕

懲忿如救火，窒欲如防水。〔八〕

懲忿有摧高之象，窒慾有塞水之象。

遷善當如風之速，改過當如雷之決。

見人之善而尋己之善，見人之惡而尋己之惡，如是方是有益。

問：遇事時亦知理之是非，到做處又却爲人欲引去，做了又却悔。先生曰：此便是無克己工夫。須便與克下，不得苟且放過，明理以先之，勇猛以行之。

人之氣禀有偏，則所見亦不同。如氣禀，剛底人則見剛處多，而處事或失之太剛〔九〕；柔底人則見柔處多，而處事或失之太柔〔一〇〕。須先克治氣禀偏處。

校勘記

〔一〕凡二十六條　寬文本無此五字。

〔二〕顔閔之學　「閔」，寬文本、論語集註卷六作「冉」。

〔三〕而復於禮矣　「禮」，原作「理」，寬文本同，據論語或問卷十二改。

〔四〕力有以勝人之名也　「人」，原作「仁」，據寬文本、中庸或問改。

〔五〕中庸章句　「章句」，寬文本作「或問」。按：今本中庸章句僅零星語句與此條同，中庸或問則與之基本相同。

〔六〕是底即是天理　「即」字原無，據寬文本補。

〔七〕自「克伐」至「治」　寬文本緊接上條，未單列一條。

〔八〕自「懲」至「水」　寬文本緊接上段，未單列一條。

〔九〕而處事或失之太剛　「或」，寬文本無，朱子語類卷十三作「必」。

〔一〇〕而處事或失之太柔　「或」，寬文本無，朱子語類卷十三作「必」。

近思續録卷六

齊家

凡二十條〔一〕

家人卦九五、六二，外内各得其正，故爲家人。「利女貞」者，欲先正乎内也，内正則外無不正矣。易本義。

「威如之吉，反身之謂也。」非作威也，反身自治，則人畏服之矣。

葛覃之詩，后妃所自作，故無贊美之詞。然於此可以見其已貴而能勤，已富而能儉〔二〕，已長而敬不弛於師傅，已嫁而孝不衰於父母。是皆其德之厚，而人所難也。詩傳。下同。

卷耳之詩，亦后妃所自作，可以見其貞静專一之志矣〔三〕。

周南篇首五詩，皆言后妃之德。關雎舉其全體而言也，葛覃、卷耳言其志行之在己，樛木、螽斯美其德惠之及人，皆指其一事言也。其詞雖主於后妃，然其實皆所以著明文王身修家齊之效也。至於桃夭、兔罝、芣苢，則家齊而國治之效。漢廣、汝墳，則以南國之詩附焉，而見天下已有可平之漸矣。若麟之趾，則又王者之瑞，有非人力所致而自至者，故復以是終焉，而序者以爲關雎之應也。夫其所以至此，后妃之德，固不爲無所助矣。然妻道無成，則亦豈得而專之哉？今言詩者，或乃專美后妃而不本於文王，其亦誤矣。

鵲巢至采蘋，言夫人、大夫妻〔四〕，以見當時國君、大夫，被文王之化，而能修身以正其家也。甘棠以下，又見由方伯能布文王之化，而國君能修之家以及其國也。其詞雖無及於文王者，然文王明德、新民之功，至是而其所施者博矣。

雞鳴之詩，言古之賢妃御於君所，至於將旦之時，必告君曰：「雞既鳴矣，會朝之臣，既已盈矣。」欲令君早起而視朝也。然其實非雞之鳴也，乃蒼蠅之聲也。蓋賢妃當夙興之時，心常恐晚，故聞其似者以爲真。非其心存警畏而不留於逸欲者，何以能此？

父母愛子之心，無所不至。惟恐其有疾病〔五〕，常以爲憂也。人子體此，而以父母之心爲心，則凡所以守其身者，自不容於不謹矣。論語集註。

「古者易子而教」，所以全父子之恩，而亦不失其爲教。孟子集註。下同。

守身，持守此身，使不陷於不義也。一失其身，則虧體辱親，雖日用三牲之養，亦不足以爲孝矣。

舜視天下之歸己猶草芥，而惟欲得其親而順之也。得者，曲爲承順，以得其心之悦而已。順則有以諭之於道，心與之一，而未始有違，尤人所難也。瞽叟至頑，常欲殺舜，至是而底豫焉。蓋舜至此有以順其親矣。是以天下之爲人子者〔六〕，知天下無不可事之親，顧吾所以事之者未若舜耳。於是莫不勉而爲孝，至於其親，亦底豫焉，則天下之爲父者，亦莫不慈，所謂化焉。子孝父慈，各止其所，而無不安其位之意，所謂定也。爲法於天下，可傳於後世，非止一身一家之孝而已。此所以爲大孝也。

家禮通禮第一：祠堂，深衣制度，司馬温公居家雜儀。

冠禮第二：冠，笄。〔七〕

昏禮第三：議昏，納采，納幣，親迎，婦見舅姑，廟見，壻見婦之父母。

喪禮第四：初終，沐浴、襲、奠、爲位、飯含，靈座、魂帛、銘旌，小斂，大斂，成服，朝夕哭奠、上食，弔、奠、賻，聞喪、奔喪，治葬，遷柩、朝祖、奠、賻、陳器、祖奠，遣奠，發引，及墓、下棺、祠后土、題木主，反哭，虞祭，卒哭，祔，小祥，大祥，禫。

祭禮第五：四時祭，初祖，先祖，禰，忌日，墓祭。

問「公子荆善居室」。先生曰：如今人不治家，則牆崩壁倒，全不理會。專去治家，則汲汲於致富。惟公子荆自合而完，完而美，循循有序，又皆曰苟而已。不以此累其心，聖人所以美之。語録。下同〔八〕。

叔度以正率其家，而子弟無一人敢爲非義者。

問：齊家、治國之道，斷然「是父子兄弟足法，而後人法之」。然堯舜不能化其子，而周公上見疑於君，下不能和其兄弟，是如何？先生曰：聖人是論其常，堯舜是處其變。看它「烝烝乂，不格姦」，至於「瞽瞍底豫」，便是它有以處那變處。

問：人不幸，處繼母異，兄弟不相容，當何如？先生曰：從古來自有這樣子。公看舜如何。後來此樣事多有，只是「爲人子，止於孝」。問「不出家而成教於國」。曰：孝以事親，而使一家之人皆孝；弟以事長，而使一家之人皆弟；慈以使衆，而使一家之人皆慈，是乃「成教於國」者也。

校勘記

〔一〕凡二十條　寬文本無此四字。

〔二〕已富而能儉　此句原脱，寬文本同，今據詩集傳（中華書局本，下同）補。

〔三〕可以見其貞靜專一之志矣　「志」，寬文本、詩集傳作「至」。

〔四〕言夫人大夫妻　「大夫」二字原脱，寬文本同，今據詩集傳補。

〔五〕惟恐其有疾病　「其」字，寬文本無。

〔六〕是以天下之爲人子者　寬文本同，孟子集註卷七（四書章句集註本，下同）無「人」字。

〔七〕自「冠禮」至「笄」　寬文本緊接上條，未單列一條。按：其下「昏禮」、「喪禮」、「祭禮」三條，寬文本皆緊接上條，未單列爲條。

〔八〕下同　此二字原無，據寬文本補。按：下文語録即取材於朱子語類。

近思續録卷七

凡二十四條[一]

出處

上蔡先生有言：富貴利達，今人少見出脱得者，非是小事，邇來學者何足道？能言真如鸚鵡。此言深可畏耳。學者須是此處立得脚定，然後博聞約禮之工有所施耳[二]。文集。下同。

大抵人當有以自樂，則用舍行藏之間，隨所遇以安之。和靖先生云「如霽即行，如潦即止」[三]。此言有味。

諂，卑屈也。驕，矜肆也。常人溺於貧富之中，而不知所以自守，故必有二者之病。無諂無驕，則知自守矣，而未能超乎貧富之外也。樂則心廣體胖而忘其貧，好禮則安處善，樂循理，亦不自知其富矣。論語集註。下同。

不仁之人，失其本心，久約必濫，久樂必淫。惟仁者則安其仁，而無適不然；知者則利於仁，而不易所守。蓋雖有深淺之不同，然皆非外物所能奪矣。君子爲仁，自富貴、貧賤取舍之間，以至終食、造次、顛沛之頃〔四〕，無時無處而不用力也。然取舍之分明，然後存養之功密；存養之功密，則取舍之分益明矣。

聖人之心同天地，視天下猶一家，中國猶一人，不能一日忘也。故聞荷蕢之言，而歎其果於忘世，且言人之出處若但如此，則亦無所難矣。

仕所以行君臣之義，故雖知道之不行，亦不可廢。然謂之義，則事之可否，身之去就，亦自有不可苟者。是以雖不潔身以亂倫，亦非忘義以狥禄也。

夫子言「道之將行」「將廢」，皆歸之於「命」者，特以曉景伯，安子路，而警伯寮耳。聖人於利害之際，則不待决於命而後泰然也。

求其志，守其已達之道也〔五〕。達其道，行其所求之志也。蓋惟伊尹、太公之流，可以當之。

直己守道，所以濟時。枉道狥人，徒自失己。

「天民」者，以其全盡天理，乃天之民。必其道可行於天下，然後行之。不然，則寧没世不見知而不悔，不肯小用其道以狥於人也。孟子集註。

或問：「用之則行，舍之則藏」，竊意曾、閔、漆雕開亦能之。先生曰：「舍之則藏」易，

「用之則行」難。漆雕開用之未必能行也。聖人行時，規摹儘大，藏之不止藏它一身，煞藏了事。語録。下同。〔六〕

人若見得道理分明，便不爲利禄動。

學者不於富貴貧賤上立得定，則是入門便差了也。

今世固有不赴科舉者，然苟見富貴，未免動心，更是不得。

非是科舉累人，自是人累科舉。若高見遠識之士，讀聖賢之書，據吾所見而爲文以應之，則得失利害置之度外，雖終日應舉，亦不累人。

專做時文底人，他説底都是聖賢説話。且如説廉他也會説得好，説義他也會説得好，待他身做處，只自不廉，只是不義〔七〕。緣他將許多話只就紙上説，却不關自家身己些子事。〔八〕

「修其天爵」，自有箇得爵禄道理。

「死生有命，富貴在天」，自是箇定分。

天下有道則見，不必待十分太平，然後出來。譬如天之將曉，雖未甚明，然自此一向明去。天下無道則隱，亦未必十分大亂。譬如日之將暮，雖未甚昏，然自此一向暗去，知其將來必不可支持，亦須見幾而作。

或言：近見得富貴果不可求，貧賤果不可避。先生曰：此是就命上理會，須更就義上，看當求與不當求，當避與不當避。更看自家分上，所以求之避之之心如何，且其得喪榮辱，與自家義理之得失利害，孰輕孰重，則當有以處矣。「君子之仕也，行其義也。」義便有進退去就在裏。

論「進以禮，退以義」，曰：三揖而進，一辭而退。

「進以禮」，揖讓辭遜；「退以義」，果決斷制。

敬之問：「義之與比」，是我這裏所主者在義否？先生曰：自不消添語言，只是「無適」「無莫」，看義理合如何區處它。義當富貴便富貴，義當貧賤便貧賤，當生則生，當死則死，只看義理合如何。

校勘記

〔一〕凡二十四條　寬文本無此五字。
〔二〕然後博聞約禮之工有所施耳　「聞」，寬文本、晦庵集卷五十二答吴伯豐作「文」。
〔三〕如潦即止　寬文本同，晦庵集卷三十九答魏元履「即止」作「則休」。
〔四〕以至終食造次顛沛之頃　「食」，原作「身」，寬文本同，今據論語集註卷二改。

〔五〕守其已達之道也　「已」，寬文本、論語集註卷八作「所」。

〔六〕語録下同　四字原無，據寬文本補。

〔七〕只是不義　「是」，寬文本、朱子語類卷十三作「自」。

〔八〕自「専」至「子事」　寬文本緊接上條，未單列一條。

近思續録卷八

治體　凡十八條〔一〕

觀皋陶論「帝德罔愆」以下一節，便見聖人之心，涵育發生，真與天地同德。而物或自逆於理，以干天誅，則夫輕重取舍之間，亦自有決然不易之理。其宥過非私恩，其刑故非私怒。罪疑而輕，非姑息；功疑而重，非過予。如天地四時之運，寒凉肅殺，常居其半，而涵育發生之心，未始不流行乎其間。此所以好生之德，洽於民心，而自不犯於有司，非既抵罪而復縱舍之也〔二〕。

文王之化，始於關雎，而至於麟趾，則其化之入人者深矣。形於鵲巢，而及於騶虞，則其澤之及物者廣矣。薰蒸透徹，融液周徧，自有不能已者，非智力之私所及也。詩傳。下同。

岐豐之地，文王用之以興，二南之化，如彼其忠且厚也。秦人用之末幾，而一變其風。

見於詩者，大抵尚氣概，先勇力，已悍然有招八州而朝同列之氣矣。蓋雍州土厚水深，其民敦重質直，不爲浮靡。以善導之，則易以興起，而篤於仁義；以猛驅之，則其强毅果敢之資，亦足以强兵力農，而成富强之業也。論至於此，以見厚重者之可與有爲，又以見上之導民，尤不可不謹其所之也。

東山之詩序曰：「一章言其完也，二章言其思也，三章言其室家之望女也，四章樂男女之得及時也。」蓋「完」謂全師而歸，無死傷之苦。「思」謂未至而思，有愴恨之懷。至於「室家望女」、「男女及時」，亦皆其心之所願而不敢言者。上之人乃先其未發，而歌詠以勞苦之，則其歡欣感激之情，爲何如哉！蓋古之勞詩皆如此。其上下之際，情志交孚，雖家人父子之相語，無以過之。此其所以維持鞏固數百十年〔三〕，而無一旦土崩之患。

政者爲治之具，刑者輔治之法，德、禮則出治之本〔四〕，而德又禮之本也。此其相爲終始，雖不可以偏廢，然政刑能使民遠罪而已，德、禮之效，則有以使民日遷善而不自知。故治民者，不可徒恃其末，又當深探其本也。論語集註。下同。

馬氏謂：夏、殷、周損益，「所因謂三綱五常，所損益謂文質三統」。先生謂：三綱：君爲臣綱，父爲子綱，夫爲妻綱。五常：仁、義、禮、智、信。文質：夏尚忠，商尚質，周尚文。三統：夏正建寅爲人統，商正建丑爲地統，周正建子爲天統。三綱五常，禮之大體，三代相繼，皆因之而不能變。其所損益，不過文章制度小過不及之間。

庶而不富，則民生不遂，故制田里、薄賦斂以富之。富而不教，則近於禽獸，故必立學校、明禮義以教之。

天者，理而已矣。大之字小，小之事大，皆理之當然也。自然合理，故曰「樂天」。不敢違理，故曰「畏天」。孟子集註。下同。

飲食宫室所以養生，祭祀棺槨所以送死，皆民所急而不可無者。今皆有以資之，則人無所恨矣。王道以得民心爲本，故以此爲王道之始。至「五畝之宅」以下，則盡法制品節之詳，極財成輔相之道，以此左右民〔五〕，是王道之成也。

省刑罰、薄税斂，此二者仁政之大目也。

王霸之心，誠僞不同。故人所以應之者，其不同亦如此。

民之所欲，皆爲致之，如聚斂然。民之所惡，則勿施於民。鼂錯所謂「人情莫不欲壽，三王生之而不傷；人情莫不欲富，三王厚之而不困；人情莫不欲安，三王扶之而不危；人情莫不欲佚，三王節其力而不盡」，此類之謂也。

服人者，欲以取勝於人；養人者，欲其同歸於善。蓋心之公私小異，而人之向背頓殊，學者於此不可不審也。

「善政得民財，善教得民心。」政，謂法度禁令，所以制其外也；教，謂道德齊禮，所以格其心也。得民財者，百姓足而君無不足也；得民心者，不遺其親，不後其君也。所過者化，身所經歷之處，即人無不化，如舜之耕歷山而田者遜畔，陶河濱而器不苦窳也。所存者神，心所存主處，神妙不測，如孔子之立斯立、道斯行、綏斯來、動斯和，莫知其所以然而然也。是其德業之盛，乃與天地之化同運並行，舉一世而甄陶之，非如霸者但小小補塞其罅漏而已。此則王道之所以爲大，而學者所當盡心也。

自身而家，自家而國，自國而天下，雖均爲推己及人之事，而勢之遠邇，事之先後，所施有不同。蓋必審於接物，好惡不偏，然後有以正倫理，篤恩義，而齊其家。其家已齊，事皆可法，然後有以立標準，胥教誨，而治其國。其國已治，民知興化〔六〕，然後可以推己度物，舉此加彼，而平天下。此以其遠近、先後所施有不同者也。然自國而上，則治於内者，嚴密而精詳；自國而下，則治於外者，廣博而周偏。亦可見其本末實一物，首尾實一身矣。大學或問。下同。

君子有絜矩之道，故能以己之好惡，知民之好惡，又能以民之好惡，爲己之好惡。夫好其所好，而與之聚之；惡其所惡，而不以施焉，則上之愛下，猶父母之愛其子。彼民之親其上，豈不亦猶子之愛其父母哉？

大學篇末，言「菑害並至」、「無如之何」者，蓋怨已結於民心，則非一朝一夕之可解矣。

聖賢深探其實而極言之，欲人有以審於未然，而不爲無及於事之悔也。以此爲防，猶有用桑弘羊、孔僅、宇文融、楊矜、陳京、裴延齡之徒〔七〕，以敗其國者。故陸宣公之言曰：「民者邦之本，財者民之心。其心傷則其本傷，其本傷則枝幹凋瘁，而根柢蹶拔矣。」吕正獻之言曰：「小人聚斂，以佐人主之欲，人主不悟，以爲有利於國，不知其終爲害也。賞其納忠，不知其大不忠也；嘉其任怨，而不知其歸怨於上也。」嗚呼！若二公之言，可謂深得此章之指矣，有國家者可不鑒哉！

校勘記

〔一〕凡十八條　寬文本無此四字。

〔二〕非既抵罪而復縱舍之也　寬文本同，晦庵集卷三十七答鄭景望「抵罪」作「犯」。

〔三〕此其所以維持鞏固數百十年　「十」，寬文本無此字；「百十」，詩集傳卷八作「十百」。

〔四〕德禮則出治之本　寬文本同，論語集註卷一「則」下有「所以」二字。

〔五〕以此左右民　寬文本同，孟子集註卷一無「此」字。

〔六〕民知興化　「化」，寬文本、大學或問作「起」。

〔七〕猶有用桑弘羊孔僅宇文融楊矜陳京裴延齡之徒　「用」字原無，據寬文本、大學或問補。

近思續録卷九

凡二十四條〔一〕

治法

皇矣卒章，言文王伐崇之初，緩攻徐戰，告祀群神，以致來附者，而四方無不畏服。及終不服，則縱兵以滅之，而四方無不順從也。夫始攻之緩、戰之徐也，非力不足也，非示之弱也，將以致附而全之也。及其終不下而肆之也，則天誅不可以留，而罪人不可以不得也。此所謂文王之師也。

夏時一夫受田五十畝，而每夫計其五畝之入以爲貢。商人始爲井田之制，以六百三十畝之地，畫爲九區，區七十畝。中爲公田，其外八家，各授一區，但借其力以助耕公田，而不復税其私田。周時一夫受田百畝。鄉遂用貢法，十夫有溝；都鄙用助法，八家同井。耕則通力而作，收則計畝而分，故謂之徹。其實皆什一者〔二〕，貢法固以十分之一爲常數，惟助法乃是九一，而商制不可考。周制則公田百畝，中以二十畝爲廬舍，一夫所耕公田實計十畝，通私田百畝，爲十一分而取其一，蓋又輕於十一矣。切料商制亦當似此，而以十四畝爲廬舍，一夫實耕公田七畝，是亦不過十一也。孟子集註。

「五家爲比，五比爲閭，四閭爲族，五族爲黨，五黨爲州，五州爲鄉」；「五家爲鄰，五鄰爲里，四里爲酇，五酇爲鄙，五鄙爲縣，五縣爲遂」。此鄉遂制田里之法也。「五人爲伍，五伍爲兩，四兩爲卒，五卒爲旅，五旅爲師，五師爲軍」。此鄉遂出兵之法也。故曰「凡起徒役，無過家一人」。既一家出一人，則兵數宜甚多。然只是擁衛王室，如今禁衛相似，不令征行也。都鄙之法，則「九夫爲井，四井爲邑，四邑爲丘，四丘爲甸」，然後出長轂一乘、甲士三人、步卒七十二人。以五百一十二家，而共只出七十五人，則可謂甚少。然有征行，則發此都鄙之兵，悉調者不用，用者不悉調。此二法所以不同，而貢、助之法亦異。大率鄉遂以十爲數，是長連排去〔三〕；井田以九爲數，是一箇方底物。事自是不同〔四〕，而永嘉必欲合之，如何合得！

「凡天下疲癃殘疾、惸獨鰥寡，吾兄弟顛連而無告者也。」君子之爲政，且要主張這一等人。語録。

「爲政以德」，德與政非兩事，只是以德爲本，則能使民歸。若是「所令反其所好」，則民不從。

或問「爲政以德」。先生曰：「爲政以德」，不是欲以德去爲政，亦不是塊然全無所作爲，德修於己而人自感化。然感化不在政事上，却在德上。

問「敬事而信」。先生曰：大事小事皆要敬。聖人只理會一箇「敬」字。若是敬時，方解信與愛人、節用、使民；若不是敬，其他事都做不得。

或問：爲政必當以寬爲本，而以嚴濟之？先生曰：某嘗謂當以嚴爲本，而以寬濟之。曲禮謂「莅民行法，非威嚴不行」〔五〕，須令行禁止。若曰令不行，禁不止，而以是爲寬，則非也。「居上克寬」，蓋有政教法度而行之以寬，非廢弛之謂也。今人説寬政，多是事事不管，某謂壞了這「寬」。

爲政必有規矩，使姦民猾吏不得行其私，然後刑罰可省，賦斂可薄。所謂以寬爲本，體仁長人，孰大於此者乎？

號令既明，刑罰亦不可弛。苟不嚴刑罰，則所謂號令者，徒掛牆壁耳。與其不道以梗吾治〔六〕，曷若懲其一以戒其百？與其覆實檢察於其終，曷若嚴其始而使之無犯？吾輩今經歷如此，異時若有尺寸之柄，而不爲斯民除害去惡，豈不誠可罪耶？某嘗謂今之世姑息不得，直須共他理會，庶幾善弱可得存立。

法度尚可爲，如何得人心變易？各人將他心行法。

爲政如無大利害，不必議更張。則所更之事未成，必鬨然成擾，卒未已也。

或問：「論治便要識體」，莫是治天下有天下之體，治州縣有州縣之體，事事各自有體否？先生曰：然。且以一縣言之，則治告訐，勸農桑，抑末作，皆其體也。近臣當以蹇諤爲體，遠臣當以廉退恬靜爲體。若不識得體時，正大體事都不管，所爲皆是細碎之事。

諸路帥臣，古州牧之官也。國朝以來，置轉運使，副判官，有提點刑獄，有提舉常平茶鹽，又有總領侍舶、坑冶、茶馬諸司，屯駐之軍又別置都統制。大抵伯牧之任〔七〕，分爲五六。此其爲冗官也。

運使本是愛民之官，今以督辦財賦，反成殘民之職。提刑本是仁民之職，今以經總制錢，反成不仁之具也。

宰相擇監司，吏部擇郡守，如此則朝廷亦可無事，又何患其不得人！

爲守令，第一便是民事爲重，其次便是軍政。今人都不理會。

楊至說，王詹事守泉州，初到任，會七邑宰，勸酒，歷告以愛民之意。出一絶以示之：「九重天子愛民深，令尹宜懷惻隱心。今日黄堂一杯酒，史君端爲庶民斟！」邑宰皆爲感動。

古者以心爲學，以德爲治，故風俗淳厚，而事益簡。後世以文章爲學，以法律爲治，故風俗愈薄，而事益繁。文集。

祖宗法，催科至九分止。自曾丞相環爲户侍時〔八〕，不用此法，必須催足。至今如此。語録。

李揖寇廣西，出榜約，不收民税十年，故從叛者如雲。以此知今日取民太重，深是不便。先生曰：某在同安時，每點追税，必先期曉示，以一幅紙截三片，作小牓子遍貼云：本廳取幾日，點追某鄉分税，仰人户知委。只如此，到限納者紛然。只是一箇信而已。黄仁卿將宰樂安，論及均税錢。先生曰：據某説時，而今只是教有田底便納米，有地底便納絹，只作兩鈔；官司亦只作一倉一場。如此，百姓與官司皆無許多勞攘。又曰：三十年一番經界方好。

校勘記

〔一〕凡二十四條　寛文本無此五字。

〔二〕其實皆什一者　此句原無，寛文本同，今據孟子集註卷五補。

〔三〕是長連排去　「長」字原空闕，據寛文本、朱子語類卷八十六補。

〔四〕事自是不同　「事」字原無，據寬文本、朱子語類卷八十六補。

〔五〕莅民行法非威嚴不行　「民行法非」四字，朱子語類卷一百八作「官行法非禮」。按：禮記云：「涖官行法，非禮，威嚴不行。」

〔六〕與其不道以梗吾治　寬文本同，朱子語類卷一百八「道」作「遵」。

〔七〕大抵伯牧之任　「伯牧」，寬文本、薛季宣浪華集卷三十五作「牧伯」。

〔八〕自曾丞相環爲户侍時　「環」，寬文本作「懷」。按：宋史作「懷」。

近思續録卷十

凡二十條〔一〕

臨政處事

凡陽必剛，剛必明，明則易知。凡陰必柔，柔必暗，暗則難測。故聖人作易，遂以陽爲君子，陰爲小人。予嘗惟易以觀天下之人，凡其光明正大，疏暢洞達，如青天白日，如高山大川，如雷霆之爲威，如雨露之爲澤，如龍虎之爲猛，如麟鳳之爲祥，磊磊落落，無纖芥可疑者，必君子也。而其依阿淟涊，回互隱伏，糾結如蚯蚓〔二〕，瑣細如蟣虱，如鬼蜮狐蠱，如盜賊詛咒，閃倏狡獪，不可方物者，必小人也。易說。

師，兵衆也。下坎上坤，坎險坤順，坎水坤地。古者寓兵於農，伏至險於大順，藏不測於至靜之中。又卦惟九二，一陽居下卦之中，爲將之象。上下五陰，順而從之，爲衆之象。九二以剛居下而用事，六五以柔居上而任之，爲人君命將出師之象。故其卦名之曰「師」。

用師之宜，利於得正，而任老成之人，乃得吉而无咎。易本義。下同。

困者，窮而不能自振之義。坎剛爲兑柔所揜，九二爲二陰所揜，四、五爲上六所揜，所以爲困。坎險兑説，處險而説，是身雖困而道則亨也。

嚴者，君子自處之常，而小人自不能近。

人之所爲，如乾之易，則其心明白而人易知；如坤之簡，則其事要約而人易從。「易知」則與之同心者多，故「有親」；「易從」則與之協力者衆，故「有功」。「有親」則一於内，故「可久」；「有功」則兼於外，故「可大」。

「至健」則所行無難，故「易」；「至順」則所行不煩，故「簡」。然其於事，皆有以知其難，而不敢以易處之也。是以其有憂患，則健者如自高而臨下，而知其險；順者如自下而趨上，而知其阻。蓋雖易而能知險，則不陷於險矣。既簡而又知阻，則不困於阻矣。所以能危能懼，而無易者之傾也。

「吉凶悔吝」者，易之辭也。「得失憂虞」者，事之變者也。得則吉，失則凶，憂虞雖未至凶，然已足以致悔而取羞矣。蓋吉凶相對，而悔吝居其中。悔自凶而趨吉，吝自吉而向凶。

甲，日之始，事之端也。「先甲三日」，辛也；「後甲三日」，丁也。前事過中而將壞，則可自新，爲後事之端，而不使至於大壞。後事方始而尚新，然當使致其丁寧之意，而不使至於速害。

鶴鳴之詩，不可知其所由，然必陳善納諫之詞也。蓋「鶴鳴於九皋，而聲聞於野」，言誠之不可揜也。「魚潛在淵，而或在於渚」，言理之無定在也。「園有樹檀，而其下維蘀」，言愛當知其惡也。「他山之石，可以爲錯」，言憎當知其善也。由是四者，引而伸之，觸類而長之，天下之理其庶幾乎！〔三〕詩傳。下同。

不茹柔，故「不侮矜寡」；不吐剛，故「不畏强禦」。由此觀之，則仲山甫之柔嘉，非軟美之謂也。而其保身，未嘗枉道以狥人可知矣。

人之言行交際，皆當謹之於始，而慮其所終。不然，則因仍苟且之間，將有不勝其自失之悔矣〔四〕。論語集註。下同。

澹臺滅明不由徑，則動必以正，而無見小欲速之意可知。非公事不見邑宰，則其有以自守，而無枉己狥人之私可見。

自處以敬，則中有主而自治嚴，如是而行簡以臨民，則事不煩而民不擾。若自處以簡，則中無主而自治疏矣，而所行又簡，豈不失之太簡，而無法度之可守乎？

毁人者，漸漬而不驟，則聽者不覺其入，而信之深矣。愬冤者，急迫而切身，則聽者不及致詳，而發之暴矣。二者難察而能察之，則可見其心之明，而不蔽於近矣。莊以持己曰矜。然無乖戾之心，故不爭。和以處衆曰群。然無阿比之意，故不黨。學詩，則事理通達而心氣和平，故能言。學禮，則品節詳明而德性堅定，故能立。

今人獄事，只管理會要從厚。不務是非善惡，只務從厚，豈不長姦惠惡？大凡事，付之無心，因其所犯，考其情實、輕重、厚薄，付之當然可也。〔五〕

自古救荒，只有兩說，一是感召和氣以致豐穰，其次只有儲蓄之計。若待他饑餓時理會，更有何策？

或言辛幼安帥湖南，賑濟榜文祇用八字，曰：「刦禾者斬！閉糴者配！」先生曰：這便見他有才。此八字若做兩榜，便亂道。

「刊收民丁，推割賦稅〔六〕」，是治縣八字法。

校勘記

〔一〕凡二十條　寬文本無此四字。

〔二〕糾結如蚯蚓　寬文本同，晦庵集卷七十五王梅溪文集序「蚯」作「蛇」。

〔三〕自「魚潛」至「幾乎」　寬文本另行單列一條。

〔四〕將有不勝其自失之悔矣　「其」字原無，寬文本同，今據論語集註卷一補。

〔五〕自「今人」至「可也」　寬文本緊接上條，中間用「○」隔開，未單列一條。

〔六〕刊收民丁推割賦稅　寬文本同，朱子語類卷一百一十二作「開落丁口推割産錢」。

近思續録卷十一

教人

凡十條〔一〕

周禮師氏之官，「以三德教國子：一曰至德，以爲道本；二曰敏德，以爲行本；三曰孝德，以知逆惡」。至德云者，誠意正心，端本清源之事。道則天人性命之理，事物當然之則，修身、齊家、治國、平天下之術也。敏德云者，彊志力行，蓄德廣業。行則理之所當爲，日可見之跡也。孝德云者，尊祖愛親，不忘其所由生之事。知逆惡，則以得於己者篤實深固，有以真知彼之逆惡，而自不忍爲也。凡此者，雖曰各以其才品之高下、資質之所宜而教之，然亦未有專務其一，而可以爲成人者也。是以列而言之，以見相須而爲用，不可偏廢之意。蓋不知至德，則敏德者散漫無統，固不免乎篤學力行而不知道之譏。然不務敏德而一於至，又無以廣業而有空虛之弊。不知敏德，則孝德者僅爲匹夫之行，而不足以通乎神明。

不務孝德而一於敏，則又無以立本而有悖德之累。是以兼陳備舉而無所遺也。此先王之教，所以本末相資，精粗兩盡，而不倚於一偏也。其又曰：「教三行：一曰孝行，以親父母；二曰友行，以尊賢良；三曰順行，以事師長。」蓋德也者，得於心而無所勉者也。行則其所行之法是已。蓋不本之以其德，則無所自得，而行不能以自修；不實之以其行，則無所持循，而德不能以自進。是以既教之以三德，而必以三行繼之，則雖其至末至粗，亦無不盡，而德之修也，自不覺矣。然是三者，似皆孝德之行而已，至於至德、敏德則無與焉。蓋二者之行，本無常師，必協於一，然後有以獨見而自得之，固非教者所得而預言也。唯孝德則其事爲可指，故又推其類而爲友、順之目，以詳教之，以爲學者雖或未得於心焉，而事亦可得而勉，使其行之不已而得於心焉，則進乎德而無待於勉矣。況其又能即是而充之，以周於事而泝其源，則孰謂至德、敏德之不可至哉！文集。下同。

周人以鄉三物教萬民而賓興之。其德六：曰知、仁、聖、義、忠、和；其行六：孝、友、睦、婣、任、恤；其藝六：禮、樂、射、御、書、數。是於學者日用起居飲食之間，既無事而非學，於其群居藏修游息之地，亦無學而非事。至於所以開發其聰明，成就其德業者，又皆交相爲用，而無所偏廢。

先生諭學者曰：書不記，熟讀可記；義不精，細思可精。唯有志不立，直是無著力處。只如而今，貪利祿而不貪道義，要作貴人而不要作好人，皆是志不立之病。直須反復思量，究見病痛起處，勇猛奮躍，不復作此等人，一躍躍出，見聖賢所説千言萬語，都無一字不是實語，方始立得此志。就此積累工夫，迤邐向上去，大有事在。不是小事。

教人者，當隨其高下而告語之，則其言易入，而無躐等之弊。論語集註。下同。詩以理情性，書以道政事，禮以謹節文，皆切於日用之實，故常言之。禮獨言執者，以人所執守而言，非徒誦説而已也。

草木之生，播種封殖，人力已至而未能自化，所少者，雨露之滋耳。及此時而雨之，則其化速矣。教人之妙，亦猶是也〔二〕，若孔子之於顏、曾是已。「成德」、「達材」，各因其所長而教之也。成德，如孔子之於冉、閔；達材，如孔子之於由、賜。就所問而答之，如孔、孟之於樊遲、萬章也。人或不能及門受業，但聞君子之道於人，而竊以善治其身，是亦君子教誨之所及。若孔、孟之於陳亢、夷之是也。聖人施教〔三〕，各因其材，小以成小，大以成大，無棄人也。孟子集註。

修道之謂教，言聖人因是道而品節之，以立法垂訓於天下，是所謂教也。蓋天命之性，率性之謂道，皆理之自然，而人物之所同得者也。人雖得其形氣之正，然其清濁厚薄之禀，亦不能不異。是以賢智者或失之過，愚不肖者或不能及。惟聖人之心，清明純粹，天理渾全，無所虧闕，故能因其道之所在，而爲之品節防範，以立教於天下，使夫過不及者，有以取中焉。蓋有以辨其親疏之殺，使之各盡其情，則仁之爲教立矣；有以別其貴賤之等，而使之各盡其分，則義之爲教行矣。爲之制度文爲，使之有以守而不失，則禮之爲教得矣；爲之開導禁止，使之有以別而不差，則知之爲教明矣。夫如是，是以人無智愚，事無大小，皆得有所持循據守，以去其人欲之私，而復乎天理之正。推而至於天下之物，則亦順其所欲，違其所惡，因其材質之宜，而致其用，制其取用之節，以遂其生，皆有政事之施焉。此則聖人所以財成天地之道，而致其彌縫輔贊之功也。中庸或問。

教導後進，須是嚴毅，然亦須有以興起開發之，方得。只任嚴，徒拘束之，亦不濟事。語録。下同。

教小兒，只是説箇大概，只眼前事，或以洒埽應對之類作段子亦可。每疑曲禮「衣毋撥，足毋蹶；將上堂，聲必揚；將入户，視必下」，此等叶韻處，皆是古人教小兒語。列女傳孟母又添兩句曰：「將入門，問所存。」

教女子，如曹大家女誡、温公家範亦好。

校勘記

〔一〕凡十條　寬文本無此三字。

〔二〕亦猶是也　「猶」，寬文本作「由」。

〔三〕聖人施教　「人」，寬文本、孟子集註卷十三作「賢」。

近思續録卷十二　凡十七條〔一〕

警戒

「過則勿憚改。」勿者，禁止之辭。憚，畏難也。自治不勇，則惡日長，故有過則當速改，不可畏難而苟安也。論語集註。下同。

程子謂：「驕，氣盈；吝，氣歉。」蓋驕吝雖有盈歉之殊，然其氣常相因〔二〕。蓋驕者，吝之枝葉；吝者，驕之本根。故嘗驗之天下之人，未有驕而不吝、吝而不驕者也。

「樂驕樂」，則侈肆而不知節。「樂佚遊」，則惰慢而惡聞善。「樂宴樂」，則淫溺而狎小人。君子之好樂，可不謹哉？

畏者，嚴憚之意也。天命者，天所賦之正理也。知其可畏，則其戒謹恐懼，自有不能已者，而付畀之重，可以不失矣。

血氣，形之所待以生者，血陰而氣陽也。隨時知戒，以理勝之，則不爲血氣所使也。

「君子戒謹乎其所不睹，恐懼乎其所不聞」，所以存天理之本然，而不使離於須臾之頃也。「莫見於隱〔三〕，莫顯乎微，故君子慎其獨」，所以遏人欲之將萌〔四〕，不使其潛滋暗長於隱微之中也〔五〕。中庸章句。

或問：盤之有銘，何也？曰：盤者，常用之器；銘者，自警之辭。古之聖賢，兢兢業業，固無時而不戒謹恐懼，然猶恐其有所怠忽而或忘也。是以於其常用之器，各因其事而刻銘以致戒焉，欲其常接乎目，每警乎心，而不至於忽忘也。曰：然則沐浴之盤，而其所刻之辭如此，何也？曰：人之有是德，猶其有是身也。德之本明，猶其身之本潔也。德之明而利欲昏之，猶身之潔而塵垢污之也。一旦存養省察之功，真有以去其前日利欲之昏而日新焉，則亦猶其疏瀹澡雪，而有以去其前日塵垢之污也。然既新矣，而所以新之之功不繼，則利欲之交，將復有如前日之昏；猶既潔矣，而所以潔之之功不繼，則塵垢之集，將復有如前日之污也。故必因其已新，而日日新之，又日新之，使其存養省察之功，無少間斷，則明德常明，而不復爲利欲之昏。亦如人之一日沐浴，而日日沐浴，又無日而不沐浴，使其疏瀹澡雪之功，無少間斷，則身常潔清，而不復爲舊染之污也。昔成湯所以反之而至於聖者，正惟有得於此。故稱其德者，有曰「不邇聲色，不殖貨利」，又曰「以義制事，以禮制心」，又曰「從諫弗咈，改過不吝」，又曰「與人不求備，檢身若不及」。此皆足以見其日新之實。至於所謂「聖敬日躋」云者，則其言愈約而意愈切矣。其後，周之武王，踐祚之初，受師尚父丹書之戒，曰：「敬勝怠者吉，怠勝敬者滅；義勝欲者從，欲勝義者凶。」退而於几席、觴豆、刀劍、户牖，莫不銘焉，蓋聞湯之風而興起者。今其遺語，尚幸頗見於禮書，願治之君，志學之士，皆不可以莫之考也。大學或問。

今日克念，即可謂聖；明日罔念，即爲狂矣。

敬之問「夭壽不貳」。先生曰：不貳，是不疑他。若一日未死，則一日要是當；百年未死，百年要是當。這便是「立命」。「夭壽不貳」，此便是知性知天之力。「修身以俟」，便是存心養性之功。

或問「子在川上」章。先生曰：此是形容道體。程子所謂「與道爲體」一句最妙。某嘗爲人作觀瀾詞，其中有兩句云：「觀川流之不息，悟有本之無窮。」又問：其要在謹獨？先生曰：能謹獨，則無間斷，其理不窮。若不謹獨，便有欲來參入裏面，便間斷矣，如何會如川流底意！

損者三樂，惟宴樂最可畏，所謂「宴安鴆毒」也。

志是心之所向，意又是志之支脚。「志公而意私」，志便清，意便濁；志便剛，意便柔；志便有立作意思，意便有偺竊意思〔六〕。

過者，無心而爲過。惡者，有心而爲惡。

忘誕欺詐爲不誠，怠惰放肆爲不敬。

「詭遇」，是做人不當做底；「行險」，是做人不敢做底。

問敖惰。先生曰：敖便是惰。敖了，都不管他，便是惰。

問：剛與悻悻何異？先生曰：剛者，外面退然自守，而其中不屈於慾。悻悻者，外面有崛彊之貌，其中實懷計較勝負之心，此便是慾。

校勘記

〔一〕凡十七條　寬文本無此四字。

〔二〕然其氣常相因　「氣」，寬文本、論語集註卷四作「勢」。

〔三〕莫見於隱　「於」，寬文本、中庸章句作「乎」。

〔四〕所以遏人欲之將萌　「之」，寬文本、中庸章句作「於」。

〔五〕不使其潛滋暗長於隱微之中也　「潛」「暗」二字，寬文本、中庸章句無。

〔六〕意便有僭竊意思　寬文本同，朱子語類卷九十八「僭」作「潛」。

近思續録卷十三　　凡十一條[一]

辨别異端

佛有「觀心」之説。夫心者，人之所以主乎身，一而不二者也，爲主而不爲客，命物而不命於物。故以心觀物，則物之理得。今復有物以反觀乎心，則是此心之外復有一心，而能管乎此心也。聖人之學，本心以窮理，順理以應物，蓋如此也。

莊子有言：「爲善無近名，爲惡無近刑。」其意以爲爲善而近名者，爲善之過也；爲惡而近刑，亦爲惡之過也。惟能不大爲善，不大爲惡，而但循中以爲常，則可以全身而盡年矣。夫謂之「爲善而近名」者[二]，聖賢之道，但教人以力於爲善之實，初不教人以求名者，自非爲己之學，蓋不足道。若畏名之累己，而不敢盡其爲學之力，則其爲心亦已不公，而稍入於惡矣。謂之「爲惡無近刑」者，君子之惡惡，如惡惡臭，非有所畏而不爲也。今乃擇其不至於犯刑者而竊爲之，至其刑禍之所在，巧其途以避之而不敢犯，此其計私害理，又有甚焉！是不可不察也。手帖。下同。

近年以來，乃有假佛釋之似，以亂孔孟之實者。其法首以讀書窮理爲大禁，常欲學者注其心於茫昧不可知之地，以僥倖一旦恍然獨見，然後爲得，蓋亦自謂得之者矣。而察其容貌辭氣之間，修己治人之際，乃與聖賢之學有大不相似者。

近日又有一般學問，廢經而治史，略王道而尊霸術，極論古今興亡之變，而不察此心存亡之端。若只如此讀書，又不若不讀之爲愈也。

大抵此學，以尊德性、求放心爲本，而講求聖賢親切之訓以開明之，此爲要切之務。若通古今，考世變，則亦隨力所至，推廣增益，以爲輔助耳。不當以彼爲重，而反輕凝定收斂之實，少聖賢親切之訓也。若如此説，則是學問之道，不在於己而在於書，不在於經而在於史，爲子思、孟子則孤陋狹劣而不足觀，必如司馬遷、班固、范曄、陳壽之徒，然後可以造於「高明正大、簡易明白」之域也。夫學者既學聖人，則當以聖人之教爲主。今六經、論、孟、中庸、大學之書具在，彼以了悟爲高者，既病其障礙而以爲不可讀，此以記覽爲重者，又病其狹小而以爲不足觀。如此則是聖賢所以立言垂訓者，徒足以誤人而不足以開人，孔子不賢於堯舜，而達磨、遷、固賢於仲尼矣，毋乃悖之甚耶！〔三〕

近來學者未曾理會讀書修身，便先懷取一副當功利之心；未曾出門踏著正路，便先做取落草由徑之計。

孟子不闢老莊而闢楊墨，楊墨即老莊也。

釋氏虛，吾儒實；釋氏二，吾儒一。釋氏以事理爲不緊要，不理會。又云：儒、釋之異，正爲吾心與理爲一，而彼以心與理爲二耳。彼見得心空而無理，此見得心雖空而萬物咸備。

問佛與莊老不同處。曰：莊老絶滅義理，人倫未盡。至佛則人倫滅盡，至禪則義理滅盡。

佛氏之學，與吾儒甚相似處，如云：「有物先天地，無形本寂寥，能爲萬象主，不逐四時凋。」又曰：「撲落非他物，縱横不是塵。山河及大地，全露法王身。」又曰：「若人識得心，大地無寸土。」看他是甚麽樣見識。今區區小儒，怎生出得他手？宜其爲他揮下也。

向來見人陷於異端者，每以攻之爲樂，勝之爲喜。近惟覺彼之迷昧爲可憐，而吾道之不振爲可憂，誠實痛傷，不能自已。不知是年老衰氣而然耶〔四〕，抑亦漸得性情之正而然耶〔五〕？

校勘記

〔一〕凡十一條　寬文本無此四字。

〔二〕夫謂之爲善而近名者　寬文本同，晦庵集卷六十七養生主説「而」作「無」。

〔三〕自「大抵」至「甚耶」　寬文本緊接上條，未單列一條。

〔四〕不知是年老衰氣而然耶　「衰氣」，寬文本、晦庵集卷二十五與吕伯恭書作「氣衰」，宜是。

〔五〕抑亦漸得性情之正而然耶　「性情」，寬文本、晦庵集卷二十五與吕伯恭書作「情性」。

近思續録卷十四　凡五十一條〔一〕

總論聖賢

舜紹堯致治，武王伐紂救民，其功一也，故其樂皆盡美。然舜之德，性之也，又以揖遜而有天下；武王之德，反之也，又以征誅而得天下。故其實有不同者。論語集註。

「禹不矜不伐，至柔也，然乃見剛」之則，克去好勝之心，不爲功能所使，所以不矜伐也。語録。

伊尹之志，公天下以爲心，而無一毫之私也。孟子集註。

六經説「學」字，只是自傅説方説起來〔二〕。語録。下同。

伊尹、伯夷、柳下惠之行，各極其一偏；孔子之道，兼全於衆理。所以偏者，由其蔽於始，是以缺於終；所以全者，由其知之至，是以行之盡。三子猶春夏秋冬之各一其時，孔子則太和元氣之流行於四時也。孟子集註。温，和厚也。良，易直也。恭，莊敬也。儉，節制也。讓，謙遜也。五者，夫子之盛德光輝接於人者也。聖人過化存神之妙，未易窺測，然即此而觀，則其德盛禮恭，而不願乎外，亦可見矣。論語。下同。

「子温而厲，威而不猛，恭而安」，程子以爲曾子之言。蓋人之德性，本無不備，而氣質所賦，鮮有不偏。惟聖人全體渾然，陰陽合德，故其中和之氣，見於容貌之間者如此。門人熟察而詳記之。

「四時行」，「百物生」，莫非天理發見流行之實，不待言而可見。聖人一動一静，莫非妙道精義之發，亦天而已。豈待言而顯哉〔三〕？

「孔子於鄉黨，恂恂如也。」「與上大夫言，則誾誾；與下大夫言，則侃侃。」此理多少細密〔四〕！

子路有愛人利物底心，顏子有平物我底心，孔子則有萬物各得其所底心。

子路資質大段高，但其病是有些子粗。

有子想是一箇重厚和易底人，當時弟子皆服之。

子夏篤信聖人。但看他言語，如「執德不弘，信道不篤」，「博學而篤志，切問而近思」之類，便見得他有箇緊把底意思。

「顏子明睿所照」，「子貢推測而知」。此兩句當玩味，見得優劣處。〔五〕

顏子生知之次。

顏子之於聖人，相去甚近，只隔一膜耳。所謂「於吾言無所不悅」。

顏子「瞻之在前，忽焉在後」，是猶見得未定。及「所立卓爾」，則已見得定，但未到耳。

顏子居陋巷，蕭然一寒士耳，乃曰：「舜何人也？予何人也？有爲者亦若是。」伊尹耕莘野，纍然一匹夫爾，乃曰：「予天民之先覺者也。」

程子云：「曾點、漆雕開已見大意。」曾點開闊，漆雕開深穩。又曰：曾點見得甚高，却於工夫上有疏略處〔六〕。漆雕開見處不如曾點，然有向進意。

曾點之學，蓋有以見夫人欲盡處，天理流行，隨處充滿，無少欠缺。故其動靜之際從容如此。而其言志，則又不過即其所居之位，樂其日用之常，初無舍己爲人之意。而其胸次悠然，直與天地萬物同流，各得其所之妙，隱然自見於言外。視三子之規規於事爲之末者，氣象不侔矣。論語集註。

曾子與曾點，父子之學自相反，一是從下做到，一是從上見得。語録。下同〔七〕。

「參也，竟以魯得之」，魯鈍則無走作。

曾子之爲人，敦厚質實，而其學專以躬行爲主，故其真積力久，而得以聞乎一以貫之之妙。然其所以自守而終身者，則固未嘗離乎孝敬信讓之規，而其制行立身，又專以輕富貴、守貧賤、不求人知爲大。文集。

曾子之學，大抵力行之意多。

曾子三省，看來是當下便省，有不是處便改。

孟子做義上工夫多，養氣只是一箇集義。

管仲之德，不勝其才；子産之才，不勝其德。

「子房尚黄老，孔明喜申韓。」子房用智之過，有微近譎處。其小者如躡足之類，其大則挾漢以爲韓，而終身不以語人也。若武侯即名義俱正，無所隱匿。其爲漢復讐之志，如青天白日，人人得而知之，有補於天下後世，非子房比也。蓋爲武侯之所爲則難，而子房投間乘隙，得爲即爲，故其就之易耳。頃見李先生亦言孔明不若子房之從容，而子房不若孔明之正大也。手帖。

文中子論治體處，高似仲舒而本領不及，爽似仲舒而純不及。語録。下同〔八〕。

退之説性，只將仁義禮智來説，便是見識高處。

若天資大段高，則學明道；若不及，則且學伊川、横渠。

明道可比顔子。孟子才高，恐伊川未到孟子處。然伊川收束檢制處，孟子却不能到。

明道之言，發明極致，通透灑落，善開發人；伊川之言，即事明理，質慤精深，尤耐咀嚼。然明道之言，一見便好，久看愈好，所以賢愚皆獲其益；伊川之言，乍見未好，久看方好，故非久於玩索者，不能識其味。

横渠工夫最親切，程氏規摹廣大。〔九〕

横渠做正蒙時，或夜裏默坐徹曉。他直是恁地勇，方做得。

康節之學，得於先天。蓋是專心致志，看得這物事熟了，自然前知。

邵堯夫是「空中樓閣」，言看得四通八達。

范文正公自做秀才時，便以天下爲己任，無一事不理會過。一旦仁宗大用之，便做出許多事業。

范文正傑出之才。

問本朝人物。曰：韓、富規模大又麤，温公差細密又小。

温公只恁行將去，無致知一段。

尹和靖主一之功多，而窮理之功少。〔一〇〕

將樂人性急粗率。龜山却恁寬平，此是間出〔一一〕。然其粗率處，依舊有風土在。

上蔡先生學於河南程夫子兄弟之門，初頗以該洽自多，講貫之間，旁引傳説，終篇成誦。夫子笑曰：「子可謂玩物喪志矣。」先生聞之，乃盡棄其所學而學。然其爲人，强力不倦，克己復禮，日有程課，夫子蓋嘗許其有切問近思之功。所著論語説及門人所記遺語，皆行於世。如以生意論仁，實理論誠，以常惺惺論敬。其命理皆精當，而直指窮理居敬爲入德之門，則於夫子教人之法，又最爲得其綱領。文集。〔一二〕

文定從龜山求書見上蔡。畢竟文定之學，後來得於上蔡者爲多。語録。下同。

胡致堂議論英發，人物偉然，可謂豪傑之士。

五峰善思，然思過處亦有之。

延平先生如冰壺秋月，瑩澈無瑕。

羅仲素先生嚴毅清苦，殊可畏〔一三〕。先生因論道理，曰：某自十四五歲時，便覺得這物事是好底物事，心便愛了。

某十六歲時便好理學〔一四〕，十七歲便有如今學者見識。

某當初講學也，豈意到這裏？幸而天假之年，見得許多道理在這裏，今年便覺勝似去年，去年便覺勝似前年。

校勘記

〔一〕凡五十一條　寬文本無此五字。

〔二〕只是自傳説方説起來　「傳」，原作「傅」，據寬文本、朱子語類卷九改。

〔三〕豈待言而顯哉　「待」，寬文本作「得」。

〔四〕此理多少細密　句下，寬文本有「語録下同」四字。

〔五〕自「顔子」至「處」　寬文本緊接上條末，未單列一條，其間用「○」隔開。

〔六〕却於工夫上有疏略處　「處」字原無，據寬文本、朱子語類卷二十八補。

〔七〕下同　二字原無，據寬文本補。按：下文語録出自朱子語類卷三十九。

〔八〕下同　二字原無，據寬文本補。按：下文語録亦出自朱子語類卷一百三十七。

〔九〕自「横渠」至「廣大」　寬文本緊接上條末，未單列一條。

〔一〇〕自「尹」至「少」　寬文本緊接上條，未單列一條。

〔一一〕此是間出　寬文本同，朱子語類卷一百一「出」作「氣」。

〔一二〕自「上蔡」至「文集」　寬文本緊接上條末，未單列一條。

〔一三〕殊可畏　「畏」下，寬文本有「○」。

〔一四〕某十六歲時便好理學　「時」，寬文本無此字。

附録

近思續録跋

[日]谷　勿

朱夫子挺命世之資，承濂洛之統，廣大精微，博應曲當。於聖賢之書，深淺精粗，毫分縷析，直窮其到底而止，既皆質諸鬼神而無疑，百世以俟聖人而不惑矣。聖模賢範，復粲然於世，如大明中天，凡有目者悉可得見之。於戲！盛矣至矣。斯又於周、程、張四夫子之書，而取其關於大體、切於日用者，輯爲近思録。「近思」者何謂也？程子曰「以類推之」，所謂「求端用力，處己治人，辨異端，觀聖賢」，其綱也。自六經、語孟之後，未有如此之明且盡者也。而其躬自析理無毫釐之繆，處事無過不及之差，所以垂教於世者，蓋無與於此於斯。門人覺軒先生傚夫子之例而專輯其言行，名之曰近思續録。合二録而潛玩以有得焉，則天下豈有不可窮之理、不可爲之事哉？矧亦從之以及夫全書，以及六經，則何有不通乎？若憚煩勞，安簡便，以爲足於此，而於夫子之全書，不以「沉潛反復，優柔厭飫，以致其博而反諸約焉，則其宗廟之美，百官之富」，豈足以窺見乎？竊以先聖所以設教，則天命之發見於人事者，即修己治人之道也。四子所以發明者，亦此道也。朱子所以研精者，亦此道也。古今一道，千聖一揆，時雖有異，言如合符，是皆所謂「爲天地立心，爲生民立道，爲前聖繼絶學，爲萬歲開太平」，而道統之所寄者也。於呼，至矣乎！或曰：「子朱子於温公、康節，其平日尊之至矣，且於他書則多取其言，而於彼録則無或取之者，何也？」曰：「二公之學，固非小子所敢爲言，而依夫子之言而竊窺之，其學各有所長，而於其大本處未免有少異，則已爲二本矣。其立言雖深邃，制行雖篤實，於此録論傳授之心法、義理之精微，則不得取之，至他書泛論物理，則從其所長而不得舍之。蓋不可以毫釐之差，自有不得不然矣。於呼，嚴哉！」或又曰：「横渠之於二程，固有高下，不可誣焉，而朱夫子於近思録取其言次於程子。吕、張之於朱子，猶横渠之於程子，而覺軒不同録而別録之者，何也？」曰：「竊按横渠之於程子，猶備體有生熟之分耳。吕、張之學，亦雖後生非所妄論，而亦以朱子言二公之學皆疏略，南軒疏略從高處去、伯恭疏略從卑處去之類而視之，則二公之高下亦可見，而共不得列於續録，不亦宜乎？然而其言行，適有與夫子同旨而切於日用者，不可亦以表之不爲用工之助，故別録之，而不雜於師説，固非有不足於斯以附之也。」余昔在海南，聞有此録，而索之不能獲焉，乃不自量，而私欲傚退溪先生因不得見王魯齋之所選之朱子書，而自加損約，以爲用工之地，而凡於朱夫子之説雖略記之，而以不敏且無餘力，而未能遂其志。聞幸得此書，不勝歡賞焉。抑於其選之精粗，節之當否，則非小子所敢議矣。而又同志之輩欲廣其傳以共講之，因命剞劂氏繡梓。顧雖有先儒之註解，而妄意以爲未足爲定説，故今不專取之，而姑竢他日云爾。寛文戊申八月望日谷勿謹題其後。（録自日本公文書館藏寛文八年刻本近思續録）

近思續録跋

［清］連春魁

按近思録，周、二程、張四子之語，朱子手輯之；近思續録，朱子之語，門人蔡覺軒手輯之。夫覺軒固九峰之子，親炙於朱子之門，學有所得而編集，非徒以類而推也。况所取皆多朱子手成之書中語，尤便於初學。凡四百三十八條，分十四卷，一依近思録例。純粹精詳，無異四子。余與論孟集註、近思録恒並讀之，試問知言之君子以爲何如也？光緒二十五年己亥冬日澄城連春魁梅軒謹識。（録自上海圖書館藏清光緒三十一年正誼書院刻本近思續録）

近思續録重刊序

[清]張　普

歲在光緒甲辰，澄城連君梅軒，以其手鈔宋儒蔡氏覺軒近思續録，屬普重鋟之木。普時方託朝邑楊君温如督刻清麓先生答問遺語，遂即以是書並委任之。竊惟先生一生酷嗜朱子之書，命門下里人劉君東初悉校梓之，不少遺漏，而此書乃獨闕如。夫蔡氏三世親炙考亭，其造詣固皆出類拔萃者，其所纂編豈尋常比而可空哉？普愧未能略紹先生之學，其亦勉述先生之一事乎！顧是鈔依天蓋樓藏板，係嘉善柯氏較訂本，而其間小註舛誤脱落殊甚，至其條段之先後離合，字句之增删移易，蔡氏固用意深微，然恐亦未必果皆其本然也。抑或柯氏刻時已失其真，而天蓋又非柯氏之的本耶？温如悉徧考朱子原文，對勘釐正，數十晝夜未遑稍懈，而猶自訟迫於時促工催，未克研究之盡，其含糊者尚居什之二三。且曰：「覺軒受學考亭最後，其所採之粹美精確，實皆符合朱子晚年定論，概非後世選編者所可及，惟常用力於此者知之。獨其去取編次之詳審細密處，尚有未盡領略得其旨者。若十四卷不及子思、周子之類，其一端也。要之，是書之大體純正周備，直續近思原録而無愧，洵爲洛、閩之嫡派，於學術大有關係。學者正當與原録一例熟讀玩索，不可釋手者也。」因並記温如語。而郃陽賀君敬修、雷君立夫、淄川孫君仲玉、藍田牛君夢周、三原王君亮甫，咸與襄辨之役，不敢没焉。乙巳季秋望旦，會祭朱文公祠罷，三原張普謹識。（録自上海圖書館藏清光緒三十一年正誼書院刻本近思續録）

蔡仲覺名字説

［宋］真德秀

仲覺之幼也，文公先生命之曰模，及其長也，又訓之以伊尹之覺。先生之微指，果焉在耶？某嘗聞先生有言，爲學當識大要，程夫子發出「敬」之一字，爲學者言，欲以此收斂身心，置在模範中，既不走作，然後隨事隨物，究窮其理，則心地自然光明。嗚呼，此先生教人之要旨也。其所以名仲覺，與所以訓仲覺者，其皆以是與？蓋爲學之大本，敬與致知而已矣。伊洛君子既以此開示後學，使知表裏交進之方。文公先生推明其説，不一而足。傳中庸也，既曰非存心無以致知，而存心者又不可以不致知。其釋大學，又欲學者存此心於端莊静一之中，以爲窮理之要。窮衆理於學問思辨之際，以致盡心之功。凡此皆學者所共聞。至於親筆以命其名，援古以勉其學，則惟仲覺得之，而它人不與也。然則仲覺將何以稱此哉？必也主敬以立其本，斂然不踰於法度之中，窮理以致其知，超然有得於見聞之表，既以自覺，又以覺人，庶乎不負先生付授之意矣。仲覺之諸父，皆以明道自任者也。歸而求之，當有以啓子之未悟者。顧某何足以辱，姑誦所聞，以塞其請云。（録自西山文集卷三十三）

跋朱文公二帖

［宋］方大琮

余久聞覺軒蔡君名，至建安屢遣幣迎之，不果來。今夏有行役過其廬，花木泉石，幽閒恬靜。俯仰久之，嘆曰：爲文公先生學，篤信力行，三世不墜者，獨此一家耳。既又得敬觀先生所與二帖，可以想見一時師友親厚之意。覺軒岐嶷夙成，有受道之質也。今年過五十，氣貌温雅，悉屏萬事，沈酣師書，隱几面壁，而怡然自得，意有出於世味之外，是真有進於所謂覺者，可敬也。淳祐初元至日莆田方某敬書。（録自鐵庵集卷三十二）

蔡覺軒遺像贊

［宋］趙汝騰

山澤之儒，公輔之器。禀厚體莊，養深氣粹。著書滿家，有道名世。無忝考亭，所命字

義。（録自庸齋集卷六）

贈蔡澹然跋

［宋］趙汝騰

文公之道不絶如綫，海内有三布衣猶得其傳，予每言之上，建之覺軒仲覺，其一也。未幾覺軒殁矣，其子澹然以父書來請序。予爲之序易與論語矣。澹然歸，求予贈言。予謂太末之里、徑坂之巔，有偉人焉，子合擔簦裹餅而師之，他日必能紹絶學而成令名。子其勉之！（録自庸齋集卷五）

教授蔡覺軒先生模

［清］全祖望

蔡模，字仲覺，九峰先生冢子也。淳祐四年，以丞相范鍾薦，謝方叔亦乞表異之，詔補迪功郎，添差本府。嘗輯文公之書爲續近思録，及易傳集解、大學衍説、論孟集疏、河洛探賾等書行世，學者稱爲覺軒先生。（録自宋元學案卷六十七九峰學案九峰家學）

教授蔡覺軒先生學派

［清］李清馥

按宋季山長教席，多爲名賢棲託之處。蓋當時遺逸傳經之儒，視此職者爲重；其在朝廷之上者，亦以此職慎擇其選，而待之不輕。余讀揆席范、謝諸公交薦覺軒先生之奏牘，可考焉。其曰：「布衣蔡某，承累世之心學，有經濟之大才，自考亭師友散亡之後，如某者未見其比，是淳祐間有學有守之儒也。」曰：「處以學職，必能倡率士風，知所嚮方，是欲責成於秉鐸者，作養人才之事也。」夫推許在大賢之列，而量才爲學校之官。當時選授教職，由揆席薦舉，其鄭重如此。故一代人才萃蔚，由此道也。延及元代儒宗文師，此席尚磊落相望，溯學脈、稽文獻者，不禁憮然於諸賢。（録自閩中理學淵源考卷二十五）

教授蔡覺軒先生模

［清］李清馥等

蔡模，字仲覺，九峰先生長子，操行高潔，風度夷坦，隱居篤學，一以聖賢爲師。王埜創建安書院，請任席長。淳祐中，太守王遂薦之於朝，堅以疾辭。後宰相謝方叔等薦乞表異，以勸後學。詔補迪功郎，添差本州教授，令有司録所著書，并訪以所欲言。模疏言敬義爲萬世帝王心學大旨，「价人」「大師」等六者，爲國家守邦要道，及請頒白鹿洞學規於天下。嘗輯文公之書爲續近思録，及易傳集解、河洛探賾、大學衍論、語孟集疏等書，學者稱覺軒先生。（録自閩中理學淵源考卷二十五）

[宋] 蔡模 編纂　程水龍 校點

近思别録

目録

校點説明

近思别録十四卷，原題宋蔡模編集。蔡模生平行蹟已見近思續録校點説明。按稽宋元文獻，並無蔡模編纂近思别録之説，明清書目亦僅焦竑國史經籍志著録有「近思别録八卷」，但未明確編者何人。總之，蔡模近思别録於國内既無著録，亦無傳本。惟清邵懿辰增訂四庫簡明目録標註著録「日本刻宋蔡模輯續録、别録各十四卷」，是則豈亦禮失求野之意歟？據查最早提到蔡模近思别録的是古日本學者山崎嘉，其近思録序曰：「蔡覺軒以先生之書編爲續録，采張氏、吕氏之書爲之别録。」序時日本寬文十年（一六七〇），即清康熙九年。近時陳榮捷先生則進一步揭示，云蔡模「依近思録十四卷輯朱子説爲近思續録。采自朱子文集、四書集註、四書或問、語類、易學啓蒙，不加評語。模又依近思録十四卷另采朱子兩至友張栻與吕祖謙之説爲近思别録，共一百零八條。二者合刊。日本東京尊經閣藏有寬文八年版本。」（參見陳榮捷朱學論集）

今查日本國立公文書館藏寬文八年（一六六八）刻本，經目驗，此本係與蔡模近思續録十四卷合刻，先續録後別録，凡四册一函。別録版式與續録一致，皆每半葉八行十七字，四周單欄，白口，綫魚尾。第四册別録卷末，有牌記，内刊字三行曰：「寛文戊申中秋日／洛陽角倉通鹽屋町／小松太郎平刊行」。按此本續録卷首目録頁末，題刊「別録目録同右，凡百八條」一行。但實際上此刻本別録各卷篇題與續録略有不同，且除卷一外，其餘各卷卷端均無書名近思別録，僅題卷帙、篇名，如卷二首刻「第二卷爲學大要」。又經逐頁核對，發現此刻本別録凡頂格刻印之單列條目，計有一百零一條，然卷十一有僅用「○」隔開而未换行之條目，若將此一併計入單列語録，則別録共輯語録一百零八條，與續録目録所云一致。各卷内容分別采録自張栻南軒集、論語解、孟子説，吕祖謙文集、麗澤論説集録、吕氏家塾讀書記等。除日本之外，韓國高麗大學現藏有抄本蔡模近思別録十四卷，每半葉十二行二十九字，但不知何時何人所抄。

此次校點整理以日本國立公文書館藏寛文八年刊本爲底本，并取張栻全集（長春出版社一九九九年版）、吕祖謙全集（浙江古籍出版社二〇〇八年版）等，適當他校。鑒於欠缺足以證明蔡模編集近思別録的歷史文獻，故按舊例，依寛文本著録作「原題宋蔡模編集」。校點既竣，謹此説明。

二〇一二年十一月　程水龍

近思别録卷一

道體

南軒先生曰：程子曰：「論性不論氣，不備；論氣不論性，不明。」蓋論性而不及氣，則昧人物之分，而太極之用不行矣；論氣而不及性，則違夫大本之一〔一〕，而太極之體不立矣。用之不行，體之不立，焉得謂之知性乎？孟子註〔二〕。下同。

或曰：程子謂「善固性也，惡亦不可不謂之性也」，然則與孟子「性善」之説有異乎？曰：程子此論，蓋爲氣稟有善惡言也。氣稟之性，可以化而復其初。夫既可化而復其初，是乃性之本善也。

「生生之謂易」，易者天理之流行變化，貫乎兩儀四象、吉凶大業閒，在人則心之爲妙用者是也。而曰「易有太極」，則太極云者，乃生生之本，天地之根，萬物之祖，亘古今而常然者，在人則性之爲本體者是也。是則易之爲用，可謂妙矣，然不有太極，則夫生生而不窮者，亦何自而生哉？故謂太極所以形性之妙者，可謂善名理矣。用中切謂極之義，靜而動，中而高，又爲極際無餘之義，而其實則一也。蓋生生之本，固未生者也，然謂之不生則不可；天下大本，固未發也，然謂之不發則不可。以其未生，故天下之生者生焉。以其未發，故天下之未發者發焉。若曰不生不發，則兀然而已，何以爲生生不窮之端乎？

東萊先生曰：「易有太極，是生兩儀」，非謂既生之後無太極也，卦卦皆有太極，非特卦，事事物物皆有太極。「乾元」者，乾之太極也。「坤元」者，坤之太極也。一言一動，莫不有之。文集。下同。

坤之初六，一陰始生之時，聖人所以發明見微知著之理。大抵善者陽之類，惡者陰之類。凡小人、女子、夷狄，皆是陰之類。初六一陰初生初長之時，在人一身論之，則邪志初萌之時；在天下事勢論之，則小人、女子、夷狄初生初長之時。當其初生初長，正如「九月肅霜」，去「堅冰」之時甚遠，然而「履霜」便知「堅冰」之必至，須是早爲之戒。

校勘記

〔一〕則違夫大本之一　「違」，張栻癸巳孟子説（文淵閣四庫全書本，下同）卷六作「迷」。

〔二〕孟子註　按：張栻註孟子之書，歷來著録與傳本皆作孟子説。

近思别録卷二

爲學大要

南軒先生曰：學者潛心孔孟，必求其門而入，以爲莫先於明義利之辨。蓋聖賢無所爲而然也。有所爲而然者，皆人欲之私，而非天理之所存，此義利之分也。自未知省察者言之，終日之間鮮不爲利矣，非特名位貨殖而後爲利也。意之所向，一涉於有所爲，雖有淺深之不同，而其爲狥己自私則一而已。文集。下同。

學者當以立志爲先，不爲異端惑，不爲文采眩，不爲利禄汩〔一〕，而後庶幾可以言讀書矣。

自秦漢以來，言治者汩於五霸功利之習，求道者淪於異端空虚之説，而於先王發政施仁之實，聖人天理人倫之教，莫克推尋而講明之。故言治者不能預於學，而求道者反不涉於事。

專於考索，則有遺本溺心之患，而騖於高遠，則有躐等憑虚之憂。二者皆其弊也。

二程教學者，不越於居敬、窮理二事。蓋居敬有力，則其所窮者益精；窮理寖明，則其所居者益有地。二者互相發也。人之性善，然自非上智生知之資〔二〕，其氣稟不容無所偏。學也者，所以化其偏而存其善也。

東萊先生曰：大凡人之爲學，最當於矯揉氣質上做工夫。如懦者當强，急者當緩，視其偏而用力焉。文集。下同。

知猶識路，行猶進步。若謂但知便可，則釋氏「一超直入如來地」之語也。

常以晝驗之妻子〔三〕，以觀其行之篤與否；夜考之夢寐，以卜其志之定與未也。須於此等處常常體察，唯此最可驗學力。

學者不進則已，欲進之則不可有成心，有成心則不可與進乎道矣。故成心存，則自處以不疑；成心亡，然後知所疑矣。小疑必小進，大疑則大進。蓋疑者，不安於故而進於新也。

校勘記

〔一〕不爲利禄汩　「汩」，原作「汨」，據張栻南軒集（明嘉靖劉氏刊本，下同）卷九桂陽軍學記改。

〔二〕然自非上智生知之資　「生知」二字原無，據張栻南軒集卷十五送方耕道序補。

〔三〕常以晝驗之妻子　「晝」，原作「且」，據吕祖謙麗澤論説集録（浙江古籍出版社吕祖謙全集本，下同）卷十門人所記雜説二改。

近思别録卷三

致知

南軒先生與周子充書曰：垂諭「禪初不知其得失，不欲隨衆詆之，伊川未窺其閫奥，不敢以言語稱道，足見所存之忠」。但所謂「不知其得失」者，要當窮究其得失果何如；「未窺其閫奥」者，要當窮究其閫奥果何如。講論問辨，深思熟復，必使其是非淺深了然於胸次。此乃致知之要，入德之方也。

格物正是學者始初下工處。故格物者，乃大學之始。

大學「誠意」，是下工夫要切處。

論語日夕玩味，覺得消磨病痛，變移氣質。

論語首篇所記，大抵皆欲學者略文華，趍本實，敦篤躬行，循序而進，乃聖人教人之大工夫。

學詩則有以興起其性情之正，學之所先也。

東萊先生曰：看詩須是以情體之。如看關雎須識得正心，纔過便是私心。如「窈窕淑女，寤寐求之」，此樂也，過之則爲淫；「求之不得，展轉反側」，此哀也，過之則爲偏〔一〕。「天生蒸民」，「有物必有則」，自有準則在人心，不可過也。

書者，堯、舜、禹、湯、文、武、皋、夔、稷、契、伊尹、周公之精神心術，盡寓于中。觀書者不求其心之所在，夫何益？欲求古人之心，必先盡吾心，然後可以見古人之心。

讀史者須斟酌其關治體者抄之。君德，如漢紀高祖寬仁大度之類，凡志傳中所説德處可類出。

相業，如蕭、曹爲相，大體如何，規模如何，措置如何；盧杞、李林甫爲相，姦邪之狀如何；石慶、公孫賀爲相，委靡之狀如何。

國勢，如君之昏明，國之强弱安危，君子小人之進退消長，土地之廣狹，户口之多少。

看史非欲聞見該博，正是要「識前言往行以畜其德」。

校勘記

〔一〕過之則爲偏　「偏」，吕祖謙麗澤論説集録卷三門人所記詩説拾遺作「傷」。

近思别録卷四

存養

南軒先生曰：存養省察之功，固當並進，然存養是本。文集。下同。學者於是心也，治其亂，收其放，明其蔽，安其危，而其廣大無疆之體，可得而存矣。君子貴乎存養。存之有素，則其理不昧；養之有素，則物莫能奪。夫然，故當事幾之來，有以處之，得其當。

寡欲爲養心之要。蓋心有所向則爲欲，多欲則百慮紛紜，其心外馳，尚何存乎？寡欲則思慮澹，血氣平，其心虚以寧，而不存者寡矣。

東萊先生曰：「敬」之一字，固難形容。古人所謂「心莊則體舒，心肅則容敬」，此兩語當深體也。文集。

操存則血氣循軌而不亂，收斂則精神内守而不浮。書説。

「心在焉，則謂之敬。」且如方對客談論，而他有所思，雖思之善，亦不敬也。纔有間斷，便是不敬。日用間若不自加提策，則怠惰之心生矣。怠惰之心生，不止於悠悠無所成，而放僻邪侈隨至矣。

近思别録卷五

克己

南軒先生曰：天理、人欲不並立也，操存舍亡之幾，其間不能以毫髮。所謂「非禮」者，非天之理故也。苟非天理，即人欲已。「勿」者，禁止之辭，收放心之要也。學者所當於視聽言動之間，隨吾所見，覺其爲非禮，則克之。克之之至，則天理純全，而視聽言動，一循其則矣。「爲仁由己，而由人乎哉？」文集。下同。

人心易偏，氣習難化。君子多因好事上不覺乘快偏了。古人衣冠容止之間，不是要作意矜持，只是循他天則，爲尋常因循怠弛，故須着强於自持〔一〕。外之不肅，而謂能敬於内，可乎？

來諭克己之偏之難，當用大壯之力，誠然也。然而力貴於壯，而工夫貴於密。若工夫不密，雖勝於暫，而終不能持於久而銷其端。觀諸顏子沉潛積習之功，爲如何哉！「有不善未嘗不知，知之未嘗復行」，非工夫篤至，久且熟，其能若是乎？

勇有大小：血氣之勇，勇之小也；義理之勇，勇之大者也。以血氣爲勇，其勇不出於血氣之内，勢力可勝也，利害可絀也。義理之勇，不以血氣，勢力無所加，利害無所絀也。孟子集註〔二〕。下同。

「動心」言其心有所感動也，「忍性」言忍其性之偏也。動心則善端日萌，而良心可存；忍性則氣禀日化，而天性可復也。此所謂「增益其所不能」也。

東萊先生曰：「君子以果行育德」，果決其所行，養育其明德。二者最難兼，果決者多不能涵養，涵養者多不能果決。殊不知二者本並行而不相悖，果決中自有涵養之理，涵養中自有果決之理。易說。下同。

易六十四卦皆有凶，惟謙卦六爻無凶，以能謙故也。大凡學者要看謙卦，當味伊川兩句，曰：「達理則樂天而不競，内充故退讓而不矜。」此兩句乃入謙道之門。蓋天命所在，自有定分，初無一毫加損。君子達理，則知求勝者徒然耳。要之，初無增損於其間也。人惟中無所有，則必誇人以爲有。實有者却不如此。

君子「卑以自牧」，須着意看此四字。「牧」如牧牛馬之牧，牛馬不牧，則蹊人之田，傷人之稼。人不以謙自牧，則矜勝之心必爲害。

酒誥「剛制」二字最有意。當時酒之爲病甚深，苟泛泛悠悠去制它不得。若非是用力斷然要制它，如何得？書說。

大凡天下之理，相反處乃是相治。水火相反也，而救火者必以水；冰炭相反也，而禦冰者必以炭。

校勘記

〔一〕故須着强於自持　「須」字原無，據張栻南軒集卷二十五答吕伯恭書補。

〔二〕孟子集註　按：此書亦即張栻癸巳孟子說。

近思别録卷六

家道

南軒先生曰：父子親、長幼序、夫婦别、君臣義、朋友信，是五者天之所命，而非人之所能爲。有是性則具是道。聖人能盡其性，故爲人倫之至，衆人則有所蔽奪而淪失之耳。雖然，亦豈不可反哉？聖人有教焉，所以化其欲而反其初也。舜之命契曰：「敬敷五教，在寬。」「寬」云者，漸漬涵養，使其所素有者自發也。而咎繇亦曰：「天叙有典，敕我五典五惇哉！」曰「敕」云者，所以正其綱；而「惇」云者，所以厚性也。降及三代，庠序之教尤詳。孟子曰：「學則三代共之，皆所以明人倫。」「明」云者，講明之而使之識其理之所以然也。文集。

古人養恩於父子之際，而以責善望之師，仁之篤而義之行也。雖然，在爲人父者言之，則當修身以率其子弟。身修則將有不言而感、不令而從者矣。在爲人子者言之，則當敬恭以承命，致其親愛，勞而不匱也。又豈可因責善而起離心，以自賊夫天性也哉？孟子説。

東萊先生曰：正家須正之於始。伊川言「群居必有悔」，夫群居相聚，則忌克疾害，無所不有，故於群居之時，最見悔處。若不常自檢點，則乖爭陵犯，無所不有，須防之於始，而後悔可亡〔一〕。論説。

夫婦一體也，位雖不同，而志不可不同。求師取友，婦人固無與於此，而好善之志，則不可不同也。崇德報功，后妃固無預於此，而體群臣之志，則不可不同也。

男女者，三綱之本，萬事之先也。正風之所以爲正者，舉其正者以勸之也；變風之所以爲變者，舉其不正者以戒之也。

校勘記

〔一〕而後悔可亡　「悔可亡」三字，吕祖謙麗澤論説集録卷二門人集録易説作「可亡其悔」。

近思別録卷七

出處義利

南軒先生曰：夫子於公山、佛肸之召，皆欲往者，以天下無不可變之人，無不可爲之事也。其卒不往者，知其人之終不可變，而事之終不可爲耳。一則生物之仁，一則知人之智也。論語集註。

凡人所以遲回於辭受之際者，以爲外物所動故也。蓋於其所不當受而受，其動於物故也；若於所當受而不受，是亦爲物所動而已。何則？以其蔽於理而見物之大也。若夫聖賢從容不迫，惟義之安，而外物何有乎？故以舜受堯之天下而不爲泰，亦曰義當然尔。若於義也無居，雖簞食豆羹，不可取也。簞食豆羹之與天下，其大小固有間矣。物則有大小，而義之所在則一也。孟子註。下同。

衆人不知有命，故於其無益於求者，强求而不止。若賢者則安於命矣，知命之不可求也，故安之。若夫孔子所謂有命者，則義命合一者也。故孟子發明之曰：「孔子進以禮，退以義，得之不得曰有命。」非聖人擇禮義爲進退，聖人進退無非禮義，禮義所在，固命之存也。此所謂義命之合一也。

帝舜於窮通之際，果何心哉？其飯糗茹草，則若將終身焉，其爲天子，若固有之。蓋所欲不存，樂天安命〔一〕。窮而在下，初無一毫之虧；達而在上，亦無一毫之加。故無適而不自得也。

東萊先生曰：易之所謂「井渫」，蓋政指汲汲於「濟世」者，玩味爻象自可見。其曰「爲我心惻」，憂思深長矣。又曰「王明並受其福」，蓋言王者能識拔而用之，則臣主俱泰。所以未爲井之盛者，蓋汲汲亟欲施之，與知命者殊科耳。文集。

「六三，觀我生，進退。」三居上下之交，政是用力斟酌處。論説。

校勘記

〔一〕樂天安命　「命」，張栻癸巳孟子説卷七作「止」。

近思别録卷八

論治體

南軒先生曰：濟大事必以人心爲本。若未曾做得一毫，事先擾百姓，失却人心，是將立事根本自先壞矣[一]，烏能立哉？

德者，所以爲民極也。詩曰：「予懷明德[二]，不大聲以色。」子曰：「聲色化民，末也。」故脩己而百姓安，篤恭而天下平。自三代以後，爲治者皆出於智力之所爲，而無復知此味矣。論語解[三]。下同。

爲政以叙彝倫爲先，彝倫不叙，則節目雖繁，亦無以順治矣。君君、臣臣、父父、子子，此彝倫所以叙也。雖堯舜之治，亦不越乎此，貴乎盡其道而已。

東萊先生曰：「文王尚克修和我有夏。」太和乃貫古今、盈宇宙而不息，然紂爲天下宗主，窮凶極虐，戾氣充塞，而和則愆矣，修而復乏，實文王之責也。「自朝至于日中昃，不遑暇食，用咸和萬民」，則修和之實也。書説。下同。

「慎厥麗乃勸」者，自然而勸也。「厥民刑用勸」者，「亦克用勸」者，其爲勸也，勉强而已。每語結之以「勸」者，見天下非可驅以智力，束以法制，惟動化其民，使常有欣欣不已之意，乃維持長久之道也。

「地上有水」，見得比親切處，浸潤、滋灌、流行，未嘗相離。「先王建萬國，親諸侯」，是人君比天下之綱目。「建萬國」所以比民，「親諸侯」所以比天下。蓋君之於民，豈能家至户到而比之？惟撫諸侯，使孚吾德意於天下，即是比天下也。若只是以一人而比天下，則天下不可得而比矣。易説。

賢者之行非一端，而卷阿之「以引以翼」，必曰「有孝有德」，何也？蓋人主常與慈祥篤實之人處，其所以興起善端，涵養德性，鎮其躁而消其邪，日改月化，有不在言語之間者矣。詩説。

人主進德之驗，它未即見，惟於諫者之言先見之。言之委曲遷就，是君德未信於人而猶有所畏也；言之剴切侵訐，是君德已信於人而既無所畏也。奏藁。

校勘記

〔一〕是將立事根本自先壞矣　「自先壞矣」四字原無，據張栻南軒集卷八經筵講議補。

〔二〕予懷明德　「懷」，原作「懔」，據張栻癸巳論語解卷一改。

〔三〕論語解　「解」字原無，據張栻論語解卷一補。

近思别録卷九

論治法

南軒先生曰：國之所以爲國者，以夫天叙天秩者實維持之也。爲國者志存乎典禮，則孝順和睦之風興，協力一心，尊君親上，其强孰禦焉？不然，三綱淪廢，人有離心，國誰與立？文集。下同。

所謂「不忍人之政」者，即其仁心所推，盡其用於事事物物之間者也。仁心之存，乃王政之本；而王政之行，即是心之用也。

有天地則有萬物，其巨細多寡、高下美惡之不齊，乃物之情，而實天之理也。物各付物，止於其所，吾何加損於其間哉？若强欲齊之，私意横生，徒爲膠擾，而物終不可齊也。故莊周之齊物，强欲以理齊，猶爲賊夫道，况夫許子遂欲一天下之物，而泯其一定之分，其蔽豈不甚哉？

善政立而後善教可行，所謂「富而教之」也。孟子論「得民心」必歸之「善教」者，蓋至此而後，爲得民之至也。後世及乎善政者亦鮮矣，而況及於教乎？

後世道學不明，論治道者不過及於人才、政事而已，孰知其本在於君心？而孰知格君之本乃在於吾身乎？「惟大人爲能格君心之非」，孟子斯言，真萬世不可易者也。

東萊先生曰：大抵講論治道，不當言主意難移，當思臣道未盡；不當言邪學難勝，當思正學未明。蓋工夫到此，則必有此應，無不在内也。出文集。

先生宗法條目曰：晨興，詣家廟瞻敬。朔望，薦新，俗節則祭以時物。祭用分、至。忌日，祭於堂。展墓，用寒食，及十月朔時祭畢，合族飲福。朔望，昆弟會食，謀家事。娶婦嫁女，給聘奩物。生子，給羊酒。賓客，慶吊，送終，歲終會計。子弟不奉家廟，未冠執事很慢，已冠頽廢先業，並行夏楚。

近思别録卷十

論政事

南軒先生曰：治獄所以多不得其平者，蓋有數説。吏與利爲市，固所不論，而或矜知巧以爲聰明，持姑息以惠姦慝，上則視大官之趍向而重輕其手，下則惑胥吏之浮言而二三其心；不盡其情而一以威怵之，不原其初而一以法繩之。如是而不得其平者，抑多矣！文集。下同。

嘗怪今之爲吏，其號爲能者，則或以察爲明，以刻爲公，以不卹爲能任。而其號爲賢者，則又或以姑息爲惠，以縱弛爲寬，以摸稜爲善處。故其能適以賈怨貽毒，蹶害邦本；而其賢又以流弊基患，及於今日。嗟乎，此豈真所謂賢能者哉？

羔羊之詩，重言「委蛇」，舒泰而有餘裕也。此獨賦其「退食」之際，蓋於此時而然，則其在公之正直可知矣。不然，有所愧于中，則其退也，亦且促迫急遽之不暇，寧有委蛇之氣象哉？詩說。

東萊先生曰：與人相處，最當理會「降意」兩字。不降而升，小則忿怒，大則暴戾。若昔聖賢之猷告，自源徂流，具有條理，未嘗置本而言末。伯益論來四夷，儆以怠荒；召公論格遠人，首以慎德；而仲尼爲魯患，亦緩顓臾而急蕭墻。奏策。

近思別録卷十一

論教學

南軒先生曰：聖人之道，精粗無二致。但其施教，則必因其材而篤焉。蓋中人以下之質，驟而語之太高，非惟不能以入，且將妄意躐等，而有不切於身之弊，亦終於下而已矣。故就其所及而語之，是乃所以使之切問近思，而漸進於高遠也。文集。下同。

嘗攷先王所以建學造士之本意，蓋將使士者講夫仁義禮智之彝，以明夫君臣、父子、兄弟、夫婦、朋友之倫，以之修身、齊家、治國、平天下。其事蓋甚大矣，而爲之則有其序，教之則有其方。故必先使之從事於小事〔一〕，習乎六藝之節，講乎爲弟爲子之職，而躬乎洒掃應對進退之事，周旋乎俎豆羽籥之間，優游乎絃歌誦讀之際，有以固其肌膚之會、筋骸之束，齊其耳目，一其心志，所謂「大學之道，格物致知」者，由是可以進焉。至於物格知至，而仁義禮智之彝，得於其性，君臣、父子、兄弟、夫婦、朋友之倫，皆以不亂，而修身、齊家、治國、平天下無不宜者。此先王所以教，而三代之治，後世不可以及者也。

東萊先生曰：孟子教人最於初學爲切，如第一章說「利」字，自古及今，其病在此。

「一年視離經辨志，三年視敬業樂群，五年視博習親師，七年視論學取友。」見學記。

先生規約云：凡預此集者，以孝弟、忠信爲本。其不順於父母，不友於兄弟，不睦於宗族，不誠於朋友，言行相反，文過遂非，不在此位。既預集而或犯，同志者規之；規之不可，責之；責之不可，告於衆而共勉之；終不悛者，除其籍。

凡預此集者，聞善相告，聞過相警，患難相恤，游居必以齒，相呼不以丈、不以爵、不以爾汝。

會講之容，端而肅。群居之容，和而莊。〔二〕

舊所從師，歲時往來，道路相遇，無廢舊禮。

毋得品藻長上優劣，訾毀外人文字。郡邑政事、鄉閭人物，稱善不稱惡。

毋得干謁、投獻、請托。

毋得自相品題，高自標置，妄分清濁。語毋褻、毋諛、毋妄、毋雜。

毋狎非類。

毋親鄙事。

校勘記

〔一〕故必先使之從事於小事　下「事」字，張栻南軒集卷九邵州復舊學記作「學」，宜是。

〔二〕會講之容　「會」上原有「○」，且與前條接續。按：此段文字爲東萊呂太史别集卷五乾道四年九月規約的另一條文，宜與上條分别單列。以下六條語録前，原本均有「○」，并與上條連接，今皆别行單列，以與「百八條」之數相合。

近思别録卷十二

警戒

南軒先生曰：治亂興亡，常分於敬肆之間。使在内而每聞逆耳之規，在外每有窺窬之患，則戒懼之心存，心存則國可爲也。然後知「生於憂患」，而「死於安樂」。生言生之道也，在身而身泰，施之天下國家，無往而不爲福也。死言死之道也，天命絶乎其躬，而敗于乃家、凶于乃國者乎！然而繼體之君，公侯之裔，生而處安樂之地，無憂患之可歷，則將如之何？必也念安樂之可畏，天命之無常，戒謹恐懼，不敢有其安樂，是乃困心衡慮之方，生之道也。然則所謂「死於安樂」者，非安樂之能死之也，以其溺於安樂而自絶焉耳。故在君子則雖處安樂，而生理未嘗不遂；小人則雖處憂患，而亦未嘗不死。孟子註。下同。

操心危，慮患深。危故專一而不敢肆，深故精審而不敢忽。專精之極，故於事理能有所通達也。

東萊先生曰：書云「朕德罔克」，蓋禹親盡克艱之道，德雖已克，而常見其不克。書說。下同。

「烝民乃粒」，須當看一「乃」字。自洪水滔天之勢，禹用力如此艱難，非一手一足之力，非一朝一夕之故，然後得致乃粒。

殷先哲王持不敢之心，畏天畏民畏相，故御事亦不敢暇逸，不敢聚畏者，不敢之心也。飲。内服外服，百姓里居亦不敢湎于酒。不敢之心發于先王方寸之間，而風化所及，使天下皆由不敢之心以行。嗚呼！不敢之心豈不大乎？

魏安釐王問高士於子順，子順曰：「世無其人也。」天下之事，成於懼而敗於忽。懼者福之原也，忽者禍之門也。

近思别録卷十三

辨異端

南軒先生曰：孟子之時，去夫子之世爲未遠，而楊、墨者出，唱其「爲我」、「兼愛」之説，特其見之偏耳，孟子比之遽及於禽獸何哉？蓋「爲我」則自私，自私則賊義，而君臣之分可廢也；「兼愛」則無本，無本則害仁，而父子之親可夷也。「無父無君」，則與禽獸有異乎哉？孟子説〔一〕。下同。

異端之於正道〔二〕，如黑之與白，本不足以賊德，惟其道之不明，世俗之見易以惑溺，故以爲德之賊耳。經者，天下之常理。君臣、父子、兄弟、朋友、夫婦敕而惇之，而其倫有序；仁、義、禮、智推而達之，而其道不窮，所謂經也。惟人違而去之，莫知所止，故君子反經以爲民極。經正則人興於善，而邪慝自不能作。帝王之所以治，孔子之所以教，不越於反經而已。

東萊先生曰：異端之不息，由正學之不明。此盛彼衰，互相消長，莫若盡力於此。此道光明盛大，則彼之消鑠無日矣。孟子所謂「吾爲此懼，閑先聖之道」，舊説以閑爲閑習，意味甚長。楊、墨肆行，政以吾道之衰矣。孟子所以不求之他，而以閑習吾先聖之道爲急先務，而淫辭詖行之放，固自有次第也。

情便是性，波便是水，李翺却分作兩段看了。宜乎當時釋氏之盛，只緣吾黨無人，反爲釋氏所謾。論説。

校勘記

〔一〕孟子説　「説」字原無，此條今見張栻癸巳孟子説卷三，故而補「説」字。

〔二〕異端之於正道　「於」，張栻癸巳孟子説卷七作「與」，宜是。

近思别録卷十四

觀聖賢

南軒先生曰：「堯舜性之」者，自誠而明，率性而安行也。「湯武身之」者，自明而誠，體之於身，以盡其性者也。「性之」則不假人爲，天然純全；「身之」則致其踐履之功，以極其至也。然而其至則一也。此生知、學知之所以異。孟子集註。

漢高帝起布衣，一時豪傑之士翕然從之，而其所以建立基本、卒滅項氏者，乃三老董公仁不以勇，義不以力之説也。相傳四百餘年，而曹氏篡漢。諸葛忠武侯，左右昭烈父子，立國於蜀，凛凛乎三代之佐也。侯之言曰：「漢、賊不兩立，王業不偏安。」又曰：「臣鞠躬盡力，死而後已。至於成敗利鈍，非臣之明所能逆覩。」誦味此言，則侯之心可見矣。

賈生英俊之才，若董相則知學者也。治安之策，可謂通達當世之務，然未免乎有激發暴露之氣，其才則然也。「天人」之對，雖若緩而不切，然反復誦味，淵源純粹。蓋有餘意，以其自學問涵養中來也。横渠皆是身經歷做工夫，剖决至到，故於學者凝滯處尤爲有力〔一〕。文集。下同。

東萊先生曰：「昧爽丕顯，坐以待旦」，昧爽是天之未明將分之際。成湯於此已大顯明，洗濯其心，澡雪其志，坐以待其大明。則成湯於待旦之時，其存心養性，湛然清淨，無一毫物累之所能容〔二〕，所謂同乎太虚，蕭然出塵，不啻日之東升，將臨照於天下。

從容則子房，正大則孔明。

孔明寬大而縝密。

校勘記

〔一〕故於學者凝滯處尤爲有力　「凝」，張栻南軒集卷二十六答蕭仲秉作「疑」。

〔二〕無一毫物累之所能容　「之所能容」四字，吕祖謙增修東萊書説卷八無。

[宋]佚名 撰 顧宏義 校點

近思後録

目録

校點説明

南宋佚名所撰近思後録十四卷,「皆採朱子所録之外程門諸儒以下,及於朱子之説,分道體、論學、致知、存養、克己、家道、出處、治道、制度、事理、教人、謹戒、異端、氣象十四目,各爲一卷」。自朱熹、吕祖謙編纂近思録以後,屢有人嘗試續編之。然採録二程弟子言行以爲續編者,僅見劉清之一人。劉清之字子澄,吉州廬陵人。與朱熹多有交往,學者號静春先生。卒於淳熙十六年,年五十七。見宋名臣言行録外集卷一四。對劉子澄續編近思録,朱熹並不贊同。朱熹曾云:「劉子澄編續近思録,取程門諸公之説。某看來,其間好處固多,但終不及程子,難於附入。」又云:「子澄編近思續録,某勸他不必作,蓋接續二程意思不得。」見朱子語類卷一〇一。從收録範圍等情況推斷,本書疑即劉清之所編近思續録,然其未著撰人名氏,或與朱熹上述之態度相關。

本書所録之程門弟子,前十三卷依次爲范内翰祖禹、吕正字大臨、謝上蔡良佐、游察院酢、楊龜山時、尹和静焞、侯仲良、吕侍講希哲、朱給事光庭、胡文定安國、劉安禮諸人,而於注文中採録晦庵先生朱熹之言論；然第十四卷則有不同，首先朱熹之言論被放置於正文中，又所録之程門弟子亦略現混亂，依次有吕正字、謝上蔡、尹和靜、范内翰、游察院、朱給事、張天祺戩、尹彦明焞、楊應之國寶、朱公掞光庭、劉質夫絢、侯仲良、李端伯籲、吕和叔大鈞、吕晉伯大忠、蘇季明昞、楊龜山、楊遵道迪，楊時子、劉安節、張思叔繹、馬時中伸、周恭叔行己諸人。其内容取材大多採録自朱熹中庸輯略、論孟精義、伊洛淵源録、八朝名臣言行録等，但亦有不少内容未見載於今日所傳之其他文獻，故頗具史料價值。

本書與佚名文場資用分門近思録二十卷併刊印行。清末莫友芝宋元舊本書經眼録據文場資用分門近思録卷首朱子序後有木記「建安曾氏刊於家塾」兩行，斷其爲「南宋末坊刻」。然此本避宋孝宗、光宗、寧宗諱，卻未避理宗諱，則其當刊於寧宗嘉定間。此乃本書僅見傳世之本。曾氏刊本雖時見俗體字，然「刊印精雅」，清末收藏於海寧查氏，今藏於台灣「中央圖書館」，台灣四庫善本叢書初編據以景印出版。故此次點校即以傳世之孤本曾氏刊本爲底本，取與本書内容相關者如上蔡語録、龜山先生語録、胡氏春秋傳以及朱熹編纂之文獻等以爲他校，並取相關著録以爲附録，以便於讀者。

二〇一二年十一月　顧宏義

近思後録卷一

道體

范内翰曰：性者天所賦於人，命者人所受於天。

吕正字曰：萬物之生，莫不有氣，氣也者，神之盛也；莫不有魄，魄也者，鬼之盛也。故人亦鬼神之會爾。鬼神者周流天地之間，無所不在，雖寂然不動，而有感必通；雖無形無聲，而有所謂昭昭不可欺者。晦庵先生曰：吕氏所謂「人亦鬼神之會」者甚精。

謝上蔡曰：鬼神以爲有亦不可，以爲無亦不可。這裏有妙理，於若有若無之間，須斷置得去始得。此又不是鶻突，自家要有便有、自家要無便無始得。鬼神在虚空中辟塞滿，觸目皆是，爲他是天地間妙用。祖考精神，便是自家精神。晦庵先生曰：氣之已散者，既化而無有矣，其根於理而日生者，則固浩然而無窮也。故上蔡謂我之精神即祖考之精神。

心有所覺謂之仁，仁則心與事爲一。草木五穀之實謂之仁，取名於生也。生則有所覺矣。四體之偏痺謂之不仁，取名於不知覺也。不知覺則死矣。事有感而隨之以喜怒哀樂，應之以酬酢盡變者，非知覺不能也。身與事接，而心漠然不省者，與四體不仁無異也。然則不仁者雖生，無以異於死；雖有心，亦鄰於無心；雖有四體，亦弗爲吾用也。故視而弗見，聽而弗聞，食而不知其味，此善學者所以急急於求仁也。晦庵先生曰：上蔡謂心有知覺者，可以見仁之包乎智，而非仁之所以得名之實也。又曰：以知覺爲仁，則是以智爲仁。又問：知覺是仁否？曰：仁然後有知覺。

「鳶飛戾天，魚躍于淵」，非是極其上下而言，蓋真箇見得如此。此正是子思喫緊道與人處〔一〕。若從此解悟，便可入堯舜氣象。

「鳶飛」「魚躍」，無些私意上下，察以明道體無所不在，非指鳶、魚而言也。若指鳶、魚言，則上面更有天，下面更有地在。知勿忘勿助長則知此，知此則知夫子與點之意。晦庵先生曰：謝氏既曰「非是極其上下而言矣」，又曰「非指鳶、魚而言」，蓋曰子思之引此詩，姑借二物以明道體無所不在之實，非以是爲窮其上下之極，而形其無所不包之量也。又非以是二物專爲形其無所不在之體，而欲學者之必觀乎此也。此其發明程子之意，蓋有非一時同門之士所得聞者，而又別以夫子與點之意明之，則其爲說益以精矣。

忠恕之論，不能以訓詁解〔二〕，特恐學者愈不識也。且當以天地之理觀之，忠譬則流而不息，恕譬則萬物散殊，知此則可以知一貫之理矣。

昔人有問明道先生曰：「如何斯可謂之恕心？」明道曰：「充廣得去〔三〕，則爲恕心。」「如何是充廣得去底氣象？」曰：「天地變化草木蕃。」「充廣不去時如何？」曰：「天地閉，賢人隱。」察此可以見盡不盡矣。晦庵先生曰：謝氏所論忠恕，獨得程子之意。但程子所謂天地之不恕，亦曰天地之化，生生不窮，特以氣機闔闢，有通有塞，故當其通也，「天地變化草木蕃」，則有似乎恕。當其塞也，「天地閉，賢人隱」，則有似於不恕耳。其曰不恕，非若人之閉於私欲而實有忮害之心也。

問忠恕之別，曰：猶形影也。無忠做恕不出來，恕如心而已。晦庵先生曰：忠之與恕，初不相離。程子所謂要除一箇除不得，而謝氏以爲猶形影者，意可見矣。

聖人之道，無顯微，無内外，由灑掃應對進退而上達天道，本末一以貫之。朱子發見謝先生請益，謝曰：「好待與賢説一部論語。」子發私念日刻如此，何由親欵其講説？已而具飯，酒五行，只説他話。及茶罷，乃掀髯曰：「聽説論語。」首舉：「子見齊衰者、冕衣裳者與瞽者，見之，雖少必作；過之，必趨。」又舉：「師冕見，及階，子曰：『階也。』及席，子曰：『席也。』皆坐，子曰：『某在斯，某在斯。』子張問曰：『與師言之道與？』曰：『固相師之道也。』夫聖人之道，無微顯，無内外，由灑掃應對進退而上達天道，本末一以貫之。一部論語，只恁地看。」

游察院曰：天地之心，其太一之體歟？天地之化，其太和之運歟？確然高明，萬物覆焉。隤然博厚，萬物載焉。非以其一歟？陽自此舒，陰自此凝。消息滿虚，莫見其形。非非以其和歟？

心之本體，一而已矣，非事事而爲之，物物而愛之，又非積日累月而後可至也。一日反本復常，則萬物一體，無適而非仁矣。晦庵先生曰：游氏謂物與我爲一者，可以見仁之無不愛矣，而非仁之所以爲體之真也。

楊龜山曰：「天命之謂性」，人欲非性也。「率性之謂道」，離性非道也。性，天命也；命，天理也。道則性命之理而已。孟子道「性善」，蓋原於此。謂性有不善者，誣天也。性無不善，則不可加損也，無俟乎脩焉，率之而已。揚雄謂「學以脩性」，非知性也。故孔子曰「盡性」，子思曰「率性」，曰「尊德性」，孟子曰「知性」、「養性」，未嘗言脩也。

人所資稟固有不同者，若論其本，則無不善。蓋「一陰一陽之謂道」，陰陽無不善，而人則受之以生故也。然而善者其常也，亦有時而惡矣。猶人之生也，氣得其和則爲安樂人。及其有疾也，以氣不和而然也。然氣不和，非其常。治之而使其和，則反常矣。其常者性也。此孟子所以言性善也。横渠説氣質之性，亦云人之性有剛柔、緩急、强弱、昏明而已，非謂天地之性然也。今夫水清者，其常然也。至於湛濁，則沙泥混之矣。沙泥既去，其清者自若也。是故君子於氣質之性，必有以變之，其澄濁而求清之義歟？

禹、稷三過其門而不入，苟不當其可，則與墨子無異。顔子在陋巷不改其樂，苟不當其可，則與楊氏無異。子莫執「爲我」、「兼愛」之中而無權，鄉鄰有鬬而不知閉户，同室有鬬而不知救之，是亦猶執一耳。故孟子以爲賊道，禹、稷、顔子易地則皆然，以其有權也。不然，是亦楊、墨而已矣。

尹和靜曰：所謂浩然之氣者，天地之正理，吾之所固有也。其體則名曰道，其用則名曰義。學者能識之，然後可以養之。不養，則爲私心所蔽而餒矣。夫帥氣者在養志，養志者在直内。養之如何？如有事焉〔四〕，不可正也，不可忘也，不可助長也，主一而已，直内而已，存而勿失而已。如是則能配義與道，施之則充塞乎天地，斂之則退藏於密。

侯仲良曰：性之動便是情，主宰處便是心。

曰心，曰性，曰天，一理也。自理而言謂之天，自稟受而言謂之性，自存諸人而言謂之心。

萬物資始於天，天所賦與者爲命。命，天之所命也。物受命於天者爲性。性，物之自有也。草木之不齊，飛走之異稟，然而動者動，植者植，天機自完，豈非性乎？馬之性健而健，牛之性順而順，犬吠盜，雞司晨，不待教而知之，豈非率性乎？

形而上者謂之道，形而下者謂之器。兩儀，太極之陰陽也。乾坤，易之陰陽也。陰陽，道之陰陽也。既謂之陰陽，安得不謂之器乎？器亦道也，道亦器也。

誠者誠也，充塞乎上下，無物可間者也。以陰陽言之則曰道，以乾坤言之則曰易，貫通乎上下則曰誠。蓋天非誠，其行也不健。地非誠，其載也不厚。人非誠，其形也不踐。總攝天地，斡旋造化，動役鬼神，闔闢乾坤，萬物由之以生死，日月由之而晦明者，誠也。

天以誠命萬物，萬物以誠順天。

「老者安之，朋友信之，少者懷之」，孔子之忠恕。「無伐善，無施勞」，顔子之忠恕。「施諸己而不願，亦勿施諸人」，子思之忠恕。「老吾老，以及人之老；幼吾幼，以及人之幼」，孟子之忠恕。其地位至此，則説出如此話。仲尼與天地造化合，故别。

無恕不見得忠，無忠做恕不出來。誠有是心之謂忠，見於功用之謂恕。

校勘記

〔一〕此正是子思喫緊道與人處　「喫」，原作「揭」，據朱熹中庸輯略卷上、真德秀西山讀書記卷一五、衛湜禮記集説卷一二七改。

〔二〕不能以訓詁解　「能」，論語精義卷二下作「難」。

〔三〕充廣得去　「廣」，論語精義卷二下、二程外書卷一二作「擴」。下同。

〔四〕如有事焉　「如」，孟子精義卷三作「必」。

近思後録卷二

論學

吕侍講曰：後生初學，且須理會氣象。氣象好時，百事是當。氣象者，詞令容止，輕重疾徐，足以見之矣。不惟君子小人於此分，亦貴賤壽夭之所由定也。

范内翰曰：言重則有法，行重則有德，貌重則有威，好重則有觀。

與賢於己者處，則自以爲不足。與不如己者處，則自以爲有餘。自以爲不足則日益，自以爲有餘則日損。

朱給事曰：明道先生之學，以誠爲本。仰觀乎天，清明穹窿，日月之運行，陰陽之變化，所以然者，誠而已。俯察乎地，廣博持載，山川之融結，草木之蕃殖，所以然者，誠而已。人居天地之中，參合無間，純亦不已者，其在兹乎！蓋誠者天德也，聖人自誠而明，其靜也淵停，其動也神速。天地之所以位，萬物之所以育，何莫由斯道也？先生得聖人之誠者也，自始學至於成德，雖天資穎徹，絶出等夷，然卓約之見〔一〕，一主於誠。故推而事親則誠孝，事君則誠忠，友于兄弟則綽綽有裕，信於朋友則久要不忘，脩身謹行則不愧於屋漏，臨政愛民則如保赤子，非得夫聖人之誠，孰能與於斯？才周萬物而不自以爲高，學際三才而不自以爲足，行貫神明而不自以爲異，識照古今而不自以爲得。至於六經之奥義，百家之異説，研窮搜抉，判然胸中。天下之事，雖萬變交於前，而燭之不失毫釐，權之不失輕重，凡貧賤富貴死生，皆不足以動其心，真可謂大丈夫者。非所得之深，所養之厚，能至是歟！

吕正字曰：君子之學，自明而誠。明則能擇，誠則能守。能擇知也，能守仁也。如顔子者，可謂能擇能守也。高明不可窮，博厚不可極，則中道不可識。故仰之彌高，鑽之彌堅，瞻之在前，忽焉在後。察其志也，非見聖人之卓，不足謂之中。隨其所至，盡其所得，據而守之，則拳拳服膺而不敢失，勉而進之，則既竭吾才而不敢緩。此所以恍惚前後而不可爲像，求見聖人之止，欲罷而不能也。晦庵先生曰：吕氏此數言親切確實，足以見其深潛縝密之意，學者所宜諷誦而服行也。但「求見聖人之止」一句，文義亦未安。

中庸者，天下之所共知，天下之所共行，猶寒而衣，飢而食，渴而飲，不可須臾離也。衆人之情，厭常而喜新，質薄而氣弱，雖知不可離，而亦不能久也。惟君子之學，自明而誠。

明而未至乎誠，雖心悦而不去。然知不可不思，行不可不勉。在思勉之分，而氣不能無衰，志不能無懈，故有「日月至焉」者，有「三月不違」者，皆德之可久者也。若至乎誠，則不思不勉，至于常久而不息，非聖人其孰能之。晦庵先生曰：呂氏所謂厭常喜新、質薄氣弱者，切中學者不能固守之病。

誠者理之實，然致一而不可易者也。誠即天道也。天道自然，無勉無思，其中其得，自然而已。聖人誠一於天，天即聖人，聖人即天，由仁義行，何思勉之有？故從容中道而不迫。誠之者，以人求天者也。思誠而復之，故明有未究，於善必擇，誠有未至，所執必固。善不擇，道不精，執不固，德將去。學問思辨所以求之也，行所以至之也。求之至之，非人一己百，人十己千，不足以化氣質。

誠者理之實，然而不可易者也。不爲天大，不爲人小。誠者天之道也，不勉而中，不思而得，非人之私智所能爲也。自有天地已來，如是而已。誠之者所以學之也，去其所以與天地不相似者，求其所以相似者，至於與天地爲一，然後至于誠矣。

人受天地之中，其生也具有天地之德，柔强昏明之質雖異，其心之所然者皆同，特蔽有淺深，故别而爲昏明，禀有多寡，故分而爲强柔。至於理之所同然，雖聖愚有所不異。盡己之性，則天下之性皆然，故能盡人之性。蔽有淺深，故爲昏明。蔽有開塞，故爲人物。禀有多寡，故爲强柔。稟有偏正，故爲人物。故物之性，與人異者幾希。惟塞而不開，故知不若人之明；偏而不正，故才不若人之美。然人有近物之性者，物有近人之性者，亦繫乎此。於人之性開塞偏正無所不盡，則物之性未有不能盡也。己也，人也，物也，莫不盡其性，則天地之化成矣〔二〕。故行其所無事，順以養之而已。是所謂贊天地之化育也。

愚者自是而不求，自私者徇人欲而忘反，懦者甘爲人下而不辭。故好學非知，然足以破愚；力行非仁，然足以忘私；知恥非勇，然足以起懦。

守約必先博學，窮大必先執中，致一必先合兩，用權必先反經。學不博而求守約，則識蔽於小。中未執而欲窮大，則心陷於大。兩未合而求致一，則守固而道離。經未正而欲用權，則失守而道窮。

法由此立，命由此出，聖人也。行法以俟命，君子也。聖人性之，君子所以復其性。

謝上蔡曰：脱去凡近，以遊高明。莫爲嬰兒之態，而有大人之器；莫爲一身之謀，而有天下之志；莫爲終身之計，而有後世之慮。不求人知，而求天知；不求同俗，而求同理。

學之久，則習益察，行益著，知視聽言動，蓋皆至理，聲氣容色，無非妙用。父子君臣，豈人能秩叙？仁義禮樂，豈人能强名？心與天地同流，體與神明爲一。若動若植，無物非我。有形無形，誰其間之？

時習者，無時而不習。坐如尸，坐時習也。立如齋，立時習也。

禮者，攝心之規矩。循理而天，則動作語嘿，無非天也。

君子志於仁矣，然毫忽之間，心不在焉，則未免爲不仁也。

仁者心無内外遠近精粗之間，非有所存而自不亡，非有所理而自不亂，如目視而耳聽，手持而足行也。知者謂之有所見則可，謂之有所得則未可。有所存，斯不亡，有所理，斯不亂，未能無意也。安仁則一，利仁則二。

君子小人之分，義與利之間而已。然所謂利者，豈必殖貨財之謂，以私滅公，適己自便，凡可以害天理者，皆利也。

志道譬則戴天，舉目無不在。據德譬則履地，有方所矣。依於仁猶魚之依水，顛沛造次不離也。藝則時出而習之，遊如羈遊之遊。

人而不仁，則人心亡矣。以事父必不孝，其如父子之禮何？以事君必不忠，其如君臣之禮何？在宗廟之中，上下同聽之而和敬，彼且不敬，其如宗廟之樂何？在族黨之中，長幼同聽之而和順，彼且不順，其如族黨之樂何？是其爲禮也必僞，而慢易之心入之矣，豈足以治躬？其爲樂必淫，而鄙詐之心入之矣，豈足以治心？

顔子學得親切，仰之彌高，鑽之彌堅，無限量也，以見聖人之道大；瞻之在前即不及，忽焉在後又蹉却，以見聖人之道中。觀此一段，即知顏子看得來親切〔三〕。博我以文，使知識廣；約我以禮，歸宿處也。

學須是熟講。又云：學不講用盡工夫，只是舊時人。學之不講，是吾憂也。仁亦在夫熟而已。

學須先從理上學，盡人之理，斯盡天之理，學斯達矣。下學而上達，其意如此，故曰：「知我者其天乎？」人心與天地一般，只爲私心自小了。任理因物而已無與焉，天而已，豈止與天地一般，只便是天地。

學者先學文，鮮有能至道。至如博觀泛覽，亦自爲害。故明道先生教予，嘗曰：「賢讀書，慎勿尋行數墨。」

或以知言養氣爲一道事，謝曰：「知言是智，養氣是仁。浩然之氣，須於心得其正時識取。」

爲學，必以聖人爲之則。志在天下，必以宰相事業自期。降此寧足道乎！

謝上蔡與胡文定手柬曰：承進道之意浸確〔四〕，所深望於左右。儒異於禪，正在下學處。顏子工夫，真百世軌範，舍此應無入路。無住定三二十年，不覺便虛過了，可戒，幸毋忽。

游察院曰：正其衣冠，尊其瞻視，儼然人望而畏之，此君子之重而威也。重而威，則德性尊矣。故君子日就，小人日遠。由是而學，其思之必精，其行之必篤，其問之必切，其聽之必專，入乎耳，著乎心。此德全而學固矣。反是則言招憂，行招辱，貌招淫，好招辜，何威之有！道聽而途説者有之，一心以爲有鴻鵠將至者有之，何固之有！

孝弟謹信，愛衆親仁，此其本也。行有餘力，然後從事於文，則其文足以增美質。猶木之有本根也，然後枝葉爲之芘覆。苟其無本，則枝葉安所附哉？夫文者，詩書禮樂之謂也。詩者言此情而已，書者述此事而已，禮者體此而已，樂者樂此而已。使其孝不稱於宗族，其弟不稱於鄉黨，交遊不稱其信，醜夷不稱其和，仁賢不稱其智，則其文適足以滅質，其博適足以溺心，以爲禽犢者有之，以資發冢者有之，託真以酬，僞飾姦言，以濟利心者，往往而是也。晦庵先生曰：游氏敷陳詳盡，深究後世棄本逐末之弊。

萬物皆備於我，反身而誠，樂莫大焉。故惟天下至誠，爲能盡其性。千萬人之性，一己之性是也。故能盡其性，則能盡人之性。萬物之性，一人之性是也。故能盡人之性，則能盡物之性。同焉皆得，各安其常，則盡人之性也。群然皆生〔五〕，各得其理，則盡物之性也。至於盡物之性，則和氣充塞，故可以贊天地之化育。夫如是則天覆地載，教化各任其職，而成位乎其中矣。

楊龜山曰：顏淵「請問其目」，學也；「請事斯語」，則習矣。學而不習，徒學也。譬之學射而志於彀，則知所學矣。若夫承梃而目不瞬，貫虱而懸不絶，由是而求盡其妙，非習不能也。習而察，故説久而性成之，則説不足道也。

剛毅則不屈於物欲，木訥則不至於外馳，故近仁。

尹和靖曰：學貴力行，不貴空言。

脱使窮其根源，謹其辭説，苟不踐行，等爲虚語。

德行本也，文藝末也。故窮其本末，知所先後，可以入德矣。

孔子以生知之聖，每云好學者，非惟勉人也。蓋生而可知者義理爾，若夫禮樂名物，古今事變，亦必待學而後有以驗其實也。

成德以仁爲先，進學以智爲先，故夫子之言，其序有不同者以此。子罕：子曰：知者不惑，仁者不憂，勇者不懼。○憲問：君子道者三，我無能焉。仁者不憂，知者不惑，勇者不懼。

不厚重則無威儀，無威儀則志不篤，志不篤則學不能堅固。

校勘記

〔一〕然卓約之見　「約」，伊洛淵源録卷二門人朋友叙述作「然」。

〔二〕則天地之化成矣　「成」，中庸輯略卷下作「幾」。

〔三〕即知顔子看得來親切　「來」，原作「未」，據上蔡語録卷一改；又，論語精義卷五上作「極」。

〔四〕承進道之意浸確　「道」，上蔡語録卷三作「學」。

〔五〕群然皆生　「群」，原作「誘」，據中庸輯略卷下、游廌山集卷一論語雜解改。

近思後録卷三

致知

謝上蔡曰：學者須是且窮理。物物皆有理，窮理則能知天之所爲。知天之所爲，則與天爲一。與天爲一，無往而非理也。窮理則是尋箇是處。所謂有知識，須是窮物理。只如黄金，天下至寶，先須辨認得他體性始得，不然被人將鍮石來唤作黄金，辨認不過，便生疑惑，便執不定。故經曰：物格然後知至，知至然後意誠。

聞見之知，非真知也。知水火自然不蹈，真知故也。真知自然行之不難。不真知而行，未免有意。意有盡時。

問：思可去否？曰：思如何去？「思曰睿，睿作聖。」

問：遇事出言，每思而發是否？曰：雖不中，不遠矣。

格物窮理，須是識得天理始得。所謂天理者，自然底道理，無毫釐杜撰。今人乍見孺子將入井，皆有怵惕惻隱之心。方乍見時，其心怵惕，所謂天理也。要譽於鄉黨朋友，内交於孺子父母，惡其聲而然，即人欲耳。天理與人欲相對，有一分人欲，即滅却一分天理，存一分天理，即勝得一分人欲。

好直而惡枉，天下之至情也，順之則服，逆之則去，必然之理也。然或無道以照之，則以直爲枉、以枉爲直者多矣。是以君子大居敬而貴窮理也。

楊龜山語仲素云：某嘗有數句教學者，讀書之法，以身體之，以心驗之，從容默會於幽閑静一之中，超然自得於書言象意之表。蓋某之所得者如此。又云：必知所疑，然後有進。必用力深，然後有疑。

大學一篇，聖學之門户，其取道至徑，故二程多令初學者讀之。

謝上蔡曰：論語之書，弟子記當年言行，不誣也。自秦漢以來，開門授徒者，不過分章析句耳。魏晉而降〔一〕，談者益稀。既不知讀其書，謂足以識聖人心，萬無是理。既不足以知聖人心，謂言能中倫、行能中慮，亦萬無是理。言行不類，謂爲天下國家有道，亦萬無是理。君子於此盍闕乎？蓋溺心於淺近無用之地，聰明日就彫喪，雖欲讀之，顧不得其門而入也〔二〕。蓋其辭近，其指遠，辭有盡，指無窮。有盡者可索之於訓詁，無窮者要當會之以神。譬諸觀人，昔日識其面，今日識其心，在我則改容更貌矣，人則猶故也。坐是故難讀。蓋不學操縵，不能安弦；不學博依，不能安詩；不學雜服，不能安禮，惟近似者易入也。彼其道高深博厚，不可涯涘也如此。儻以童心淺智窺之，豈不大有逕庭乎？方其脅肩諂笑、以言餂人者讀之，謂巧言令色，寧病仁，未能素；貧賤而恥惡衣惡食者讀之，豈知飯蔬飲水、曲肱而枕之，未妨吾樂？注心於利末、得已不已、而有顛冥之患者讀之，孰知不義之富貴，真如浮雲？誨爾諄諄、聽我藐藐者讀之，孰謂回不惰、師書紳爲至誠服膺？過此而往，益高益深，可勝數哉。是皆越人視秦人之肥瘠也。惟同聲然後相應，同氣然後相求。是心與是書，聲氣同乎不同乎，宜其卒無見也。是書遠於人乎，人遠於書乎？蓋亦勿思爾。能返是心者，可以讀是書矣。

尹和靜曰：論語之書，廼集記孔子嘉言善行，苟能即其問答，如已親炙于聖人之門，默識心受而躬行之，則可謂善學矣。

尹和靜嘗言：「近日看論孟，似有所見。」先生曰：「所見如何？」曰：「只見句句皆是實語。」先生首肯之，曰：「善自涵養。」

楊龜山曰：孟子一書，只是要正人心，教人存心養性，收其放心。至論仁義禮智，則以惻隱、羞惡、辭遜、是非之心爲之端；論邪説之害，則曰生於其心，害於其政；論事君，則曰格君心之非，一正君而國定。千變萬化，只説從心上來。人能正心，則事無足爲者矣。大學之修身齊家治國平天下，其本只是正心誠意而已。心得其正，然後知性之善。故孟子遇人便道性善。歐陽永叔却言「聖人之教人，性非所先」，可謂誤矣。人性上不可添一物，堯舜所以爲萬世法，亦是率性而已。所謂率性，循天理是也。外邊用計用較，假饒立得功業，只是人欲之私，與聖賢作處，天地懸隔。

楊龜山曰：中庸爲書，微極乎性命之際，幽盡乎鬼神之情，廣大精微，罔不畢舉。

謝上蔡曰：學詩須先識得六義體面，而諷咏以得之。晦庵先生曰：按六義之説，見於周禮大序，其辨甚明，其用可識。而自鄭氏以來，諸儒相襲，不惟不能知其所用，反引異説而汨陳之。唯謝氏此説，爲庶幾得其用耳。

古詩即今之歌曲。今之歌曲，往往能使人感動。至學詩，却無感動興起處，只爲泥章句故也。明道先生善言詩，未嘗章解句釋，但優游玩味，吟哦上下，便使人有得處。

君子之於詩，非徒誦其言，亦將以考其情性；非特以考其情性，又將以考先王之澤。蓋法度禮樂雖亡，於此猶能并與其深微之意而傳之，故其爲言，率皆樂而不淫，憂而不困，怨而不怒，哀而不愁。如緑衣，傷己之詩也，其言不過曰：「我思古人，俾無訧兮。」擊鼓，怨上之詩也，其言不過曰：「土國城漕〔三〕，我獨南行。」至軍旅數起，士夫久役，止曰：「自貽伊阻。」行役無期，度思其危，難以風焉，不過曰「苟無飢渴」而已。若夫言天下之事，美盛德之形容，固不待言而可知也。其與愁憂思慮之作，孰能優游不迫也？

楊龜山曰：詩發於人情，而止乎禮義，故惟「思無邪」一言足以蔽之。

游察院曰：學詩者可以感發人之善心。如觀天保之詩，則君臣之義脩矣。觀棠棣之詩，則兄弟之愛篤矣。觀伐木之詩，則朋友之交親矣。觀關雎、鵲巢之風，則夫婦之經正矣。昔王裒有至性，而弟子至於廢講蓼莪。則詩之興發善心，於此可見矣。

楊龜山曰：尚書堯典序言「克明俊德」，以至親睦九族，「平章百姓」，「協和萬邦」，法度蓋未及也，而其效已臻。「黎民於變時雍」，然後「乃命羲和，欽若昊天」之事。然則治天下法度雖不可廢，亦豈所宜先？

某嘗觀聖人言易，便學措詞不得〔四〕。只如乾坤兩卦，聖人嘗釋其爻於後，是則解易之法也〔五〕。乾初九「潛龍勿用」，釋云：「陽在下也。」子曰：「龍德而隱者也。」子曰：「下也。」子曰：「陽氣潛藏。」子曰：「隱而未見，行而未成。」此一爻耳，反覆推明，至五變其説然後已。今之釋者，其於他卦能如是推明乎？若不能爾，則一爻之義，只可用之一事。易三百八十四爻，爻止一事〔六〕，則是其用止於三百八十四事而已。如易所該，其果止於此乎〔七〕？

問易曰：乾坤，其易之門耶？所謂門，莫是學易自此入否？曰：不然。夫易與乾坤豈有二物，孰爲内外？謂之乾坤者，因其健順而命之名耳。乾坤即易，易即乾坤。故孔子曰：「乾坤毁則無以見易。」蓋無乾坤，則不見易，非易則無乾坤。謂乾坤爲易之門者，陰陽之氣有動静屈伸爾，一動一静，或屈或伸，闔闢之象也。故孔子又曰：「闔户謂之坤，闢户謂之乾。」所謂門者如此。老子曰：「天地之間，其猶橐籥乎？」夫氣之闔闢往來，豈有窮哉？有闔有闢，變由是生。其變無常，非易而何？

尹和静曰：趙岐謂孟子通五經，尤長於詩書。非也。焞謂孟子精通於易。孟子踐履處皆是易也。請讀易一遍，然後看孟子，便見孟子精通於易。伊川云：「由孟子可以觀易。」

楊龜山曰：周官之書，先王經世之務也，不可不講。若有意於世，須是事事明了，胸中無疑，方能濟務。

謝上蔡曰：春秋大約如法家斷例，折以中道耳。

楊龜山曰：春秋昭如日星，但説者斷以己意，故有異同之論。若義理已明，春秋不難知也。

春秋難知〔八〕，其實昭如日星。孔子於五經中言其理，於春秋著其行事。學者若得五經之理，春秋誠不難知。伯淳先生嘗有語云：「看春秋，若經不通，則當求之傳；傳不通，則當求之經。」

六經之義，驗之於心而然，施之於行事而順，然後爲得。驗之於心而不然，施之於行事而不順，則非所謂經義。今之治經，去爲無用之文〔九〕，徼幸科第而已，果何益哉！

胡文定春秋傳序曰：古者列國各有史官，掌記時事。春秋，魯史爾。仲尼就加筆削，乃史外傳心之要典也。而孟氏發明宗旨，曰爲天子之事者〔一〇〕。周道衰微，乾綱解紐，亂臣賊子接迹當世，人欲肆而天理滅矣。仲尼天理之所在，不以爲己任，而誰可？五典弗惇，己所當叙。五禮弗庸，己所當秩。五服弗章，己所當命。五刑弗用，己所當討。故曰：「文王既没，文不在兹乎？天之將喪斯文也，後死者不得與於斯文也。天之未喪斯文也，匡人其如予何！」聖人以天自處，斯文之興喪在己，而由人乎哉？故曰：「我欲載之空言，不如見諸行事之深切著明也。」空言獨能載其理，行事然後見其用，是故假魯史以寓王法，撥亂世反之正。叙先後之倫，而典自此可惇。秩上下之分，而禮自此可庸。有德者必褒，而善自此可勸。有罪者必貶，而惡自此可懲。其志存乎經世，其功配於抑洪水，膺戎狄，放龍蛇，驅虎豹。其大要則皆天子之事也。故曰：「知我者，其惟春秋乎！罪我者，其惟春秋乎！」知孔子者，謂此書遏人欲於横流，存天理於既滅，爲後世慮至深遠也。罪孔子者，無其位而託二百四十二年南面之權〔一一〕，使亂臣賊子禁其欲而不得肆，則戚矣。是故春秋見諸行事，非空言比也。公好惡則發乎詩之情，酌古今則貫乎書之事，興常典則體乎禮之經，本忠恕則導乎樂之和，著權制則盡乎易之變。百王之法度，萬世之繩準，皆在此書。故君子以謂五經之有春秋，猶法律之有斷例也。學是經者，信窮理之要矣。不學是經，而處大事、決大疑能不惑者鮮矣。自先聖門人以文學名科如游夏，尚不能贊一辭，蓋立義之精如此。去聖既遠，欲因遺經窺測聖人之用，豈易能乎！然世有先後，人心之所同然一爾。苟得其所同然者，雖越宇宙，若見聖人親炙之也。而春秋之權度在我矣。近世推隆王氏新説，按爲國是，獨於春秋，貢舉不以取士，庠序不以設官，經筵不以進讀，斷國論者無所折衷，天下不知所適，人欲日長，天理日消，其效使夷狄亂華莫之遏也。噫！至此極矣。仲尼親手筆削〔一二〕、撥亂反正之書，亦可以行矣。天縱聖學，崇信是經，廼於斯時奉承詔旨，輒不自揆，謹述所聞，爲之説以獻。雖微辭奥義，或未貫通，然尊君父、討亂賊、闢邪説、正人心、用夏變夷大法略具，庶幾聖王經世之志小有補云。

傳西狩獲麟曰：河出圖，洛出書，而八卦畫，簫韶作。春秋成而鳳麟至。事應雖殊，其理一也。易曰：「大人者，先天而天弗違，後天而奉天時。」舜、孔子，先天者也，先天而天弗違，志壹之動氣也。伏羲氏，後天者也，後天而奉天時，氣壹之動志也。有見乎此者，則曰文成而麟至。無見乎此者，以爲妖妄而近誣。周南關雎之化，王者之風，而麟之趾，關雎之應也。召南鵲巢之德，先公之教，而騶虞，鵲巢之應也。世衰道微，暴行交作，臣弑其君者有之，子弑其父者有之。夫子爲是作春秋，明王道，正人倫，氣志天人交相感勝之際深矣。制作文成而麟至，宜矣。商王恭默思道，帝賚良弼，得於傅巖。周公欲以身代其兄，植璧秉圭，而武王疾愈。啓金縢之策，天乃反風；出罪己之言，熒惑退舍。至於勇夫志士，精誠所格，上致日星之應，召物産之祥，蓋有之矣。況聖人之心，感物而動，見於行事，以遺天下與來世哉！簫韶九奏，鳳儀于庭；魯史成經，麟出于野，亦常理爾。詩以正情，書以制事，禮以成行，樂以養和，易以明變，垂教亦備矣。則曷爲作春秋？子曰：「我欲載之空言，不如見之於行事之深切著明也。」「知我者，其惟春秋乎！」何以約乎魯史？子曰：「我欲觀夏道，是故之杞，而不足徵也。我欲觀殷道，是故之宋，而不足徵也。我觀周道，幽厲傷之，舍魯何適矣。」何以始乎隱公？「三綱淪，九灋斁」，天下無復有王也。何以絶筆於獲麟？其以天道終乎？「聖人之於天道，命也，有性焉，君子不謂命也」。是故春秋天子之事，聖人之用撥亂反正之書。考諸三王而不繆，建諸天地而不悖，質諸鬼神而無疑，百世以俟聖人而不惑。其於格物、脩身、齊家、治國，施諸天下，無所求而不得，亦無所處而不當。何莫學夫春秋？故君子誠有樂乎此也。繇仲尼而至於孟子百有餘歲，若顔曾則見而知之，若孟子則聞而知之。由孟子而來至于今，千有餘歲矣，其書未亡，其出於人心者猶在，蓋有不得已焉耳，則亦有不得已焉耳矣。

進春秋傳表曰：臣伏觀春秋二百四十二年，其行事備矣。仲尼因事屬詞，深切著明，非五經比也。本夫周室東遷，禮樂征伐自諸侯出，及平王末年，王迹既熄，故春秋作於隱公之初，逮莊僖而下，五霸迭興，假仁義而行，以推戴宗周爲天下之共主，號令征伐，莫敢不從。其文則史官稱述，無制作之法，其義則以尊周爲名。而仲尼固曰：「丘竊取之矣。」霸德既衰，諸侯放恣，政在大夫，專權自用，官及失德，寵賂益章。然後陪臣執國命，夷狄制諸夏，皆馴致其道，是以至此極耳。仲尼德配天地，明並日月，自以無位與時，道不行於天下也。制春秋之義，見諸行事，垂訓方來。雖祖述憲章，上循堯、舜、文、武之道，而改法創制，不襲虞、夏、商、周之迹。蓋「洪水滔天，下民昏墊」，與「簫韶九成」、「百獸率舞」並載於虞書；「大木斯拔」與嘉禾合穎，「鄙我周邦」與六服承德，同垂乎周史。此上世帝王紀事之例。至春秋，則凡慶瑞之符，禮文常事，皆削而不書，而災異之變，政事闕失，則悉書之，以示後世，使鑒觀天人之理，有恐懼祇肅之意。若事斯語，若書諸紳，若列諸座右〔一三〕，若几杖盤盂之有銘有戒〔一四〕，乃史外傳心之要典。於以反身，日加修省，及其既久，積善成德，上下與天地同流，自家刑國，措之天下，則麟鳳在郊，龜龍游沼，其道亦可馴致之也。故始於隱公，止於獲麟，而以天道終焉。比於關雎之應，而能事畢矣。書火於秦，賴諸儒口相傳授。及漢初興，張子房爲韓滅秦，以明春秋復讎之義。三老董公請漢爲義帝發喪，以暴項羽弑君之惡。下逮武宣之世，時君信重其書，學士大夫誦説，用以斷獄決事。雖萬目未張，而大綱克正，過於春秋之時，其效亦可見矣。粤自熙寧崇尚釋老蒙莊之學，以虚無爲宗，而不要義理之實。殆及崇寧，曲加防禁。由是用事者以災異之變、政事闕失，則默不敢言，而慶瑞之符與禮文常事，則詠歌贊誦，洋洋乎盈耳，是與春秋正相反也。侈心益縱，至夷狄亂華，莫之能遏，豈不痛哉！

述春秋綱領曰：學春秋者，必知綱領，然後衆目有條而不紊。自孟軻氏而下，發明綱領者凡七家。今載七家精要之詞于卷首，智者即詞以觀義，則思過半矣。○孟軻氏曰：春秋，天子之事也。昔者禹抑洪水而天下平，周公膺戎狄、驅猛獸而百姓寧，孔子成春秋而亂臣賊子懼。又曰：王者之迹熄而詩亡，詩亡然後春秋作。晉之乘，楚之檮杌，魯之春秋，一也。其事則齊桓、晉文，其文則史，其義則丘竊取之矣。又曰：春秋無義戰，彼善於此則有之矣。征者上伐下也，敵國不相征也。○莊周曰：春秋，經世先王之志也。聖人議而不辨。又曰：春秋以道名分。○漢董仲舒記夫子之言曰：「我欲載之空言，不如見之於行事之深切著明也。」誦其師説曰：「撥亂世反之正，莫近春秋。」董氏治公羊學。其自言曰：有國者不可以不知春秋，前有讒而不見，後有賊而不知。爲人臣者不可以不知春秋，守經事而不知其宜，遭變事而不知其權。爲人君父而不通春秋之義者，必蒙首惡之名。爲人臣子而不通春秋之義者，必陷篡弒之罪。故春秋，禮義之大宗也。○隋王通曰：春秋之於王道，是輕重之權衡，曲直之繩墨也。舍則無所取衷矣。又曰：春秋其以天道終乎，故止於獲麟。○宋西都邵雍曰：春秋，孔子之刑書也，功過不相掩。五伯者功之首，罪之魁也。先定五伯之功過，而學春秋，則大意立矣。春秋之間，有功者未有大於四國者也，有過者亦未有大於四國者也。不先治四國之功過，則事無統理，不得聖人之心矣。○河南程頤曰：五經載道之文，春秋聖人之用。五經之有春秋，猶法律之有斷例也。又曰：五經如藥方，春秋猶用藥治病。聖人之用，全在此書。又曰：春秋一句即一事，是非便見於此，乃窮理之要。學者只觀春秋，亦可以盡道矣。又曰：春秋傳爲按，經爲斷。又曰：春秋之文，一一意在示人。如土功之事無大小，莫不書之，其意止欲人君重民力也。又曰：春秋之法極謹嚴。中國而用夷禮，則夷之。韓子之言深得其旨。又曰：夫子作春秋，爲百王不易之大法。後世以史視春秋，謂褒善貶惡而已，經之大法則不知也。

明春秋類例曰：春秋之文，有事同則詞同者，後人因謂之例。然有事同而詞異，則其例變矣。是故正例，非聖人莫能立。變例，非聖人莫能裁。正例，天地之常經。變例，古今之通誼。惟窮理精義，於例中見法、例外通類者，斯得之矣。

謹春秋始例曰：人君嗣立逾年必改元，此重事也。當國大臣冢宰必以其事告于廟，秉筆史官必以其事書于策。緣始終之義，一年不二君，故不改於柩前定位之初。緣民臣之心，不可曠年無君，故不待於三年畢喪之後。逾年春正月，乃謹始之時，得理之中者也。於是改元，著新君即位之始，宜矣。即位而謹始本，不可以不正。爲子受之父，爲諸侯受之王，此大本也。咸無焉，則不書即位，隱、莊、閔、僖四公是也。聖人恐此義未明，又於衛侯晉發之，書曰：「衛人立晉。」以見内無所承、上不請命者。雖國人欲立之，其立之非也。在春秋時，諸侯皆不請王命矣。然承國於先君者，則得書即位，以别於内復無所承者，文、成、襄、昭、哀五公是也。聖人恐此義未明，又於齊孺子荼發之。荼幼，固不當立，然既有先君景公之命矣。陳乞雖流涕欲立長君，其如景公之命何！以乞君荼，不死先君之命也，命雖不敢死，以别於内復無所承者可也。然亂倫失正，則天王所當治。聖人恐此義未明，又於衛侯朔發之。朔殺伋壽，受其父宣公之命，嘗有國矣。然四國納之則貶，王人拒之則褒，於以見雖有父命，而亂倫失正者，王法所宜絶也。由此推之，王命重矣。雖重天王之命，若非制命以義，亦將壅而不行。故魯武公以括與戲見宣王，王欲立戲，仲山甫不可，王卒立之，魯人殺戲，立括之子，諸侯由是不睦。聖人以此義非盡倫者，不能斷也，又特於首止之盟發之。夫以王世子而出會諸侯，以列國諸侯而上與王世子會，此例之變也，而春秋許之。鄭伯奉承王命不與是盟，此禮之常也，而春秋逃之。所以然者，王將以愛易儲貳。桓公糾合諸侯，仗正道以翼世子，使國本不摇，而天下之爲父子者定。所謂一匡天下，民到于今受其賜者也。至是變而之正，以大義爲主，而崇高之勢不與焉。然後即位謹始之義終矣，萬世之大倫正矣。故曰：春秋之法大居正，非聖人莫能修之，謂此類爾。

叙春秋傳授曰：傳春秋者三家，左氏叙事見本末，公羊、穀梁詞辨而義精。學經以傳爲按，則當閲左氏。玩詞以義爲主，則當習公、穀。如載惠公元妃、繼室及仲子之歸于魯，即隱公兄弟嫡庶之辨，攝讓之賢，可按而知也。當閲左氏，謂此類也。若夫來賵仲子，以爲「豫凶事」，則誣矣；王正月之爲「大一統」，「及我欲之，暨不得已也」，當習公羊氏，謂此類也。若夫「母以子貴」，媵妾許稱夫人，則亂矣；段，弟也弗謂弟，公子也弗謂公子，賤段而甚鄭伯之處心積慮成於殺也，當習穀梁氏，謂此類也。若夫曲生條例，以「大夫曰卒」爲正〔一五〕，則鑿矣。萬物紛錯懸諸天，衆言淆亂折諸聖，要在反求於心，斷之以理，精擇而謹取之，則美玉之與武砆，必有能辨之者。自晉杜預范甯、唐啖助趙匡，此數子者用力甚勤，時有所取，雖造宫牆之側，幾得其門而入，要皆未見宗廟之美、百官之富者也，故不預七家之列。七家所造，固自有淺深。獨程氏嘗爲之傳，然其説甚略，於意則引而不發，欲使後學謹思明辨，自得於耳目見聞之外者也。故今所傳，事按左氏，義採公羊、穀梁之精者〔一六〕，大綱本孟子，而微詞多以程氏之説爲證云。

春秋，聖人傾否之書。

春秋莫謹於華夷之辨。

春秋爲誅亂臣賊子而作，其法尤嚴於亂賊之黨。

通於春秋，然後能權天下之事。

范内翰唐鑑序曰：臣受詔與光修資治通鑑，臣分職唐史，得以考其興廢治亂之所由。昔隋氏窮兵暴歛，害虐生民，其民不忍，共起而亡之。唐高祖以一旅之衆取關中，不半年而有天下。其成功如此之速者，因隋大壞故也。以治易亂，以寬易暴，天下之人歸往而安息之。方其君明臣忠，外包四荒，下遂萬物，此其所由興也。其子孫忘前人之勤勞，天厭於上，人離於下，宇内圮裂，尺地不保，此其所由廢也。其治未嘗不由君子，其亂未嘗不由小人，皆布在方册，顯不可揜。然則今之所宜監，莫近於唐。書曰：「我不可不監于有夏，亦不可不監于有商。」臣謹采唐得失之迹，善惡之效，上起高祖，下終昭宣，凡三百六篇，爲十三卷，名曰唐鑑。唐之事雖不能偏舉，而其大略可睹矣。

范内翰嘗與伊川先生論唐事，及爲唐鑑〔一七〕，盡用先生之論。先生謂門人曰：「淳夫乃能相信如此。」

伊川先生使人抄唐鑑〔一八〕，曰：「足以垂世。」又云：自三代以後，無此議論。

校勘記

〔一〕魏晉而降　「魏晉」，原作「晉魏」，據呂祖謙宋文鑑卷九二謝良佐論語解序乙。

〔二〕顧不得其門而入也　「顧」，原作「故」，據宋文鑑卷九二謝良佐論語解序改。

〔三〕土國城漕　「漕」，原作「曹」，據論語精義卷一下改。

〔四〕便學措詞不得　「學」，龜山先生語録卷二作「覺」。

〔五〕是則解易之法也　「也」，原作「乾」，據龜山先生語録卷二改。

〔六〕爻止一事　「爻」字原脱，據龜山先生語録卷二補。「止」，龜山先生語録卷二作「指」。

〔七〕其果止於此乎　「止」，龜山先生語録卷二作「極」。

〔八〕春秋難知　龜山先生語録卷四於「春秋」上有「人言」二字。

〔九〕去爲無用之文　「去」，龜山先生語録卷四作「者」。

〔一〇〕曰爲天子之事者　「曰」，胡氏春秋傳卷首胡安國序、真德秀西山讀書記卷一四春秋要指作「目」。

〔一一〕無其位而託二百四十二年南面之權　胡氏春秋傳卷首胡安國序於「無」上有「謂」字。

〔一二〕仲尼親手筆削　「仲尼」，原作「仲氏」，據胡氏春秋傳卷首胡安國序、群書會元截江網卷三一諸儒至論引胡文定春秋傳序改。

〔一三〕若列諸座右　「列」，原作「例」，據王霆震古文集成卷二三、李廉春秋會通卷首春秋諸傳序、汪克寬春秋胡傳附録纂疏卷首上引胡安國進春秋傳表改。

〔一四〕若几杖盤盂之有銘有戒　「銘」，原作「盟」，據古文集成卷二三、春秋會通卷首春秋諸傳序、春秋胡傳附録纂疏卷首上引胡安國進春秋傳表改。

〔一五〕以大夫曰卒爲正　「曰」，原作「日」，據禮記註疏卷五曲禮下改。

〔一六〕義採公羊穀梁之精者　「義」字原闕，據西山讀書記卷二四春秋要指引「武夷胡氏曰」、春秋胡傳附録纂疏卷首下叙傳授補。

〔一七〕及爲唐鑑　「鑑」，原作「監」，據程氏外書卷一一、伊洛淵源録卷七遺事改。

〔一八〕伊川先生使人抄唐鑑　「鑑」，原作「監」，據程氏外書卷一二改。

近思後録卷四

存養

吕侍講曰：養心之道，莫善於寡欲。寡欲則耳目之官不蔽於物，而心常寧矣。心常寧則定而不亂，明而不暗，道之所自生，德之所自成也。是故心者性之用也，可以成性，可以失性。得其養則道進而德長，所以成性。失其養則反道敗德，所以失性。善養心者，正其思而已矣。目欲紛麗之色視，思明則色欲寡矣。耳欲鄭衛之聲聽，思聰則聲欲寡矣。口欲天下之美味，思夏禹之菲飲食則口欲寡矣。身欲天下之文繡，思文王之卑服則身欲寡矣。寡欲如此而心不治者，未之有也。孔子曰：「操則存，舍則亡。出入無時，莫知其鄉。」惟心之謂與？甚哉！天下之難持者莫如心，天下之易染者莫如欲。伯益戒舜曰：「罔遊于逸，罔淫于樂。」召公戒武王曰：「玩人喪德，玩物喪志。」臣願陛下留神孟子「寡欲」之法言，則聖心清明，可以通性命之理，可以達道德之奧。

呂侍講以師禮事程先生，又與横渠先生兄弟、孫公覺、李公常遊，由是知見日益廣大。然公未嘗專主一説，不私一門，務略去枝葉，一意涵養，直截徑捷，以造聖人。專慕曾子之學，盡力乎其内者。其讀經書，平直簡要，不爲辭説，以知言爲先，自得爲本，躬行爲實，不尚虚言，不爲異行。

侍講公之行己，務自省察校量，以自進益。晚年嘗言：「十餘年前在楚州，橋壞墮水中時，猶覺心動。數年前大病，已稍勝前。今次疾病，全不動矣。」其自力如此。

豐相之薦侍講公自代，云：「呂希哲心與道潛，湛然淵靜，所居則躁人化，聞風則薄夫敦。」

范内翰曰：君子養其身，以仁義爲根本，以言行爲枝葉。荀卿云：「禮者，養也。」芻豢稻粱所以養口，黼黻文章所以養目，大路越席所以養安，鑾和之聲、步中舞象、趨中韶濩所以養耳。此以禮養其外也。昧爽而櫛冠，平明而聽朝，公卿在前，史書過失，非正不言，非正不行，燕居則觀圖史，出則規諫。此以仁義養其内也。

呂正字作擬招魂云：上帝若曰：哀我人斯〔一〕，資道之微。肖天之儀，神明精粹。降爾德兮，予無汝欺。食息皆有則兮〔二〕，予何敢私？顧弱喪以流徙，返故居兮謬迷。圈豚放馳，散無適歸。蟻慕羊羶，聚附弗離。予哀若時，魂莫予追。乃命巫陽，爲予招之。陽拜稽首，敢不祇承帝命，招之以辭。辭曰：魂兮來歸魂無東，大明朝生兮啓群蒙。萬物摇蕩兮隱以風，遷流正性兮失厥中。○魂兮來歸魂無南，離明獨照兮萬物瞻。文章焕發兮不可緘〔三〕，夸淫侈大兮志弗厭。○魂兮來歸魂無西，日入昧谷兮草木萎。實落材成兮雖有時，志意彫謝兮與物衰。○魂兮來歸魂無北，幽都闇黯兮深蔽塞。歸根獨有兮專静默，有心獨藏兮吝爲德。○魂兮來歸魂無上，清陽朝徹兮文惚恍。絶類離群兮入無象，杳然高舉兮極驕亢。○魂兮來歸魂無下，素位安行兮以時舍。沉濁下流兮甘土苴，固哉成形兮不知化。○魂兮來歸返故居，盍歸休兮復吾初。範博厚以爲宫兮，戴高明以爲廬。植大中以爲常産兮，藴至和以爲厨。動震雷以鼓昕兮，守艮山以止隅。秉離明以爲燭兮，御巽風以行車。守吾坎以禦侮兮，開吾兑以進趨。資糧械器惟所用兮，何物之不儲？四方上下惟所之兮，何適而非途？雖備物以致用兮，廓吾府而常虚。縱奔騖以終日兮，燕吾宫而晏如〔四〕。惟寂惟寞，疑有疑無。其尊無對，其大無餘。曷自苦兮一方拘？魂兮來歸返故居。晦庵先生曰：呂與叔爲此詞，蓋以寓夫求放心、復常性之微意，非特爲詞賦之流也。

大而化之，則氣與天地一，故其爲德自强不息，至于悠久，博厚高明，莫之能已也。其次則未至於化〔五〕，必係於所禀所養之盛衰，故其爲德或久或不久，勢使之然，非致養之功，有不能移也。如顏子所禀之厚，所養之勤，苟未至於化，雖與日月至焉者有間，然至于三月之久，其氣亦不能無衰，故雖欲勉而不違仁，不可得也。非仁之有所不足守，蓋氣有不能任也。猶有力者，其力足以負百鈞而日行百里，力既竭矣，雖欲加以一鈞之重，一里之遠，而力不勝矣。故君子之學，必致養其氣而成性，則不繫所禀之盛衰。

浩然之氣是集義所生，其所以充塞天地，固非一日之力。「思無邪」以養諸内，行無「不慊」以防諸外，積之有漸，至于睟面盎背，其充塞之驗歟？

謝上蔡曰：人之應事，不過容貌、辭氣、顏色三事，特係所養如何耳。動也，正也，出也，君子自牧處，故暴慢鄙倍不生於心。遠，自遠也。信，以實之謂也。與「禮樂不可斯須去身」之意同。孟子之養浩然之氣，蓋出於遠暴慢鄙倍之學。

或問：求仁如何下工夫？謝曰：如顏子視聽言動上做亦得，如曾子顏色容貌上做亦得。出辭氣者，猶所謂從此心中流出〔六〕。今人唱一喏，若不從心中出，便是不識痛癢。古人曰：「心不在焉，視而不見，聽而不聞，食而不知其味。」不見不聞不知味，便是不仁，死漢不識痛癢了。又如仲弓出門如見大賓，使民如承大祭，但存得如見大賓、如承大祭底心在，便長識痛癢。

「齊明盛服，非禮不動，所以修身也。」齊明盛服，特威儀耳，何以見其修身乎？蓋爲冠所以莊其首，爲履所以重其足，所以防其躁也。古之君子必佩玉，進則揖，退則揚，周旋中規，折旋中矩，所以使非僻之心無自入也。

未至於從容中道，無時而不自省察，雖有不存焉者寡矣。此之謂思誠。

吾嘗習忘以養生。明道曰：施之養生則可，於道則有害。習忘可以養生者，以不留情也。學道則異於是。夫必有事焉而勿正，何謂乎？且出入起居寧無事者？正心以待之，則先事而迎。忘則涉乎去念，助則近於留情，故聖人之心如鑑。

問敬與慎同異，謝曰：執輕如不克，執虚如執盈，入虚如有人，慎之至也。敬則慎在其中矣。敬則外物不能易，坐如尸，立如齋，出門如見大賓，使民如承大祭。

謝子見河南夫子，辭而歸。尹子送焉，問曰：「何以教我？」謝子曰：「吾徒朝夕從先生，見行則學，聞言則識。譬如有人服烏頭者，方其服也，顔色悦懌，筋力强盛。一旦烏頭力去，將如之何？」尹子反以告夫子，夫子曰：「可謂益友矣。」

問：「横渠教人以禮爲先，與明道使學者從敬入，何故不同？」謝曰：「既有知識窮得物理，却從敬上涵養出來，自然是别。正容謹節，外面威儀，非禮之本。」

横渠嘗言：「吾十五年學箇恭而安不成〔七〕。」明道曰：「可知是學不成，有多少病在。」

謝曰：凡恭敬必勉强不安，安肆必放縱不恭。恭如勿忘，安如勿助長，在正當勿忘勿助長之間，子細體認取。

近道莫如靜。齋戒以神明其德，天下之至靜也。心之窮物有盡，而天者無盡，如之何包之？此理有言下悟者，有數言而悟者，有終身不悟者。

或問：吕與叔問「常患思慮紛擾」，程夫子答以「心主於敬則自然不紛擾」。何謂敬？謝曰：事至應之，不與之往，非敬乎？萬變而此常存，奚紛擾之有！夫子曰「事思敬」，正謂此耳。

問：「敬之貌如何？」曰：「於儼若思時可見。」問曰：「學爲敬不免有矜持，如何？」曰：「矜持過當，却不是尋常作事用心。過當便有失。要在勿忘勿助長之間耳。」

問：初學莫未能和樂否？曰：雖不能便和樂，亦須以和樂養之。

誠是實理，不是專一。如惡惡臭，如好好色，不是安排來。

敬是常惺惺法，心齋是事事放下，其理不同。

心本一支，離而去者乃意爾。

聽其言也厲，須是有力。某尋常纔覺心不在時，語便無力。

游察院曰：曾子曰三省其身。若夫學者之所省又不止此，事親有不足於孝、事長有不足於敬歟？行或愧於心、而言或浮於行歟？慾有所未窒、而忿有所未懲歟？推是類而日省之，則曾子之誠身，庶乎可以跂及矣。

仁者誠而已矣，無僞也，何有於巧言？仁者敬而已矣，無謟也，何有於令色？巧言入於僞，令色歸於謟。

道外無性，性外無道，曾謂性而可離乎？故惟盡性，然後能體道。惟至誠，然後能盡性。苟未至於至誠，則當思誠以爲入道之階。故戒慎乎其所不睹，恐懼乎其所不聞，所以慎其獨而思誠也。人所不睹，可謂隱矣，而心獨見之，不亦見乎？人所不聞，可謂微矣，而心獨聞之，不亦顯乎？知莫見乎隱，莫顯乎微，而不能慎獨，是自欺也，其離道遠矣。

楊龜山曰：古之學者，視聽言動無非禮，所以操心也。至於無故不徹琴瑟，行則聞佩玉，登車則聞和鸞，蓋皆欲收其放心，不使惰慢邪僻之氣得而入焉。

便儇皎厲，其去道遠矣。

或問操心。曰：書云「以禮制心」，所謂操也。如顔子「克己復禮」，最學者之要。若學至聖人，則不必操而常存。揚雄言「能常操而存者，其唯聖人乎」，此爲不知聖人。

孟子一書，只是要正人心，教人存心養性，收其放心。至論仁、義、禮、智，則以惻隱、羞惡、辭遜、是非之心爲之端。論邪説之害，則曰生於其心，害於其政。論事君，則曰格君心之非，一正君而國定。千變萬化，只説從心上來。人能正心，則事無足爲者矣。大學之修身齊家治國平天下，其本只是正心誠意而已。心得其正，然後知性之善。故孟子遇人便道性善。歐陽永叔却言「聖人之教人，性非所先」，可謂誤矣。人性上不可添一物。堯舜所以爲萬世法，亦是率性而已。所謂率性，循天理是也。外邊用計用數，假饒立得功業，只是人欲之私，與聖賢作處，天地懸隔。

人之生也直，是以君子無所往而不用直，直則心得其正矣。古人於幼子常示毋誑，所以養其直也。

尹和靖曰：敬以直内，爲仁之要也。恕者，敬之及物也。敬則不私，不敬則多欲。故寡欲則至於仁矣。蓋言無時不敬也。出門使民，接於事者也。見乎外者由乎中，非謂接於事方敬也。

和靜言：「初見伊川時，教焞看『敬』字。焞請益，伊川曰：『主一則是敬。』當時雖領此語，然不若近時看得親切。」寬問：「如何是主一？」和靜言：「敬有甚形影，只收斂身心，便是主一。且如人到神祠中致敬時，其心收斂，更不着得毫髮事，非主一而何？」

校勘記

〔一〕哀我人斯　「我」，原作「哉」，據朱熹楚辭後語卷六擬招第五十二改。

〔二〕食息皆有則兮　「食息」，楚辭後語卷六擬招第五十二作「視聽食息」。

〔三〕文章焕發兮不可緘　「緘」，原作「減」，據楚辭後語卷六擬招第五十二改。

〔四〕燕吾宫而晏如　「宫」，楚辭後語卷六擬招第五十二作「居」。

〔五〕其次則未至於化　「則」，原作「剛」，據論語精義卷三下改。

〔六〕猶所謂從此心中流出　上蔡語録卷一、論語精義卷三下於「猶」下多一「佛」字。

〔七〕吾十五年學箇恭而安不成　「吾」，原作「五」，據上蔡語録卷一、論語精義卷四、伊洛淵源録卷六改。

近思後録卷五

克己

呂侍講嘗言：我少時性本豪縱，亦喜任俠，後所以如此者，皆痛自矯揉之力。又言：「攻其惡，無攻人之惡。」蓋自攻其惡，日夜且自點檢，絲毫不盡，即不慊於心矣，豈有工夫點檢他人耶？

或問呂侍講：「爲小人所詈辱，當何以處之？」公曰：「上焉者知人與己本一，何者爲詈，何者爲辱？自然無忿怒心也。下焉者且自思曰：『我何等人，彼爲何等人？若是答他，却與此人等也。』如是自處，忿心亦自消也。」

范内翰曰：克己，自勝其私也。勝己之私，則至於理。禮者，理也。至於理，則能復禮矣。有善未嘗不知，知之未嘗復行，克己也。不遷怒，不貳過，復禮也。

聖人同於人者，血氣也。異於人者，志氣也。血氣有時而衰，志氣則無時而衰也。少未定，壯而剛，老而衰者，血氣也。戒於色，戒於鬭，戒於得者，志氣也。君子養其志氣，故不爲血氣所動，是以年彌高而德彌卲也。

夫剛有血氣之剛，有志氣之剛；勇有匹夫之勇，有天下之勇。此二者不可不察也。始盛而終衰，壯鋭而老消，此血氣之剛也。其靜也正，其動也健，此志氣之剛也。血氣之剛，可得而挫也。志氣之剛，不可得而挫也。不度其可而爲之，不慮其後而發之，此匹夫之勇也。居之以德，行之以義，此天下之勇也。匹夫之勇可得而怯也，天下之勇不可得而怯也。是故至剛與大勇，不可不養也。

呂正字克己贊曰：凡厥有生，均氣同體。胡爲不仁？我則有己。立己與物，私爲町畦。勝心橫生，擾擾不齊。大人存誠，心見帝則。初無吝驕，作我蟊賊。志以爲帥，氣爲卒徒。奉辭于天，孰敢侮予！且戰且徠，勝私窒慾。昔焉寇讎，今則臣僕。方其未克，窘我室廬。婦姑勃蹊，安取厥餘？亦既克之，皇皇四達。洞然八荒，皆在我闥。孰曰天下，不歸吾仁？癢疴疾痛，舉切吾身。一日至之，莫非吾事。顔何人哉？晞之則是。晦庵先生曰：呂氏專以同體爲言，而謂天下歸仁爲歸吾仁術之中，又爲之贊以極言之，不惟過高而失聖人之旨，抑果如此，則夫所謂「克己復禮」而「天下歸仁」者，乃在於想像恍惚之中，而非有修爲效驗之實矣。又語録云：克己銘不曾說着本意。

自治不勇，則惡日長。

謝上蔡曰：剛與慾正相反。能勝物之謂剛，故常伸於萬物之上。爲物揜之謂慾，故常屈於萬物之下。

克己須從性偏難克處克將去。

顏子不遷怒，不貳過，則其所好乃克己之學也。聖人之所以爲聖，以其得天理而忘人欲。衆人之所以爲衆人，以其滅天理而窮人欲。顏子之克己，其於聖人孰禦焉，是以謂之好學。

人能操無欲上人之心，人欲自滅，天理自明〔一〕。

申顏自謂不可一日無侯無可。或問其故，曰：無可能攻人之過，一日不見，則不得聞吾過矣。人不可與不勝己者處，鈍滯了人。

謝子與伊川別一年，往見之。伊川曰：「相別又一年，做得甚工夫？」謝曰：「也只去箇『矜』字。」曰：「何故？」曰：「子細點檢得來病痛，盡在這裏。若按伏得這箇罪過，方有向進處。」伊川點頭，因語在坐同志者曰：「此人爲學切問近思者也。」胡文定公問：「『矜』字罪過，何故恁地大？」謝曰：「今人做事，只管要夸耀別人耳目，渾不關自家受用事。有底人食前方丈，便向人前喫，只蔬食菜羹，却去房裏喫，爲甚恁地？」

舊多恐懼，常於危階上習。又曰：六文一管筆，特地寫教，不好打疊了此心。

昔日作課簿，以記日用言動視聽是禮與非禮者。昔日學時，只垂足坐，不敢盤足。又云：昔者用功處甚多，但不敢説與諸公，以謂須如此〔一〕。

子路百世之師，揀難割捨底，要不做便不做，故孟子將來與舜、禹作一處舉揚。

今人有明知此事義理有不可，尚吝惜不肯捨去，只是不勇，與月攘一雞何異？天下之達道三：智、仁、勇。如斯而已。

有所偏且克將去，尚恐不恰好，不須慮恐過甚。矯揉就中之謂也。

人有己便有夸心。立己與物，幾時到得與天爲一處？須是克己，纔覺時便克將去，從偏處克。克己之私，則見理矣。曰：獨處時未必有此心，多是見人後如此。曰：子路衣敝緼袍，與衣狐貉者立而不耻，許大子路，孔子却只稱其如此，只爲他心下無事。此等事打疊過，不怕此心因事出來，正好着工夫。不見可欲，却無下工夫處。

懷固蔽自欺之心，長虚驕自大之氣，皆好名之故。

游察院曰：好善而惡惡，天下之同情。然人每失其正者，心有所繫而不能自克也。惟仁者無私心，所以能好惡也〔二〕。

楊龜山曰：莫非形也。自聖人言之，目之所視〔四〕，耳之所聽，以至口之所言，身之所動〔五〕，不待着意，莫不合則，所謂「動容周旋中禮者」也〔六〕。未至於聖，則未免有克焉〔七〕，若孔子告顔淵「非禮勿視」等語是也〔八〕。故惟聖人然後可以踐形〔九〕。

題責沈後曰：了翁以蓋世之才，邁往之氣〔一〇〕，包括宇宙，宜其自視無前矣。乃退然不以賢知自居〔一一〕，而以不聞先生長者之名爲愧〔一二〕，非有尊德樂義之誠心〔一三〕，而以自勝爲强，何以及此？高文大筆，著之簡册，使世之自廣而狹人者有所矜式，豈曰小補之哉！了翁責沈文曰：「予元豐乙丑夏爲禮部貢院點檢官，適與校書郎范公淳夫同舍。公嘗論『顔子不遷怒、貳過，惟伯淳能之』。予問公曰：『伯淳誰也？』公默然久之，曰：『不知有程伯淳耶？』予謝曰：『生長東南，實未知也。』予常以寡陋自愧。」了翁之子正同云：「了翁自是每得明道先生之文〔一四〕，必冠帶，然後讀之。」

校勘記

〔一〕人欲自滅天理自明　兩「自」字，論語集注卷三、真德秀論語集編卷三皆作「日」。

〔二〕以謂須如此　伊洛淵源録卷九謝學士於「以謂」上尚有「恐諸公」三字。

〔三〕所以能好惡也　「也」字原闕，據西山讀書記卷六引「游氏曰」補。

〔四〕目之所視　「之」字原闕，據孟子精義卷一三引「楊曰」補。

〔五〕身之所動　「身之」二字原闕，據孟子精義卷一三引「楊曰」補。

〔六〕所謂動容周旋中禮者也　「謂動容」三字原闕，據孟子精義卷一三引「楊曰」補。

〔七〕則未免有克焉　「則未免有」四字原闕，據孟子精義卷一三引「楊曰」補。

〔八〕若孔子告顔淵非禮勿視等語是也　「勿視等語」四字原闕，據孟子精義卷一三引「楊曰」補。

〔九〕故惟聖人然後可以踐形　「以踐形」三字原闕，據孟子精義卷一三引「楊曰」補。

〔一〇〕了翁以蓋世之才邁往之氣　「之才邁往之」五字原闕，據龜山集卷二六題了翁責沈補。

〔一一〕宜其自視無前矣乃退然不以賢知自居　「無前矣乃退」五字原闕，據龜山集卷二六題了翁責沈補。

〔一二〕而以不聞先生長者之名爲愧　「以不聞先生長」六字原闕，據龜山集卷二六題了翁責沈補。

〔一三〕非有尊德樂義之誠心　「義之誠」三字原闕，據龜山集卷二六題了翁責沈補。

〔一四〕了翁自是每得明道先生之文　「了」原作「子」，據三朝名臣言行録卷一三陳瓘忠肅公改。

近思後録卷六

家道

吕侍講嘗言：孝子事親，須事事躬親，不可委之使令也。嘗觀穀梁言：「天子親耕，以供粢盛。王后親蠶，以供祭服。國非無良農女工也，以爲人之所盡事其祖禰，若以己所自親者也〔一〕。」此説最盡事親之道。又説：爲人子者，視於無形，聽於無聲〔二〕，未嘗頃刻離親也。事親如天，頃刻離親，則有時而違天，天不可得而違也。

侍講，正獻公之長子。正獻公居家簡重寡默，不以事物經心，而申國夫人性嚴有法度，雖甚愛侍講公，然教公事事循蹈規矩。甫十歲，祁寒暑雨，侍立終日，不命之坐，不敢坐也。日必冠帶以見長者。平居雖天甚熱，在父母長者之側，不得去巾襪縛袴衣服。惟謹行步出入，無得入茶肆酒肆。市井里巷之語，鄭衛之音，未嘗一經於耳。不正之書，非禮之色，未嘗一接於目。正獻公通判潁州，歐陽文忠公適知州事，焦先生千之伯强客文忠公所，嚴毅方正，正獻公招延之，使教諸子。諸生小有過差，先生端坐，召與相對，終日竟夕，不與之語。諸生恐懼畏伏，先生方略降辭色。時公方十餘歲，内則正獻公與申國夫人教訓如此之嚴，外則焦先生化導如此之篤，故公德器成就大異於人。公嘗言：「人生内無賢父兄，外無嚴師友，而能有成者少矣。」

侍講公張夫人，待制諱昷之之幼女也〔三〕，最鍾愛，然居常至微細事，教之必有法度，如飲食之類，飯羹許更益，魚肉不更進也。時張公已爲待制、河北轉運使矣。及夫人嫁吕氏，夫人之母，申國夫人姊也，一日來視女，見舍後有鍋釜之類，大不樂，謂申國夫人曰：「豈可使小兒輩私作飲食，壞家法邪？」其嚴如此。

仙源嘗言與侍講爲夫婦，相處六十年，未嘗一日有面赤，自少至老，雖衽席之上，未嘗戲笑。

范内翰曰：有天地然後有萬物，有萬物然後有男女，有男女然後有夫婦，有夫婦然後有父子，有父子然後有君臣。夫婦，人倫之始，王化之基也。

吕正字曰：君子之道，莫大乎孝。孝之本〔四〕，莫大乎順親。故仁人孝子欲順乎親，必先乎妻子不失其好，兄弟不失其和，室家宜之，妻孥樂之，致家道成，然後可以養父母之志而無違也。故「身不行道，不行於妻子」，文王「刑于寡妻，至于兄弟」。則治家之道，必自妻子始。

謝上蔡曰：親，天也。不以事天之道事其親，不足爲孝子。父母唯其疾之憂。父母之愛子，無所不至，惟其愛之，是以憂之也。以苟訾取危，是所憂也。以苟笑取辱，是所憂也。而况於好勇鬬狠乎？苟不念此，則親之不忘我者有矣，我之所以不忘親者未之有也。

「至於犬馬，皆能有養。」此其言能養而不敬者之罪。禽荒者愛犬，乘肥者愛馬，與好好色同，亦愛之之至也。故特以犬馬語之，愛其親而不敬，猶不足以爲孝，信乎事親之猶事天也。

楊龜山曰：二南爲王道之基本，只爲正家而天下定故也。

校勘記

〔一〕若以己所自親者也　「若」，吕本中童蒙訓卷下作「不若」。

〔二〕視於無形聽於無聲　原作「視於無聲聽於無形」，據童蒙訓卷下、伊洛淵源録卷七改。

〔三〕待制諱昷之之幼女也　「昷之」原作「温之」，據蔡襄端明集卷四〇光禄卿致仕張公墓誌銘、宋史卷三〇三張昷之傳改。

〔四〕孝之本　「孝」字原闕，據衛湜禮記集説卷一二八補。

近思後録卷七

出處

吕侍講與諸人云：自少官守處，未嘗干人舉薦，以爲後生之戒。仲父舜徒守官會稽，人或譏其不求知者，仲父對詞甚好，云：「勤於職事，其他不敢不謹，乃所以求知也。」

吕侍講少從王安石遊，安石以爲「凡士未官而事科舉者，爲貧也。有官矣，而復事科舉，是僥倖富貴利達而已，學者不由也」。公聞之，遽棄科舉，一意古學。

范内翰曰〔一〕：揚雄謂「孔子於陽貨也，敬所不敬，爲詘身以信道」，非知孔子者。蓋道外無身，身外無道，身詘矣，而可以信道，吾未之信也。

古之聖賢未遇之時，鄙賤之事不恥爲之。如百里奚爲人養牛，無足恠也。惟是人君不致敬盡禮，則不可得而見，豈有先自汙辱以要其君哉？莊周曰：「百里奚爵禄不入於心，故飯牛而牛肥。穆公忘其賤而與之政。」亦可謂知百里奚矣。伊尹、百里奚之事，皆聖賢出處之大節，故孟子不得不辨。

君子未嘗不欲仕也，又惡不由其道。士之待禮，猶玉之待賈也。若伊尹之耕於野，伯夷、太公之居於海濱，世無成湯、文王，則終焉而已，必不養道以從人〔二〕、衒玉而求售也。

吕正字曰：辭受有義，得不得有命，皆理之所必然。有命有義，是有可得可受之理，故舜可以受堯之天下。無命無義，是無可得可受之理，故孔子不主彌子以受衛卿。二者義命有自合之理，無從而間焉。有義無命，雖有可受之義，而無可得之命，究其理安得而受之？是謂義合於命，故益避啓而不受禹之天下。有命無義，雖有可得之命，而無可受之義，亦安得而受之？是謂命合於義，故中國授室養弟子以萬鍾，爲孟子之所辭。二者義命有正合之理，時中而已焉。

「用之則行，舍之則藏」，孔、顔所同也。「可以仕則仕，可以止則止」，孔子所獨也。

謝上蔡曰：聖人於行藏之間，無意無必。其行非貪位，其藏非獨善也〔三〕。若有欲心，則不用而求行，舍之而不藏矣。

學者能少知内外之分，皆可以樂道而忘人之勢，况閔子得聖人爲之依歸，彼其視季氏不義之富貴，不啻犬彘，又從而臣之，豈其心哉？在聖人則有不然者。蓋居亂邦見惡人，在聖人則可。自聖人以下，剛則必取禍，柔則必取辱，閔子豈不能早見而豫待之乎？如由也不得其死，求也爲季氏附益，夫豈其本心哉？蓋既無先見之知，又無克亂之才故也。然則閔子其賢乎！

知命雖淺近也，要信得及，將來做田地，就上面下工夫。余初及第時，歲前夢入内庭，不見神宗，而太子涕泣。及釋褐時，神宗晏駕，哲宗嗣位。如此等事，直不把來草草看却。萬事真實有命，人力計較不得。吾平生未嘗干人，在書局亦不謁執政。或勸之，吾對曰：「他安能陶鑄我？自有命在。」若信不及，風吹草動，便生恐懼憂喜，枉做却閑工夫，枉用却閑心力。信得命，便養得氣不挫折。

游子問謝子曰：「公於外物一切放得下否？」謝子謂胡子曰：「可謂切問也。」胡子曰：「何以答之？」謝子曰：「實向他道在上面做工夫來。」胡子曰：「如何做工夫？」謝子曰：「凡事須有根。屋柱無根，拆却便倒。樹木有根，雖剪枝條，相次又發。如人要富貴，要他做甚？必須有用處尋討要用處病根，將來斬斷便没事。」

或問謝子於勢利如何，曰：打透此關十餘年矣。當初大故做工夫，揀難捨底棄却，後來漸漸輕，至今日於器物之類，置之只爲合要用，却無健羨底心。

王荆公平生養得氣完，爲他不好做官職，作宰相，只喫魚羹飯，得受用底不受用，緣此便去就自在。嘗上殿，進一劄子擬除人，神宗不允，對曰：「阿除不得。」又進一劄子擬除人〔四〕，神宗亦不允，又曰：「阿也除不得。」下殿出來便乞去，更留不住。平生不屈也奇特。

答胡康侯簡云：承諭進學加功處，甚善甚善。若欲少立得住，做自家物，須着如此。邇來學者何足道，能言真如鸚鵡也。富貴利達，今人少見出脱得者。非是小事。如禪家透聲色關，切須勉之。

透得名利關，便是小歇處。然須藉窮理工夫至此，方可望有入聖域之理，不然休説，萬無見道之理。所以今士大夫難以好事待他，可爲深戒。

楊龜山曰：古之人寧道之不行，而不輕其去。就如孔、孟，雖在戰國之時，其進必以正，以至終於不得行而死是矣。

世之學者皆言窮達有命，特信之未篤。某竊謂其知之未至也，知之，斯信之矣。今告人曰：「水火不可蹈。」人必信之，以其知之也。告人曰：「富貴在天，不可求。」人亦必曰「然」，而未有信而不求者，以其知之不若蹈水火之著明也。孟子曰：「莫之爲而爲者，天也。莫之致而至者，命也。」又曰：「得之不得爲有命。」世之後生晚學，讀孟子者皆知之矣。

孔子曰：「五十而知天命。」豈今之後學者皆能知孔子必至五十而後知耶〔五〕？蓋孔子之所知殆不止此也。晦庵先生曰：楊氏所論世人皆知窮達有命，而信之未篤，乃其知之未至者，得之矣。然又以爲孔子所知殆不止此，則未知其所指果何謂也。但以爲窮達之命耶？則所知云者又若別有所屬。以爲賦受萬物之命耶？則與上文不相應。而但欲其信夫窮達之有命，則亦不待知此而後能也。曰然則命有二乎？曰命一也。但聖賢之言，有以其理而言者，有以其氣而言者。以理言者，知天命云者是也。以氣言者，窮達有命云者是也。讀者各隨其語意而推之，則各得其當而不亂矣。

方太公釣於渭，不遇文王，特一老漁父耳。及一朝用之，乃有鷹揚之勇。非文王有獨見之明，誰能知之？學者須體此意，然後進退隱顯各得其當。

一介之與萬鐘，若論利則有多寡，若論義，其理一也。伊尹惟能一介知所取與，故能祿之以天下弗顧，繫馬千駟弗視。自後世觀之，則一介不以予人爲太吝，一介不以取人爲太潔。然君子取予，適於義而已。予之嗇，取之微，雖若不足道矣，然茍害於義，又何多寡之間乎？孔子於公西赤之富，不恤其請；於原憲之貧，不許其辭。此知所予者也。孟子言：「非其道，則一簞食不可受於人。如其道，則舜受堯之天下不以爲泰。」此知所取者也。

科舉取人不得，間有得者，自是豪傑之士因科舉以進耳。且資蔭得官與進士得官孰爲優劣？以進士爲勝，以資蔭爲嫌者，此自後世流俗之論。至使人恥受其父祖之澤，而甘心工無益之習，以與孤寒之士角勝於場屋，僥倖一第以爲榮，是何見識？夫應舉亦自寒士無禄，不得不藉此進身耳。如得已，何用應舉？范堯夫最有見識，然亦以資蔭與進士分優劣，建言於有無出身人銜位上帶「左」「右」字，不可謂無所蔽也。其言曰：「欲使公卿家子弟讀書耳。」此意甚善，但以應舉得官者爲讀書而加獎勸焉，則彼讀書者應舉得官而止耳，豈真學道之人。

尹和靜曰：用舍無與於己，行藏安於所遇，命不足道也。顏子幾於聖人，故亦能之。

馬殿院曰：吾志在行道。使吾以富貴爲心，則爲富貴所累；使吾以妻子爲念，則爲妻子所累，是道不可行也。聖賢辭受進退，惟義所在。

胡文定曰：人須是一切世味淡薄方好，不要有富貴相。孟子謂「堂高數仞，食前方丈，侍妾數百人，我得志不爲」。學者須先除去此等，常自激昂，便不到得墜墮。常愛諸葛孔明當漢末，躬耕南陽，不求聞達。後來雖應劉先主之聘，宰割山河，三分天下，身都將相，手握重兵，亦何求不得，何欲不遂，乃與後主言「成都有桑八百株，薄田十五頃，子弟衣食自有餘饒。臣身在外，别無調度，不别治生以長尺寸。若死之日，不使廪有餘粟，庫有餘財，以負陛下」。及卒，果如其言。如此輩人，真可謂大丈夫矣。

校勘記

〔一〕范内翰曰　此段文字，朱熹論語精義卷九上、真德秀西山讀書記卷三四上、趙順孫論語纂疏卷九皆云乃龜山楊氏所言。

〔二〕必不養道以從人　「養」，論語精義卷五上、論語集編卷五作「枉」。

〔三〕其藏非獨善也　「藏」，原作「行」，據論語精義卷四上改。

〔四〕又進一劄子擬除人　「除」字原脱，據上蔡語録卷一、三朝名臣言行録卷六補。

〔五〕豈今之後學者皆能知孔子必至五十而後知耶　「能知」，龜山集卷一六與楊仲遠其五作「能如」。

近思後録卷八

治道

呂侍講爲説書二年，日夕勸導人主以脩身爲本，脩身以正心誠意爲主，心正意誠，天下自化，不假他術。身不能脩，雖左右之人且不能喻，況天下乎？

范内翰言於哲宗曰：陛下今日學與不學，繫天下他日之治亂，臣不敢不盡言之。陛下如好學，則天下之君子欣慕，願立於朝，以直道事陛下，輔助德業而致太平矣。陛下如不好學，則天下之小人皆動其心，欲立於朝，以邪諂事陛下，竊取富貴而專權利矣。君子專於爲義，小人專於爲利。君子之得位，欲行其所學也。小人之得位，將濟其所欲也。用君子則治，用小人則亂。君子與小人，皆在陛下心之所召也。

爲政以德，則不動而化，不言而信，無爲而成，所守者至簡而能御煩，所處者至靜而能制動，所務者至寡而能服衆。

生民之本，在於衣食。衣食之本，在於農桑。

庶、富、教，此治民之序。自堯舜以來，未有不由之者也。禹平水土以居民，所以庶之也。稷播百穀，所以富之也。契敷五教，所以教之也。

齊宣王不忍一牛之死，以羊易之，可謂有仁心。梁武帝終日一食蔬素，宗廟以麪爲犧牲，斷死刑必爲之涕泣，天下知其慈仁，可謂有仁聞。然而宣王之時，齊國不治；武帝之末，江南大亂，其故何哉？有仁心、仁聞而不行先王之道故也。

書曰：「民惟邦本，本固邦寧。」有倉廩府庫，所以爲民也。豐年則歛之，凶年則散之，恤其飢寒，救其疾苦。是以民親愛其上，有危難則赴救之，如子弟之衛父兄，手足之捍頭目也。

國之將興，必賞諫臣。國之將亡，必殺諫臣。故諫而受賞者，興之祥也。諫而被殺者，亡之兆也。天下如人之一身。夫身必氣血周流，無所壅底，而後能存焉。諫者使下情得以上通，上意得以下達，如氣血之周流於一身也。故言路開則治，言路塞則亂。治亂者，繫乎言路而已。

自古君子易疏，小人易親。蓋君子難於進而果於退，小人不恥於自售，而戚於不見知，其進也無所不至。人君一爲所惑，不能自解，鮮有不至禍敗者也。

人君以一人之身，而御四海之廣，應萬務之衆，苟不以至誠與賢，而役其獨智以先天下，則耳目心志之所及者，其能幾何？是故人君必清心以涖之，虚己以待之，如鑑之明，如水之止，則物至而不能罔矣。夫權衡設而不可欺以輕重者，唯其平也。繩墨設而不可欺以曲直者，唯其正也。我以其正，彼以其邪〔一〕；我以其真，彼以其僞，何患乎邪之不察，佞之不辨？一爲不誠，則心且蔽矣，邪正何能辨乎？是故鑑垢則物不能察也，水動則形不能見也，己不明故也。且待物以誠，猶恐其不動也，况不誠而能動物乎？

書曰：「元首明哉，股肱良哉，庶事康哉。」又曰：「元首叢脞哉，股肱惰哉，萬事墮哉。」此舜、皋陶所以賡歌而相戒也。夫君以知人爲明，臣以任職爲良。君知人則賢者得行其所學，臣任職則不賢者不得苟容於朝。此庶事所以康也。若夫君行臣職則叢脞矣，臣不任君之事則惰矣。此萬事所以墮也。當舜之時，禹平水土，稷播百穀，土穀之事，舜不親也。契敷五教，皋陶明五刑，教刑之事，舜不治也。伯夷典禮，夔典樂，禮樂之事，舜不與也。益爲虞，垂作共工，虞工之事，舜不知也。禹爲一相總百官，自稷以下分職以聽焉。君人者如天運於上，而四時寒暑各司其序，則不勞而萬物生矣。君不可以不逸也〔二〕。所治者大，所司者要也，臣不可以不勞也。所治者寡，所職者詳也，不明之君不能知人，故務察而多疑，欲以一人之身代百官之所爲，則雖聖智，亦日力不足矣。故其臣下事無大小，皆歸之君，政有得失，不任其患。賢者不能行其志，而持禄之士得以保其位，此天下所以不治也。

書曰：「自成湯至于帝乙，成王畏相。」其稱中宗曰：「嚴恭寅畏。」太王、王季曰：「克自抑畏。」詩曰：「惟此文王，小心翼翼。」夫爲人君，動必有所畏，此盛德也。不然，以一人肆於民上，其何所不至哉！

呂正字曰：言治者必曰太平，習聞其名而未見其象。勞心者治人，勞力者治於人；治於人者食人，治人者食於人，則勞佚平矣。富有天下，不爲有餘；貧食百畝，不爲不足，則貧富均矣。至于禄厚者責重，禄薄者責輕；役重則賦輕，役輕則賦重，眂其迹若參差不齊，要其實則其道如砥。若夫以封建均邦國，以井田均萬民，則又太平之著見者也。

謝上蔡曰：「得乎丘民而爲天子。」君之所以爲君，以有民也。故君猶心，百姓猶體，豈有體癯而心安者？

帝王之功，聖人之餘事。有内聖之德，必有外王之業。其所以存心，一言以蔽之，曰公而已。

君君臣臣，父父子子，親親而尊尊，所謂民彝也。爲政之道，保民而已。不然，人類幾何其不相噬嗑也。

游察院曰：敬事而信，德教以道之也。節用以愛人，使民以時，政事以道之也。有德教以道之，則尊君親上之心篤。有政事以道之，則勸功樂事之意純。敬朝覲之事，則君臣嚴。敬冠昏之事，則男女别。敬喪葬之事，則民知哀死而慎終。敬祭祀之事，則民知報本而追遠。事之所在，無不用其敬焉，則民孰有不敬者哉？一號令之出也，一期會之時也，一賞罰之用也，一嚬笑之形也，無所不用其信焉，則民其有不信者哉？

楊龜山曰：上不敬則下慢，不信則下疑。下慢而疑，事不立矣。敬事而信，以身先之也。易曰：「節以制度，不傷財，不害民。」故愛民必先於節用。然使之不以其時，則力本者不獲自盡，雖有愛人之心，而人不被其澤矣。然此特論其所存而已，未及爲政也。苟無是心，則雖有政不行焉。

書曰：「德惟善政。」則以德爲政也。「伯夷降典，折民惟刑。」則以禮用刑也。有德禮，則刑政在其中矣。

政者正也。王中心無爲以守至正，而天下從之。

霸者所以致人驩虞，必有違道干譽之事。若王者則如天，亦不令人喜，亦不令人怒。

陳瑩中言乘舟事最好〔三〕，然元祐舟不知爲甚椿得太重，及紹聖時，不知却如何亦偏多載了。據此兩舟所載者，因何物得重？今當減去何物則適平？若被人問到此，亦須有處置始得。如是本分處置得事之人，必須有規矩繩墨，一一調和得是，不令錯了。若只説得總腦便休，亦不濟事。孟子言「治天下可運於掌」。如彼所言，天下誠可運於掌也。章申公被召，素聞了翁名，獨請登舟共載，訪以當世之務。了翁曰：「請以所乘舟爲諭。偏重，其可行乎？移左置右，其偏一也。明此則可行矣。」因問：「施行之叙，以何事爲先，何事爲後？」章迕思良久，曰：「司馬光奸邪，所當先辨。」了翁曰：「公誤矣。此猶欲平舟勢，而移左以置右也。果然，將失天下之望矣。」

典禮必自天子出，故五典曰「勑我」，五禮曰「自我」。若夫爵人於朝，與衆共之；刑人於市，與衆棄之，雖天子不得而私焉。故五服五刑，皆不言我。

或問：正心於此，安得天下便平治？龜山曰：正心一事，自人未嘗深知之。若深知而體之，自有其效。觀後世治天下者，皆未嘗識此。然此亦惟聖人力做得徹。蓋心有所忿懥恐懼、好樂憂患，一毫少差，即不得其正。自非聖人，必須有不正處。然有意乎此者，隨其淺深，必有見效，但不如聖人之效著耳。觀王介甫之學，蓋未造乎此，其治天下，專講求法度。如彼脩身之潔，宜足以化民矣，然卒不逮王文正、吕晦叔、司馬君實諸人者，以其無誠意故也。明道常曰：「有關雎、麟趾之意，然後可以行周官之法度。」蓋深達乎此。

校勘記

〔一〕彼以其邪　「邪」，范祖禹唐鑑卷三作「頗」。

〔二〕君不可以不逸也　「不」，原作「工」，據唐鑑卷三改。

〔三〕陳瑩中言乘舟事最好　「乘」，原作「宰」，據龜山先生語録卷三餘杭所聞改。

近思後録卷九

制度

范内翰曰：敬者，禮之所以立也。和者，樂之所由生也。有敬而無和則禮勝，有和而無禮則樂勝。樂勝則流，禮勝則離。故君子禮樂不可斯須去身，動而有節則禮也，行而有和則樂也。

戰國之時，民窮財盡，人君獨以南面之樂自奉其身。孟子切於救民，故因齊王之好樂，開導其善心，深勸其與民同樂，而謂今樂猶古樂。其實今樂、古樂，何可同也？但與民同樂之意，則無古今之異耳。若必欲以禮樂治天下，當如孔子之言，必用韶舞，必放鄭聲。蓋孔子之言，爲邦之正道，孟子之言，救時之急務，所以不同。易曰：「先王以作樂崇德，薦之上帝，以配祖考。」舜命夔典樂，簫韶九成，鳳凰來儀，擊石拊石，百獸率舞。周公制禮作樂，樂六變而天神降，八變而地祇出，九變而人鬼享。此先王之樂也。至於世俗之樂，鄭衛之聲，哇淫之音，非先王之法，豈可以薦之上帝、配祖考、降天神、出地祇也？

人莫不有本，自高祖而上推而至於無窮，苟或知之，何可忘其所從來也。既遠矣，則服有時而絶。先王之意，豈以服盡而親絶乎？而後世不達於禮者，或益之，或損之，出於私意爲法也〔一〕。嫂叔之無服，古之人豈於其嫂獨無恩乎？傳曰：「其夫屬乎父道者，妻皆母道也。其夫屬乎子道者，妻皆婦道也。」故推而遠之，以明人倫，加之而無義。凡喪服，從先王之禮則正矣。

神宗服除，故事開樂置宴，公言：「君子之於喪服，以爲至痛之極，不得已而除之。若以開樂，故特設宴，則似除服而慶賀，非君子不得已而除之之意也。請更不作宴〔二〕，惟因事則聽樂，庶合禮意〔三〕。」

三公論道經邦，燮理陰陽，故不以一職名官。太尉掌武，蓋古者大司馬之職也。司徒主民，司空主土，皆六卿之任，非三公之官也。自漢以來失之矣。唐不能革正，而復因之，是以官名之紊，莫甚於唐。且既有太尉、司徒、司空，而又有尚書省，是政出於二也。既有尚書省，而又有九寺，是政出於三也。夫天地之有四時，百官之有六職，天下萬事備盡於此。如網之在綱，裘之挈領，雖百世不可易也。人君如欲稽古以正名，苟捨周官〔四〕，未見其可也。

唐初定均田，有給田之制，蓋猶有在官之田也。其後租庸調法壞，而爲兩稅，給田之制因不復見。蓋官田益少矣。自井田廢而貧富不均，後世未有能制民之産，使之養生送死而無憾者也。立法者未嘗不欲抑富，而或益助之，不知富者所以能兼并，由貧者不能自立也；貧者不能自立，由上之賦斂重而力役繁也。爲國者必曰財用不足，故賦役不可以省，盍亦反其本矣？昔哀公以年飢用不足，問於有若，有若曰：「盍徹乎？」夫徹非所以裕用，然欲百姓與君皆足，必徹而後可也。後之爲治者，三代之制雖未能復，唯省其力役，薄其賦斂，務本抑末，尚儉去奢，占田有限，困窮有養，使貧者足以自立，而富者不得兼之，此均天下之本也。不然，雖有法令，徒文具而已，何益於治哉！

呂正字曰：子張子慨然有意三代之治，論治人先務，未始不以經界爲急，講求法制，粲然備具，要之可以行于今。如有用我者，舉而措之耳。嘗曰：仁政必自經界始。貧富不均，教養無法，雖欲言治，皆苟而已。世之病難行者，未始不以亟奪富人之田爲辭。然兹法之行，悦之者衆，苟處之有術，期以數年，不刑一人而可復。所病者，特上之未行耳。乃言曰：「縱不能行之天下，猶可驗之一鄉。」方與學者議古之法，買田一方，畫爲數井，上不失公家之賦役，退以其私正經界，分宅里，立斂法，廣儲蓄，興學校，成禮俗，救菑恤患，厚本抑末，足以推先王之遺法，明當今之可行。有志未就而卒。

古之取民，貢、助、徹三法而已。校數歲之中以爲常，是爲貢。一井之地八家，八家皆私百畝，同治公田百畝，是爲助。不爲公田，俟歲之成，通以什一之法取于百畝，是爲徹。

楊龜山曰：夏后氏五十而貢，殷人七十而助，周人百畝而徹。徹者徹也，蓋兼貢、助而通用也。故孟子請野九一而助也，國中什一使自賦。方里爲井，井九百畝，八家皆私百畝，其中爲公田，所謂九一而助也。國中什一使自賦，則用貢法矣。此周人所以爲徹也。鄭氏謂周制畿内用貢法，邦國用助法，有得於此歟。

王者之兵，未嘗以術勝人，然亦不可以計敗。後世惟諸葛亮、李靖爲知兵。如諸葛亮已死，司馬仲達觀其行營軍壘，不覺歎服。而李靖惟以正出奇。此爲得法制之意，而不務僥倖者也。古人未嘗不知兵，如周官之法，雖坐作進退之末，莫不有節。若平時不學，一旦緩急，何以應敵？如此則學者於行師、御衆、戰陣、營壘之事不可不講。

兵雖不貴詐，使人所不得而詐，然後爲善。

問：「今之爲將帥者不必用狙詐固是〔五〕，奈兵官武人之有智略者，莫非狙詐之流，若無狙詐，如何使人？」曰：「君子無所往而不以誠，但至誠惻怛，則人自感動。」曰：「至誠惻怛可也，然今之置帥，朝除暮易，若以至誠爲務，須是積久，上下相諳，其效方見。卒然施之，未必有補。」曰：「誠動於此，物應於彼，速於影響，豈必在久？如郭子儀守河陽，李光弼代之，一號令而金鼓旗幟爲之精明。此特其號令各有體耳。推誠亦猶是也。」

立法要使人易避而難犯，則必行而無赦，此法之所以行也。今法太嚴密，直使人於其間轉側不得，故易犯。是以犯法之人，官吏多不忍行法，必宛轉爲犯者之地，法如何行得？法至於不可行，則人惟意之從而已。

先王只是好生，書曰：「好生之德，洽于民心。」爲天子豈應以殺人爲己任？孟子曰：「國人皆曰可殺，然後殺之，曰國人殺之也。」謂國人殺之，則殺之者非一人之私意，不得已也。古者司寇以獄之成告于王，王命三公參聽之。三公以獄之成告于王，王三宥，然後致刑。夫宥之者天子之德，而刑之者有司之公。天子以好生爲德，有司以執法爲心，則刑不濫矣。

校勘記

〔一〕出於私意爲法也　「爲法也」，吴兢撰、戈直集論貞觀政要卷七注引「范氏祖禹曰」作「不足爲法也」。似是。

〔二〕請更不作宴　東都事略卷七七范祖禹傳作「請罷開樂宴」。

〔三〕庶合禮意　東都事略卷七七范祖禹傳作「庶合先王禮意」。

〔四〕苟捨周官　「捨」，原作「於」，據唐鑑卷二改。

〔五〕今之爲將帥者不必用狙詐固是　「狙」，原作「徂」，據龜山先生語録卷一荆州所聞改。下同。

近思後録卷十

事理

呂侍講嘗言：大要前輩作事周詳，後輩作事多闕略。

范内翰曰：權者道之用也，唯聖人能盡之。孟子曰：「權然後知輕重。」聖人之心若權，然後物至而不可銖兩欺之，是以輕重適得其均也。夫事有大小，未嘗無權。堯、舜惟能權與子之不如與賢也，故以天下與舜、禹，而後世莫不以爲公。周公惟能權親戚之不可私也，故誅管、蔡，而天下不以爲不仁。直躬惟不能權父子與信之輕重也，故以證父爲直。微生高惟不能權於與人、拒人之間也，故以乞醯爲仁。故曰：事有大小，莫不有權，惟聖人能盡之。

象日以殺舜爲事，舜爲天子則封之。管、蔡啓商以叛周，周公爲相也則誅之。其迹不同，其道一也。舜知象之將殺己也，故象憂亦憂，象喜亦喜，盡其誠以親愛之而已矣。象得罪於舜，故封之。管、蔡流言於國，將危周公，以間王室，得罪於天下，故誅之。非周公誅之，天下之所當誅也，周公豈得而私之哉？後世如有王者，不幸而有害兄之弟如象，則當如舜封之是也。不幸而有亂天下之兄如管、蔡，則當如周公誅之是也。舜處其常，周公處其變，此聖人所以同歸于道也。

仲弓爲季氏宰，問政，孔子曰：「先有司，赦小過，舉賢才。」夫爲政不先有司，則君代臣職矣。不赦小過，則下無全人矣。不舉賢才，則小人進矣。失此三者，以爲季氏宰且不可，而況爲天下乎！

聽訟者治其末，塞其流也。正其本，清其源，則無訟矣。經曰：「教民親愛，莫善於孝。教民禮順，莫善於悌。」此無訟之道也。孟子曰：「民有常産，則有常心。」此無訟之政也。

元祐初，伊川先生除崇政殿説書，時范淳夫爲著作佐郎、實録院檢討，伊川先生嘗謂温公曰：「經筵若得范淳夫來尤好。」温公曰：「他已修史，朝廷自擢用矣。」先生曰：「不謂如此，但經筵須要他。」温公問：「何故？」先生曰：「頤自度乏温潤之氣。淳夫色温而氣和，尤可以開陳是非，導人主之意。」

謝上蔡曰：伊川才料大，使了大事，指顧而集，不動聲色。何以驗之？曰：只議論中便可見。陝西曾有議欲罷鑄銅錢者，以謂官中費一貫鑄得壹貫爲無利。伊川曰：「此便是公家之利。利多費省，私鑄者衆。費多利薄，盜鑄者息。盜鑄者息，權歸公上，非利而何？」又曾有議解鹽抄欲高其價者，增六千爲八千。伊川曰：「若增抄價，賣數須減。鹽出既衆，低價易之，人人食鹽，鹽不停積，歲入必倍。」已而增抄價，歲額果虧；減之，而歲入溢。温公初起時欲用伊川，伊川曰：「帶累人去。向使韓、富在時，吾猶可以成事。」後來温公欲變法，伊川使人語之曰：「切未可，動着即三五年不能定疊。」未幾變之，果紛紛不能定。

誠意積於中者既厚，則感動於外者亦深。故伯淳所在臨政，上下自然響應。問爲政，謝曰：吾爲縣，立信以示之。始時事煩，吾信既立，今則簡矣。凡事皆與之議而處其方。又言：吾每就事上着工夫學，如任意喜怒，便是人欲，須察見天理，涵養始得。人涉世欲善處事，必先更歷天下之事。事既更歷不盡，必須觀古人準則。

凡事只是積其誠意，自然動得。

子開有大臣氣象，不以言色假人。

易之蒙九二曰：「包蒙吉，納婦吉，子克家。」蔽蒙不通者包之，順從者納之而不拒，「子克家」之道也。舜不藏怒，不宿怨，包蒙也。以愛兄之道來，誠信而喜之，納婦也。

楊龜山曰：孟子之於滕文公，始告之以效死而已，理之正也。至其甚恐，則以大王之事告之，非得已也。然無大王之德而去，則民或不從，而遂至於亡，則又不若效死之爲愈，故又請擇於斯二者。又曰：孟子所論，自世俗觀之，則可謂無謀矣。然理之可爲者不過如此，舍此則必爲儀、秦之爲矣。凡事求可，功求成，取必於智謀之末，而不循天理之正者，非聖賢之道也。

孟子曰：「仲尼不爲已甚。」言聖人所爲，本分之外，不加毫末。非孟子真知孔子，不能以是稱之。

對人主語言及章疏文字，尤不可無温柔敦厚之氣。如子瞻詩多所譏玩，殊無惻怛愛君之意。荆公在朝論事多不循理，惟是爭氣而已，何以事君？君子之所養，要令暴慢邪僻之氣不役於身體。

私意去盡，然後可以應世。

陸宣公當擾攘之際，説其君未嘗用數，觀其奏議可見。欲論天下事，當以此爲法。

吕晦叔真大臣〔一〕，其言簡而意足。

物有圭角，多刺人眼目，亦易玷闕。故君子處世，當渾然天成，則人不厭棄矣。

溝洫之量不可以容江河，江河之量不可以容滄海，有所局故也。若君子則以天地爲量，何所不容！有能捐一金而不顧者，未必能捐十金；能捐十金而不顧者，未必能捐百金。此由所見之熟與不熟，非能真知其義之當與否也。若得其義矣，雖一介不妄予，亦不妄取。

神宗賜金，荆公即時送蔣山寺爲常住。了翁云：「嘗見人説，以此爲曠世所難。其實能有多少物，人所以難之，蓋自其眼孔淺耳。」龜山曰：荆公作此事，絶無義理。古者人君賜之果，尚懷其核。懷核，所以敬君賜也。所賜金，義當受則受，當辭則辭，其可名爲受，而施之僧寺乎？是賤君賜也。金可賤，君賜不可賤。書曰：「人不易物，惟德其物。」若於義當受，而家已足，不願藏之家，而班諸昆弟之貧者，則合禮。

游察院曰：明道先生嘗董役，雖祁寒烈日，不擁裘，不御蓋，時所巡行，衆莫測其至，故人自致力，常先期畢事。異時夫伍中夜多譁，一夫或怖，萬夫競起，姦人乘虚爲盜者不可勝數。先生以師律處之，遂訖去無譁者。及役罷夫散，部伍猶肅嚴如常。

尹和靜曰：君子之心不係於利害，惟其是而已。

聽訟得其當，治之末也。使之無訟，則教化存焉。

劉安禮曰：明道先生爲政，條教精密，而主之以誠心。晉城之民，被服先生之化，暴桀子弟至有恥不犯，迄先生去，三年間，編户數萬衆，罪入極典者纔一人，然鄉閭猶以不遵教令爲深恥。熙寧七年，立之得官晉城，距先生去已十餘年，見民有聚口衆而不析異者，問其所以，云守程公之化也。其誠心感人如此。

校勘記

〔一〕呂晦叔真大臣　「臣」，龜山先生語録卷一荆州所聞作「人」。

近思後録卷十一

教人

范内翰曰：夫子之教人，以德行爲先，文學爲後。

憤則其進也勇，悱則其慮也深，因而啓發之，則其人必自得矣。孟子曰：「君子之所以教者五。」有如時雨化之者，顔子是也；有成德者；有達材者；有答問者，憤悱之類是也；有私淑艾者，舉一隅之類是也。

吕正字曰：聖人體道無隱，與天象昭然，莫非至教以示人，而人自不察。

古者憲老而不乞言。憲者儀刑其德而已，無所事於問也。其次則有問有答。問答之間，然猶不憤則不啓，不悱則不發。又其次則有講有聽。講者不待問也，聽者不至問也〔一〕。學至於有講有聽，則師益勤而道益輕，學者之功益不進矣。又其次則有講而未必聽。學至於有講而未必聽，則無講可也。

藍田呂氏鄉約曰：凡同約者，德業相勸，德謂見善必行，聞過必改。能治其身，能治其家，能事父兄，能教子弟，能御童僕，能事長上，能睦親故，能擇交遊，能守廉介，能廣施惠，能受寄託，能救患難，能規過失，能爲人謀，能爲衆集事，能解鬬爭，能决是非，能興利除害，能居官舉職〔二〕。業謂居家則事父兄，教子弟，待妻妾，在外則事長上，接朋友，教後生，御僮僕，至於讀書、治田、營家、濟物，好禮樂射御書數之類，皆可爲之。非此之類，皆爲無益。過失相規，犯義之過：一曰酗博鬬訟，二曰行止踰違〔三〕，三曰行不恭遜，四曰言不忠信，五曰造言誣毀，六曰營私太甚。不修之過：一曰交非其人，二曰遊戲怠惰，三曰動作無儀，四曰臨事不恪，五曰用度不節。禮俗相交，謂婚姻、喪葬、祭祀之禮，往還書問慶吊之節。患難相卹。一曰水火，二曰盗賊，三曰疾病，四曰死喪，五曰孤弱，六曰誣枉，七曰貧乏。有善則書于籍，有過若違約者亦書之，三犯而行罰，不悛者絶之。

謝上蔡曰：道在八荒之外，近在父子夫婦之間，視聽食息之際，雖聖人何得而隱哉？仰觀俯察，無往而不與二三子共之也，二三子特習矣而不察耳。

游察院曰：張子厚學成德尊，然猶秘其學，不多爲人講之，其意若曰：雖復多聞，不務蓄德，徒善口耳而已，故不屑與之言。明道先生謂之曰：「道之不明於天下久矣。人善其所習，自謂至足，必欲如孔門『不憤不啓，不悱不發』，則師資勢隔，而先王之道或幾乎熄矣。趣今之時，且當隨其資而誘之，雖識有明暗，志有淺深，亦各有得焉，而堯舜之道庶可馴致。」子厚用其言，故關中學者躬行之多，與洛人並。推其所自，先生發之也。

明道先生所至，士大夫多棄官從之學，朝見而夕歸，飲其和，茹其實，既久而不能去。其徒有貧者，以單衣御冬，累年而志不變，身不屈。蓋先生之教，要出於爲己。而士之游其門者，所學皆心到自得，無求於外，以故甚貧者忘飢寒，已仕者忘爵禄，魯重者敏，謹和者裕，强者無拂理，愿者有立志。

尹和靖曰：孟子曰：「教亦多術矣。」言或抑或揚，或與或不與，各因其才而篤之，無非教也。

胡文定與子書曰：立志以明道，希文自期待。立心以忠信，不欺爲主本。行己以端莊，清慎見操執。臨事以明敏，果斷辨是非。又謹三尺攷求立法之意而操縱之，斯可爲政，不在人後矣。汝勉之哉！治心脩身，以飲食男女爲切要，從古聖賢自這裏做工夫，其可忽乎？

校勘記

〔一〕聽者不至問也　「至」字原闕，據吕祖謙宋文鑑卷九一吕大臨中庸後解序補。

〔二〕能居官舉職　「舉」，原作「學」，據藍田吕氏遺著輯校吕大鈞吕氏鄉約改。

〔三〕二曰行止踰違　「踰」，原作「蹈」，據藍田吕氏遺著輯校吕大鈞吕氏鄉約改。

近思後録卷十二

警戒

范内翰曰：驕則自廣以狹人，吝則自私而不以及人。驕與吝，損德之大者也。意者，己之私也。動於内而係於事，則有必。必則守而不移，故有固。固則不能忘己，故有我。是三者皆出於意，故意爲之先。

吕正字曰：驕則不欲人共善，吝則不欲人共利，其志已入於不仁。

謝上蔡曰：不能忘我故驕，不能忘物故吝。

游察院曰：「過而能改，善莫大焉。」蓋能改一言之過，則一言善矣；能改一行之過，則一行善矣。若過而每不憚改者，其爲善可勝計哉。

楊龜山曰：驕則高而危，吝則滿而溢。

近思後録卷十三

異端

范内翰曰：孔子惡似而非者，莠似苗而非苗，佞似義而非義，利口似信而非信，鄉原似德而非德，故聖人惡之，恐其亂實。陳仲子辭三公，爲人灌園，一國之人皆稱其廉，孟子所以不得不辨也。天之所生，地之所養，無人爲大。人之所爲大者，以有人倫也。仲子避兄離母，無親戚君臣上下，是無人倫也，豈有無人倫而可以爲廉哉？是故孟子以爲巨擘，比之蚯蚓。巨擘取體之小者，蚯蚓物類之微者，皆言其非大器也。古者一介之士爲矯激之行，有甚於仲子者，皆聖賢之所不取。如申屠獨諫而不聽，負石自投於河，君子不以爲忠。鮑焦飾行非世，抱木而死，君子不以爲潔。尾生與女子期於橋下，水至不去，抱柱而死，君子不以爲信。直躬證父攘羊，君子不以爲直。君子所貴者禮義之中，是以動而世爲天下道，言而世爲天下法，行而世爲天下則。若仲子之行，其身自不能繼，豈可以爲世法？荀卿曰：「盜名不如盜貨，陳仲、史鰌不如盜也。」史鰌者，史魚也。孔子曰：「直哉史魚，邦有道如矢，邦無道如矢。」荀卿以爲不如盜，其言非也。若仲子者，孟子但不以爲廉而已。荀卿以爲不如盜，其言亦過矣。

吕正字曰：蔽者見小而不見大，故其辭詖，如申、韓只見刑名，便謂可以治國。此目不見大道，如坐井視天，井蛙不可以語東海之樂。陷者務多不務約〔一〕，故其辭淫，如司馬遷之類，汎濫雜博〔二〕，不知統要。蓋陷在衆多之中，不能自出。如人陷入大水，杳無津涯，罔知所濟。離者見左而不見右，如楊子「爲我」，墨子「兼愛」，夷清惠和，只是一偏，不能兼濟。蓋將道分離開，故其辭邪。窮者知所避而不知歸，故其辭遁，如莊周、浮屠務欲脱去形迹，殊無歸着，故其言惟欲逃避所惡，而不知所向，如人逃難不得其所，益以窮矣。

謝上蔡曰：性本體也。目視、耳聽、手舉、足運見於作用者，心也。自孟子没，天下學者向外馳求，不識自家寶藏，被他佛氏窺見一班兩點，遂將擎拳豎拂底事把持在手，敢自尊大，輕視中國學士大夫，而世人莫敢與之爭，又從而信向歸依之。使聖學有傳，豈至此乎？

釋氏所謂性，乃吾儒所謂天。釋氏以性爲日，以念爲雲，去念見性，猶披雲見日。釋氏之所去，正吾儒之所當事者。吾儒以名利關爲難透，釋氏以聲色關爲難透。釋氏不窮理，以去念爲宗。釋氏指性於天〔三〕，故蠢動含靈，與我同性。明道有言：「以吾儒觀釋氏，疑於無異，然而不同。」

五峰問：「何故西方之傑窺見間隙，遂入中國？」楊龜山答曰：「自孟子既没，世無傳心之學，此一片田地漸漸抛荒。至東晉時，無人耕種。佛之徒如達麽輩最爲桀黠，見此間隙，以爲無人，遂入中國，面壁端坐，揚眉瞬目，到處稱尊。此土之人措手歸降〔四〕，不能出他圈套。」

尹和靜曰：學者於是非之原，毫釐有差，則害流於生民，禍及於後世。故孟子辨邪説如是之嚴，而自以爲承三聖之功也。

胡文定答曾幾書曰：釋氏雖有了心之説，然其未了者，爲其不先窮理，反以爲障，而於用處不復究竟也。故其説流遁，莫可致詰，接物應事，顛倒差謬，不堪點檢。聖門之學，則以致知爲始，窮理爲要，知至理得，不迷本心，如日方中，萬象畢見，則不疑所行，而内外合也。故自修身至於天下國家，無所處而不當矣。

校勘記

〔一〕陷者務多不務約　「多」，原作「名」，據孟子精義卷三改。

〔二〕汎濫雜博　「博」，孟子精義卷三作「駁」。

〔三〕釋氏指性於天　「氏」，原作「性」，據上蔡語録卷一改。

〔四〕此土之人措手歸降　「措」，伊洛淵源録卷一〇龜山誌銘辯作「拱」。

近思後録卷十四

氣象

呂正字曰：無意而安行，性也。有意利行而至於無意，復性者也。堯舜不失其性，湯武善反其性，及其成功則一也。

自「孔子於鄉黨」至「誾誾如也」，言孔子言語之變。自「君在踧踖如也」至「私覿愉愉如也」，言孔子動容之變。自「君子不以紺緅飾」至「齋必有明衣布」，言孔子衣服之變。自「齋必變食」至「必齋如也」，言孔子飲食之變。自「席不正不坐」至「不親指」，言孔子應接事物之變。

謝上蔡曰：德至於聖人之地者，其必有聖人之容。聖人之容，非誾誾，非侃侃，非提提，非總總，柔不爲物侮，剛不爲物懼，其惟温良恭儉讓足以名之乎？蓋清可爲也，而難於温。温者，清和之發也。和可爲也，而難於良。良者，易直之發也。本無侮人之心，貌如之何而不恭？本無侈泰之心，用如之何而不儉？本無競强之心，行如之何而不讓？至於此則泰然矣，儼然矣。其泰然也，豈不如春？其儼然也，豈不如秋？豈不容止可觀？豈不威儀可象？豈不和樂？豈不莊敬？遠暴慢不足道也，遠鄙倍不足道也。今去聖人久矣，以此五者想見其形容，猶能使人興起，而況於親炙之者乎！學者儻有心於聖人威儀之間，亦知所以進德矣。然則爲子貢者亦可謂善觀聖人矣，亦可謂善言德行矣。

孔子曰：「事君盡禮，人以爲諂。」當時諸國君相怎生當得聖人恁地禮數，是他只管行禮，又不與你計較短長，與上大夫言便「誾誾如也」，與下大夫言便「侃侃如也」，冕者瞽者，見之便作，過之便趨。蓋其德全盛，自然到此，不是勉强做出來氣象，與孟子渾別。孟子「說大人則藐之，勿視其巍巍然」，猶自參較彼我，未有合一底氣象。

子路願乘肥馬，衣輕裘，與朋友共敝之無憾。亦是要做好事底心。顔子早是參彼己。孔子便不然，老者合當養底便安之，少者不能立者便懷之，君君臣臣，父父子子，自然合做底道理，便是天之所爲，更不作用。

善觀聖人者可以得之於儀刑，蓋周旋中禮者，必其盛德之至，是以二三子無時不觀省於斯焉。燕居非鞠躬如不容之時，是以其容申申，非踧踖屏氣之時，是以其容夭夭〔一〕，此之謂中節。

容貌衣服食息之際，道之微也〔一〕，聖人於此本無意於中節。蓋日月有明，隨其受光而照之。有志者少察於斯，於道其庶幾乎。

夫子之得邦家者，其鼓舞群動，捷於桴鼓影響〔二〕，人雖見其變化，而莫窺其所以變化也。蓋不離於聖，而有不可知者存焉，此殆難以思勉及也。

人之氣禀不同，顔子似弱，孟子似强。顔子具體而微。所謂具體者，合下來有恁地氣象，但未彰著耳。微如易「知微知彰」、「微顯闡幽」之微。孟子强勇，以身任道，後車數十乘，從者數百人，所至王侯分庭抗禮，壁立萬仞，誰敢正覷着？非孟子恁地手脚撑柱此事不去。雖然，猶有大底氣象未能消磨得盡。不然，「藐大人」等語言不説出來。所以見他未至聖人地位。

顔子充廣其學，孟子能爲其大。孟子之才甚高，顔子之才粹美。

諸子之學皆出於聖人，其後愈遠而愈失其真，獨曾子之學專用心於内，故傳之無弊。觀於子思、孟子可見矣。

尹和靜曰：甚矣，孔門諸子之嗜學也。於聖人之容色言動，無不謹書而備録之，以貽後世。今讀其書，即其事，宛然如聖人之在目也。雖然，聖人豈拘拘而爲之者哉？蓋盛德之至，動容周旋，自中乎禮耳。學者欲潛心於聖人，宜於鄉黨求焉。

曾子之才魯，故其學也確，所以能深造乎道也。

曾子守約，故動必求諸身。

范内翰曰：明道先生貌肅而氣和，志定而言厲，望之可畏，即之可親，叩之者無窮，從容以應之，其出愈新，真學者之師也。

游察院曰：時有聞明道先生在臺列者〔四〕，志未必同〔五〕，然心慕其爲人，嘗語人曰：「他人之賢者猶可得而議也，乃若伯淳，則如美玉然，反覆視之，表裏洞徹，莫見疵瑕。」

朱給事曰：伊川先生以言乎道則貫徹三才，而無一毫之爲間；以言乎德則并包衆美，而無一善之或遺；以言乎學則博通古今，而無一物之不知；以言乎才則開物成務，而無一理之不總。

程先生言天祺有自然德氣，似箇貴人氣象，只是却有氣短處，規規太以事爲重，傷於周至，却是氣局小。

尹彦明問范淳夫之爲人，程先生曰：「其人如玉。」

晦庵先生云：范淳夫資質極平正，點化得是甚次第。

楊應之勁挺不屈，自爲布衣以至官於朝，未嘗有求於人，亦未嘗假人以言色，篤信好學，至死不變。

伊川先生云：楊應之在交遊中，英氣偉度，過絶於人，未見其比，可望以託吾道者。

朱公掞從二程先生於洛陽，其所聞以格物致知爲進道之門，正心誠意爲入德之方，公服行之，造次不忘。見善勇如賁、育，惟恐不及；見不善如避水火。謂「百世以俟聖人而不惑者，惟孔、孟爲然」。

劉質夫氣和而體莊，持論不苟合，跬步不忘學。

侯仲良每言明道先生平和簡易，惟劉絢庶幾似之。

李端伯胸中閎肆開發，與人交洞照其情，和而不流，時靡有爭。遇事如控六轡，逐曲舞交，屈折如意。

吕和叔明善至學，性之所得者盡之於心，心之所知者踐之於身，妻子刑之，朋友信之，鄉黨宗之，可謂至誠敏德矣。

和叔與人語，必因其所可及而喻諸義，治經説得於身踐而心解，其文章不作於無用。

和叔任道擔當，其風力甚勁，然深潛縝密，有所不逮於與叔。

吕晉伯老而好學，理會直是到底。伊川先生謂老而喜學者尤可愛。

晦庵先生言：吕與叔惜乎壽不永，如天假之年，必所見又别。程子稱其深潛縝密。熹若只如吕年，亦不見得到此田地。

蘇季明德性純茂，强學篤志。

明道先生初見謝顯道，語人曰：「此秀才展托得開，將來可望。」

又言：謝子雖小魯，直是誠篤，理會事有不透，其顙有泚，憤悱如此。

伊川先生謂：游君德器粹然，問學日進，政事亦絶人遠甚。又言：建州游酢非昔日之游酢也，固是穎然，資質温厚。南劍州楊時雖不逮酢，然𣈆穎悟。

游定夫自幼不群，讀書一過目輒成誦〔六〕。比壯，益自力，心傳自到，不爲世儒之習，誠於中，形諸外，儀容辭令，粲然有文，望之知其爲成德君子也。

楊龜山天資夷曠，濟以問學，充養有道，德器早成，積於中者純粹而閎深，見於外者簡易而平澹，閒居和樂〔七〕，色笑可親〔八〕，臨事裁處，不動聲氣。與之遊者，雖群居終日，嗒然不語，飲人以和，而鄙薄之態自不形也。

明道先生温然純粹，終身無疾言遽色。楊龜山實似之。

謝上蔡云：舊在先生之門者，伯淳最愛中立，正叔最愛定夫，二人氣象亦相似。

晦庵先生論及龜山曰：將樂人性急粗率，龜山却恁寬平，此是間出。然其粗率處，依舊有風土。

又云：龜山天資高，朴實簡易，然所見一定，更不復窮究。熹嘗謂這般人皆是天資出人，非假學力。

楊遵道孝友和易，中外無間言。平居無喜慍色，與人辨論，綱振條析，發微指極，冰解的破，聞者欽聳。

劉安節貌温，望之知其有容。退而察其私，言若不能出諸口。蓋度不身踐，不苟言也。遇人無貴賤小大，一以誠，雖忤己者，未嘗見其怒色恚辭。其與人遊，常引其所長，而陰覆其不及。

程子謂：尹焞魯，張繹俊。俊恐過之，魯者終有守也。

晦庵先生言：尹和靖不觀書，只是持守得好。

張思叔因讀孟子「志士不忘在溝壑，勇士不忘喪其元」，始有得處，後更窮理造微，少能及之者。

伊川先生每云張繹朴茂。

馬時中天資重厚，雖勇於爲義，而耻以釣名。居朝凡所建明，輒削其藁，故人少知者。公居常稱曰：「『志士不忘在溝壑，勇士不忘喪其元。』今日何時，溝壑乃吾死所也。」故其臨事，奮不顧身每如此。

侯仲良安於羈苦，守節不移，講論經術則通貫不窮，商略時事則纖微皆察。

周恭叔未三十，見伊川，持身嚴苦，塊坐一室，未嘗窺牖。幼議母黨之女，登科後，其女雙瞽，遂娶焉，愛過常人。伊川曰：「頤未三十時，亦做不得此事。」

謝上蔡嘗語朱震曰：胡康侯正如大冬嚴雪，百草萎死，而松柏挺然獨秀。

校勘記

〔一〕是以其容夭夭　「容」，論語精義卷四上作「色」。

〔二〕道之微也　「微」，論語精義卷五下作「徵」。

〔三〕捷於桴鼓影響　「捷」，原作「得」，據論語精義卷一〇上改。

〔四〕時有聞明道先生在臺列者　「聞」，游廌山集卷四書明道先生行狀後、伊洛淵源録卷三明道先生作「同」。

〔五〕志未必同　「同」，原作「聞」，據游廌山集卷四書明道先生行狀後、伊洛淵源録卷三明道先生改。

〔六〕讀書一過目輒成誦　「目」，原作「因」，據龜山集卷三三御史游公墓誌銘、伊洛淵源録卷九游察院改。

〔七〕閒居和樂　「閒」，原作「間」，據伊洛淵源録卷一〇楊文靖公改。

〔八〕色笑可親　「可」字原脱，據伊洛淵源録卷一〇楊文靖公補。

附録

宋元舊本書經眼録

［清］莫友芝

文場資用分門近思録二十卷近思後録十四卷宋本

海寧查氏藏本。蓋南宋末坊刊。朱子序後有「建安曾氏刊於家塾」二行木記。以朱子書分爲百二十一目，破析瑣碎，直不成書。聞元周公恕有此書分類集解，頗妄爲分析移置，大概與此書相似。觀其書題可知其不學矣。其後録皆采朱子所録之外程門諸儒以下，及于朱子之説，分道體、論學、致知、存養、克己、家道、出處、治道、制度、事理、教人、謹戒、異端、氣象十四目，各爲一卷。較前書爲有條例，不知何人編也。唯其刊印精雅，即坊刻乃勝明隆萬以還，江河日下，有即梓匠一端可以觀者。己巳二月識。（録自宋元舊本書經眼録卷一）

［明］江起鵬 撰 丁小明 校點

近思録補

目録

校點説明

近思録補十四卷，明江起鵬撰。江起鵬，字羽健，明安徽婺源旃坑（今江西婺源江灣鎮旃坑村）人。萬曆壬午（一五八二）領鄉薦，乙未（一五九五）成進士，知永寧、姚江，擢南京工部主事，轉禮部，升郎中，後卒於任。著有近思録補、悟道詩、心性編、遵行録、知姚問答等書。

近思録補有江起鵬自撰小引，我們不妨將此文看作是一位堅韌而虔誠的程朱信徒，畢其一生來體認聖學、尋求義理真諦的精神自傳。由小引可知，江氏幼承庭訓，十歲時，其父就授之以朱子近思録與薛瑄讀書録，並由此明悟程朱之説才是理學正道。十三歲，讀程顥語略。出仕前，又獲睹胡敬齋居業録，愈增益其對理學的嚮往。後知姚江，鄉賢范公對「方今學者，譚虛鶩空」現狀大不滿，並推薦江氏研讀羅整庵、蔡虛齋等先生的「正道」著作，此時他已有「欲巡紫陽先生而下以及諸先生書，仿近思録例補綴成編」的念頭，惟歎「紫陽先生書浩瀚無所從入」。後經高攀龍朱子節要的啓發，解決了「無所從入」的困境，並由此爲階梯，着手編輯近思録補。江氏在編輯此書的過程中得到「意實符契、若有同心」的契友陳德遠、汪子木、葛水鑑、汪惟正等人的鼓勵與支持，其中陳德遠、葛水鑑幫助尤大，分别參訂、校閲全書。所以説，江起鵬能撰成此書，既有家學世德之基與明師良友之賜，更依靠他對程朱理學的信敬服膺以及數十年潛心肆力、融會貫通的研修。小引所揭示的既是他個人歸依程朱理學的心路歷程，更可作爲晚明思想史上反抗陽明心學、復興程朱理學的一份證詞。

從整體架構上來看，近思録補淵源于朱子近思録，其卷帙分佈也謹守朱子近思録之舊，共分道體類、總論爲學之要、致知類、存養類、克治類、齊家類、出處類、治道類、治法類、政事類、教人之法類、儆戒類、辨異端類、觀聖賢類等十四卷。同時，其結構中亦有不同于朱子近思録之處。具言之，就是書中每卷又分若干小類目並附加小標題，如卷二「總論爲學之要」下分成「聖賢　學力、外誘、德業附知行、敬義、敬、誠敬　恭敬、無妄、誠意　養誠、心感、心志　趨向、志氣　氣質、氣　理氣、言行　忠恕　忠信、知禮　禮儀、天理　人欲、古今之學、内外　名實　進退、説樂　人己　學知、循序自得、學問　聞見　悟敏、困學　學治、明善　弘毅、修德　無時不學、學力應驗、經學　文學、道學　理學、友道　師教、西銘東銘」等二十八個小標題，據程水龍兄推測，這種加小標題的形式很可能受到明代流行的周公恕類次本分類經進近思録集解編輯方式的影響，通過比較，我們發現，近思録補的小標題與周公恕類次本分類經進近思録集解、吴勉學萬曆刻本的小標題非常相近。周公恕本加小標題的做法在清人眼中有「以己意别立條目、移置篇章、破析句段」等諸種弊端，但平心而論，周公恕本所營造的「近思别宛」並非全無是處。究其結構，仍是以葉采集解爲主體；辨其主旨，亦不離程朱理學核心。況且這些分類編次的「小標題構件」對於讀者更細緻瞭解「近思録大厦」的多重框架，更具指示意義。江起鵬在近思録補中採用了小標題分類格式，無疑是看到了周公恕本的這一優點。

如果説近思録補是江起鵬借用朱子及朱子以下諸先生的話語來建構一己對程朱理學理解與接受的「瓊樓玉宇」的話，那麽，他在編輯此書時自會有他的匠心所在。此間可作重點揭櫫者有二：

其一，近思録補可當作一部簡要的程朱理學接受史來看待。就全書而言，其所收理學家語録共七百七十八條。其中，朱子以三百七十八條高居榜首，明初大儒薛瑄（敬軒）、胡居仁（敬齋）則以一百六十七條、九十一條位隨其後。今本薛、胡兩人的語録集亦有少量遺佚者，可略補理學文獻之闕。但作爲一本有目的地介紹「紫陽先生而下以及諸先生」系統理學思想的語録體編著，查漏補闕絶非它的主要目的。選録「紫陽先生而下」的理學家「述朱、尊朱」語録才是近思録補道人所未道處。明代程朱理學如日中天，不惟體現在四書大全、五經大全、性理大全等儒學巨著的編纂中，更體現在「師承有自，矩矱秩然」的明代大儒薛瑄、胡居仁、羅欽順等人對程朱理學「牛毛繭絲，無不辨晰」的精微研究、不斷闡發以及大力推廣上。主觀上，江氏也許只是將「紫陽先生而下以及諸先生」的理學言論按類編次、條分縷析以成書。但客觀上，則是將程朱理學的認知與接受空間由宋擴大到明晚期，其會通的學術史視域是同時期的近思録的續修著述，特別是五子近思録系列所無法比擬的。從某種意義上説，江氏選編明代理學家語録讓讀者看到：程朱理學的道統在延續、血脈在承傳。吾以爲，此點正是本書重要意義之所在。

其二，江起鵬所處之世，正是陽明心學泛濫成災之時。如何面對陽明心學流布所引發的凌虚蹈空的世風與學風，是尊崇程朱理學的士人所必須面對的嚴峻問題。萬曆年間，由高攀龍爲首的東林黨人掀起一股逆襲陽明心學、復興程朱理學的思想風潮，並由此催生出一批研究程朱理學以捍衛儒學正道的著作。其中當以高攀龍的朱子節要爲嚆矢，江起鵬近思録補亦是這樣一部預流之作。編纂程朱理學，其志所在是復興程朱理學、針砭心學弊端，更可見江氏的憂世之懷。據近思録補小引，雖然江氏提及王陽明則言一書是他早年所讀的理學著作，可隨後筆鋒一轉，言及鄉先賢范晞陽公對他的開導，使他看到了「方今學者譚虚鶩空」的現狀，並「深爲世道憂」。於是他始「遂欲遡紫陽先生而下以及諸先生書，仿近思録例補綴成編」。後「得予年友高雲從氏朱子節要」，「再商之寅友陳德遠氏，意實符契」，並在汪子木、葛水鑑、汪惟正等朋友的幫助下，才編就近思録補一書。今核其書，雖未有涉及陽明處，但在卷十四「觀聖賢類」有四則關於陸象山的評説，這四則出自朱子的評論皆是尖鋭的攻陸之語，這樣帶有鮮明傾向性的語録是在告訴我們，雖江氏的心跡未見顯露，事實上他是借朱子之口來反對心學之病的。也就是説，作爲選家的江氏是有學術觀點的，只不過其觀點是隱藏在他所選語録之後而已。

查核國内公私書目，惟有中國古籍善本書目著録無錫市圖書館收藏江起鵬近思録補，明萬曆三十二年（一六〇四）江氏自刻本。此本半頁九行十八字，左右雙邊，白口，單魚尾。版卷端題「新安江起鵬羽健父輯補，高安陳邦瞻德遠父參訂，錢塘葛寅亮水鑒甫校閲」。版心刻「近思録補」、卷次、頁碼。卷首有明萬曆甲辰年江起鵬刻近思録補小引，近思録補篇目。此本上鈐朱文印「大公圖書館藏」、「榮德生先生遺命捐贈」、「無錫圖書館藏」等印章。另陳榮捷、程水龍等學者提及日本内閣文庫、無窮會圖書館、京都大學人文研究所、名古屋大學附屬圖書館均藏有此本，内閣、無窮會注明是寫本，京都大學注明是鈔本，而名古屋大學則未知是鈔本或刻本。東瀛諸本，尚有待於他年目驗。

本次校點即以無錫市圖書館藏本爲底本，並以當下通行的整理本作他校之資，如：朱熹晦庵先生朱文公文集（簡稱晦庵集）、朱子語類、程顥、程頤程氏遺書、張栻南軒先生文集（簡稱南軒集）皆取上海古籍出版社朱子全書本和華東師範大學出版社朱子全書外編本，羅欽順困知記則取中華書局理學叢書本。無整理本者，則擇善本而校之，如薛瑄讀書録取明萬曆河津薛士弘刻薛文清公文集本，胡居仁居業録取清康熙間正誼堂刻本。每卷卷末附校勘記。無錫市圖書館能慨然允賜複印，實賴江師慶柏先生引薦及朱剛兄的襄助，嚴師佐之先生、劉師永翔先生在整理過程中匡謬指訛，惠我良多。明師之教，良朋之賜，感且銘矣，在此一併致以謝忱。

二〇一三年三月　丁小明

刻近思録補小引

予至不才，年十齡，先大夫授以近思録、薛文清公讀書録，曰：「此理學正脉也。」年十三，授以程明道先生語略、王陽明先生則言。迄年登志學，而先大夫仙逝矣。手澤具在，時爲儆心。既而爲塾師，得胡敬齋先生居業録，益用嚮往。嗣令姚江，予鄉先達范晞陽公時謂予曰：「方今學者，譚虚鶩空，深爲世道憂。羅整庵先生困知記、蔡虚齋先生密箴，皆正學也。」予亟求二書讀之，實有啓發。遂欲遡紫陽先生而下，以及諸先生書，倣近思録例，補綴成編。而紫陽先生書浩瀚無所從入。抵留都，得予年友高雲從氏朱子節要，實擬近思録成者。再商之寅友陳德遠氏，意實符契。而同署汪子木、葛水鑑氏、吾鄉汪惟正氏，皆汲汲以正學爲念，若有同心。時以其暇，編次成書。稿成，適紫陽先生裔孫朱汝潔氏校書留都，見而喜之，以爲有裨於遡祖之學也。遂與吾季兒可元，以其私畀之梓人云。萬曆甲辰長至日新都江起鵬羽健父書于留署不素軒。

近思録補篇目

卷之一　道體類　凡九十二條

卷之二　總論爲學之要　凡九十五條

卷之三　致知類　凡七十六條

卷之四　存養類　凡七十五條

卷之五　克治類　凡四十五條

卷之六　齊家類　凡二十七條

卷之七　出處類　凡五十一條

卷之八　治道類　凡三十四條

卷之九　治法類　凡三十八條

卷之十　政事類　凡一百二條

校勘記

卷之一、卷之二、卷之九、卷之十二、卷之十三、卷之十四原標條數爲：八十五條、九十四條、三十五條、四十五條、十三條、三十九條，今據實際條數改爲：九十二條、九十五條、三十八條、五十條、十九條、四十一條。

近思録補卷一

道體類

太極　七條

晦庵先生曰：太極只是一箇「理」字。以其無器與形而具天地萬物之理，故曰「無極而太極」。以其具天地萬物之理而無器與形，故曰「太極本無極」。晦庵。

南軒先生曰：太極，所以形性之妙也。若只曰性而不曰太極，則只去未發上認之，不見功用。曰太極則性之妙都見矣。體用一源，顯微無間，其太極之藴歟！

敬軒先生曰：太極圖，一言以蔽之，曰「理氣」而已。

周子之「太極」，即中庸之「誠」。敬軒。

只於身心口鼻耳目手足動靜應事接物，至近至小處看太極尤分明，不必專論於千古之上、六合之外也。然近者、小者既盡，則遠者、大者可默識而一以貫之矣。敬軒。

敬齋先生曰：太極之虛中者，無昏塞之患而萬理咸具也。惟其虛，所以能具萬理，人心亦然。佛老不知，以爲真虛空無物而萬理皆滅也。太極之虛，是無形氣之昏塞也；人心之虛，是無物欲之蔽塞也。若以爲真空無物，此理具在何處？

天道　三條

或問：天地之心、天地之理，理即道理言，心即主宰言否？朱子曰：心固以主宰言，然所謂主宰者，即理而已，非心之外有所謂理，理之外有所謂心也。

言天之自然者，謂之天道；言天之付與萬物者，謂之天命。晦庵。

整菴先生曰：天之道，日月星辰爲之經，風雨雷霆霜露爲之緯。經緯有常，而「元亨利貞」之妙在其中矣，此造化之所以成也。人之道，君臣父子夫婦長幼朋友爲之經，喜怒哀樂爲之緯。經緯不忒，而「仁義禮智」之實在其中矣，此德業之所以成也。

陰陽　五條

陰陽只是一氣，陽消處便是陰〔一〕，不是陽退了，又別有箇陰生。晦庵。

陰剥陽，每日剥三十分之一，一月方剥盡而成坤。坤初六，陽已萌了，每日長三十分之一，一月方成一陽。故冬至爲復，不是直至冬至一陽方生也。晦庵。

復「見天地之心」，何處不是天地之心？但當品物蕃新，叢雜難看。惟是萬物未生，冷冷靜靜，而一陽既動，生物之心闖然而見，雖在積陰之中，自掩藏不得也。晦庵。

天地之間，無往而非陰陽。一動一靜，一語一嘿，皆是陰陽之理。晦庵。

一各生兩，只是陰陽兩端交錯變化自然之妙。老氏「一生二，二生三」是何道理？陰陽兩端再添得甚物來作三？敬齋。

天地物理　五條

天之形雖包乎地之外，而其氣實透於地之中。地雖在天之中，然其中虚空，容得天許多氣。晦庵。

「天依形，地附氣」，此二語説得天地規模最親切。凡有氣者盡屬天，有形者盡屬地。

凡物皆然。氣屬陽，形屬陰。天只是氣，有甚形質？地則有形質矣。地雖有形質，非附乎氣必不能存。立天之氣，亦必依地之形以行也。敬齋。

此身只是箇軀殼，內外無非天地陰陽之氣。如魚在水，外面水便是肚裏水，鯽魚肚裏水與鯉魚肚裏水只一般。晦庵。

東萊先生曰：一雨露也，梧檟得之以養其柯條，荊棘得之以養其芒刺，造物者曷嘗有心厚梧檟之材而稔荊棘之毒歟？咸其自養而未有養之者也。

天地萬物皆虛，惟理最實。敬軒。

鬼神　四條

鬼神只是氣。屈伸往來者，氣也。天地間無非氣，人之氣與天地之氣相接無間斷〔二〕，人自不見。人心纔動，必達於氣，便與這屈伸往來者相流通。晦庵。

因說神怪事，曰：人心平鋪著便好。若做弄，便有鬼怪出來。晦庵。

問：道理有正則有邪，有是則有非。鬼神之事亦然。世間有不正之鬼神，謂其無此理則不可。曰：老子謂「以道莅天下者，其鬼不神」。若是王道修明，則此等不正之氣都消鑠了。

謝顯道言鬼神道有便有，道無便無。世間無這箇活弄的道理，有道無不得，無道有不得。敬齋。

道 九條

「鳶飛戾天，魚躍於淵」，言其上下察也。此一段子思喫緊爲人處，與「必有事焉而勿正心」之意同，活潑潑地。會得時活潑潑地，不會得時只是弄精魄。

問：形而上下，如何以形言？曰：此言最的當。設若以有形、無形言之，便是物與理相間斷了。所以明道謂截得分明者，只是上下之間分別得一箇界止分明。器亦道，道亦器，有分別而不相離也。晦庵。

這箇將與人看不得。公要討一箇「無聲無臭」的道，雖視之不見、聽之不聞，然却開眼便看見、開口便說著。雖「無極而太極」，然只是眼前道理。若有箇高妙底，聖人隱却，便是聖人不忠不信。晦庵。

只是眼前切近起居飲食、君臣父子、夫婦朋友處，便是這道理。只就近處行到熟處，見到自高。有人說「只據眼前近處行便是了」，又成苟簡卑下。有人說「掉了這箇，上面自有箇道理」，亦不是。下稍只是謾人。聖人說「下學上達」即這箇，到熟處自見精微。聖人與凡人之分，只爭箇熟與不熟。晦庵。

天地之間，自有一定不易之理。要見得不假毫髮意思安排，不著毫髮意思來雜，自然「先聖後聖，如合符節」，方是究竟處也。晦庵。

廖子晦曰：明道先生云「鳶飛魚躍」與「必有事焉而勿正心」同。竊謂萬物在吾性分中，如鑑中之影，仰天而見鳶飛，俯淵而見魚躍，無非道體之所在也。方其有事而勿正之時，必有參乎其前而不可致詰者。「鳶飛魚躍」，皆其分内爾，活潑潑地，學者當自知之。先生曰：「鳶飛魚躍」，道體無乎不在。當「勿忘勿助」之間，天理流行，正如是爾。若謂「萬物在吾性分中，如鑑之影」，則性是一物，物是一物，以此照彼，以彼入此也。横渠先生所謂「若謂萬象爲太虚中所見，則物與虚不相資，形自形，性自性」者，正譏此爾〔三〕。晦庵。

龜山説「道不可離」曰：盈天地之間，孰非道乎？道而可離，則有在矣。譬之四方有定位焉，適東則離乎西，適南則離乎北，斯則可離也。若夫無適而非道，則烏得而離耶？故寒而衣，饑而食，日出而作，晦而息，耳目之視聽，手足之舉履，無非道也。此百姓所以日用而不知。先生曰：衣食作息，視呼舉履，皆物也。所以如此之義理準則，乃道也。若便指物以爲道，則不惟昧於形而上下之别，而墮於釋氏作用是性之説。且使學者誤謂道無不在，雖欲離之而不可得。吾既知之，則雖狂猖妄行，亦無適而不爲道。其爲害有不可勝言者矣。晦庵。

只從父子君臣夫婦長幼朋友上求道，便見真實道理。敬齋。

要見道，只存心。存心，則觸處與道相值；心不存，則雖至近者亦莫識其爲道矣。敬軒。

四德五常　五條

或問仁。曰：理難見，氣易見。但就氣上看便見，如「元亨利貞」是也。「元亨利貞」也難看，且看春夏秋冬。春時盡是温厚之氣，仁便是這氣象。夏秋冬雖不同，皆是春生之氣行乎其中。若曉得此理，便見得克己復禮，私欲盡去，純是温和冲粹之氣，乃天地生物之心也。晦庵。

看「仁」字，當併「義」「禮」「智」字看，然後界限分明，見得端的。又曰：仁是箇温和底意思，義是箇慘烈剛斷意思，禮是宣著發揮意思，智是收斂無痕迹意思。性中有此四者，而聖門却只以求仁爲急。緣仁是四者之先，若常存得温厚意思在這裏，到宣著發揮時，便自然會宣著發揮；到剛斷時，便自然會剛斷；到收斂時，便自然會收斂。又曰：仁爲四端之首，而智則能成終而成始。仁智交際之間，乃萬化之機軸。此理循環不窮，脗合無間，故不貞則無以爲元也。晦庵。

禮者，仁之著；智者，義之藏。且以人資質言之，温厚者多謙遜，通曉者多剋剥。晦庵。

禮即理也。但謂之理，無形跡之可言，禮則有品節文章之可見矣〔四〕。晦庵。

「仁義禮智信」，有則一齊有，但各有所主爾。敬軒。

仁　七條

孟子説「仁，人心也」語最親切。心自是仁底物事。存得此心，不患他不仁。晦庵。

程子「穀種」之喻甚善，有這種在這裏，何患不生。晦庵。

問：先生答湖湘學者書以「愛」字言仁，何如？曰：緣上蔡説得「覺」字太重，相似説禪。

龜山言「萬物與我爲一」，説亦太寬。問：此是仁之體否？曰：此不是仁之體，是仁之量。仁者固覺，謂覺爲仁不可。仁者固與物爲一，謂萬物爲一爲仁亦不可。又問：知覺亦有生意？曰：固是，但只將知覺説來却冷了。晦庵。

林安卿問：「仁者以天地萬物爲一體」，此即人物初生時驗之可見。人物均受天地之氣而生，所以同一體。如人兄弟異形而皆出父母胞胎，所以皆當愛。惟仁者其心公溥，實見此理，故能以天地萬物爲一體否？曰：不須問他從初〔五〕，只今便是一體。猶之水然，江河池沼皆是此水，見水便是同體，何待尋問？尋問便見得遲了。如昨夜莊仲説「人與萬物均受此氣，均得此理，所以皆當「愛」，便是不如此。那物事自是愛，不是同體了方愛。晦庵。

學莫先於求仁，然聖賢指示之方，多是於下學處指示。蓋用力於此而自得之，則安然便爲已得。非若今人懸想暗料，窺見仿佛，便以爲得也。晦庵。

「忠信篤敬」是孔門第一等工夫。非禮勿視、聽、言、動也，靠就這裏做去，熟處便是仁。敬齋。

孔門學者以求仁爲要，真是好！是教他在最切要處求，非但自己一身好，與天地萬物血脉便相貫通。

義 二條

仁體剛而用柔，義體柔而用剛。晦庵。

義如利刀，胸中許多勞勞攘攘，一齊割斷。晦庵。

性 九條

性猶太極也，心猶陰陽也。太極只在陰陽之中，非能離陰陽也。然太極自是太極，陰陽自是陰陽。惟性與心亦然，一而二，二而一。晦庵。

知言曰：「天理人欲，同體而異用，同行而異情，進脩君子宜深別焉。」先生曰：既謂本體，只一天理，更無人欲。人欲者，牿於形、雜於氣、狃於習、亂於情而後有者也。胡子之言，蓋欲人于天理中揀別得人欲，於人欲中便見得天理。其意甚切，然聖人只說「克己復禮」，教人實下工夫，去却人欲，便是天理，未嘗教人求識天理於人欲汩没之中也。龜山曰「天命之謂性，人欲非性也」。却是此語直截，胡子非之，誤矣。晦庵。

答連嵩卿曰：所謂「天地之性即我之性，豈有死而遽亡之理」，此說亦未爲非，但不知爲此說者以天地爲主耶？以我爲主耶？若謂天地爲主，則此性自是天地間一箇公共道理，更無人物彼此之間、死生古今之別。雖曰死而不亡，然非有我得私矣。若以我爲主，則是於自己身上認得一箇精神魂魄有知有覺之物，即便自爲己性，把持作弄，到死不肯放舍，謂之死而不亡，是乃私意之尤者，尚何足與語死生之說、性命之理哉！晦庵。

性無僞冒，不必言真。未嘗不在，不必言在。蓋所謂性，即天地所以生物之理，所謂「惟天之命，於穆不已」、「大哉乾元，萬物資始」者也，曷嘗不在？而豈有我之所能私乎？古人「盡心以知性知天」，其學固有所爲，非欲其死而嘗在也。晦庵。

性即理也，何以不謂之理而謂之性？蓋理是汎言天地間人物公共之理，性是在我之理。性字從生從心，是人生來具是理於心，方名之曰性，其大目只是「仁」、「義」、「理」、「智」

四者而已。

天地萬物，惟「性」之一字括盡。敬軒。

天地之真，乃其本體。明覺自然，乃其妙用。天性正於受生之初，明覺發於既生之後。有體必有用，而用不可以爲體也。整菴。

理無不善，所以發而爲陰陽五行以生人物者，氣也。其交感錯綜，參差不齊，而清濁偏正於是焉分，而賢愚善惡出矣。雖有賢愚善惡之分，然本然之善未嘗不存乎其中，但賢者因其氣之清而能明其理，有其善，愚者因其氣之濁以蔽其理而失其善，流於惡矣。故孟子言「性善」，是就所生所禀之理而言。孔子言「性相近」，指氣禀而言。韓退之言「性有三品」，是專就氣禀而言。程子言「善固性也，惡亦不可不謂之性」，是兼理與氣禀而言。如清者爲水，濁者亦爲水。蓋水之源本清，流出去便有清有濁。理之原本善，禀於人便有善有惡。故論性至周、程、張、朱始備，若荀子言「性惡」，楊子言「善惡混」，失之遠矣。敬齋。

孟子在「良知」「良能」上體驗，故曰「性善」。荀子在「情欲交動」上看，故曰「性惡」。依孟子説，則禮樂教化皆吾性中事。依荀子説，是指氣質物欲爲真性，故以禮樂教化爲僞也。敬齋。

性命　三條

問：純亦不已，理乎？氣乎？朱子曰：理也。「天命之謂性」，亦理也。天命，猶君之命令。性，猶受職於君。氣，猶有能守職者，有不能守職者〔六〕。問：性分、命分何以别？曰：性分以理言之，命分則兼氣言之也。命有厚薄多寡之不同，性則一而已矣。

人物之生，受氣之初，其理惟一。成形之後，其分則殊。其分之殊，莫非自然之理。其理之一，常在分殊之中。此所以爲性命之妙也。整庵。

樂記「人生而靜，天之性也。感於物而動，性之欲也」一段，義理精粹，非聖人不能言。陸象山乃從而疑之，過矣。彼蓋專以欲爲惡也。夫人之有欲，固出於天，蓋有必然而不容已，且有當然而不可易者，於其所不容已者，而皆合乎當然之則，夫安往而非善乎？惟其恣情縱慾而不知反，斯爲惡爾。整庵。

心　十八條

心者，氣之精爽。晦庵。

須知未動爲性，已動爲情。心則貫動靜而無不在焉。知言曰：「性立天下之有，情效天下之動，心妙性情之德。」此言甚精密。晦庵。

知言曰：「心無死生。」先生曰：「心無死生」幾於釋氏輪迴之説矣。天地生物，人得其秀而最靈。所謂心者，乃虚靈知覺之性，猶耳目之有見聞爾。在天地則通古今而無成壞，在人物則隨形器而有始終。知其「理一而分殊」，則亦何必爲是「心無死生」之説，以駭學者之聽乎！晦庵。

知言曰：心無不在本天道變化爲世俗酬酢云云。先生曰：聖人下學而上達，盡日用酬酢之理，而天道變化行乎其中爾。若有心要本天道以應人事，則胸次先横了一物，臨事之際，著意將來把持作弄，而天人之際終不合矣。晦庵。

湖南五峰多説「人要識心」。先生曰：心自是箇識底，却又把甚底去識此心。且如人眼自是見物，如何見得眼。故學者只要去其物欲之蔽，此心便明。晦庵。

所謂「雖無邪心而不合正理」者，實該動静而言。如燕居獨處之時，物有來感，理所當應。而此心頑然固執不動，則雖無邪心，而只此不動處便非正理。又如應事接物處，理當如彼，而吾所以應之者乃如此，則雖未必出於有意之私，然只此亦是不合正理。既有不合正理，此非邪妄而何？晦庵。

入而存者，即是真心。出而亡者，亦此真心。爲物誘而然爾。晦庵。

心中無一物，其大浩然無涯。敬軒。

聖人之心，應物即休，原不少動。敬軒。

滿腔是惻隱之心，則滿身都是心。如刺著便痛，非心而何？然知痛是人心，惻隱是道心。敬齋。

今人言心學者便説「靜時無心」。居仁問曰：設若無心，亦須有理。彼又應曰「靜無而動有」，彼信以爲靜時真無心與理矣。夫天命之性，與生俱生，不可須臾離。故靜而未與物接之時，則此心未動，此理未發，而心之理已全具於中。故「戒慎恐懼」以存養之。若真無心、無理，又戒懼箇甚？又存養箇甚？必有物在内，故須戒懼、須存養。故程子以爲靜中有物，靜中雖無所知覺，亦有知覺在。又有因程子説靜中有物，遂要察見本體，看未發以前氣象，此又非也。靜中只有箇操存涵養，曷嘗有看見察見？或問：周子言「靜無而動有」，何也？曰：周子言「無」，以未形而言，非真無也，乃無中含有也。故朱子解之曰：「靜非無也，以未形而謂之無。」敬齋。

雖上智不能無人心。聖人所謂「無欲」者，非若釋氏虚去根塵。但人心之得其正者即道心。以其不流於人欲之私，所謂無欲也。聖人一片實心，種種道理皆從此出。敬齋。

道心，「寂然不動」者也。至精之體不可見，故微。人心，「感而遂通」者也。至變之用不可測，故危。整庵。

「道心」，性也。「人心」，情也〔七〕。而兩言之者，動静之分、體用之别也。凡静以制動則吉，動而迷復則凶。「惟精」，所以審其幾也。「惟一」，所以存其誠也。「允執厥中」，「從心所欲不踰矩」也，聖神之能事也。整庵。

記曰：「人者，天地之心。」夫仰觀俯察，茫茫蕩蕩。天地何心？惟是虚化形成而人，人便是天地之心之所寄托也。吾人合下反身默識，心又何心？惟此視聽言動所以然處，便是此心發竅處也。此心發竅處便是天地之心之發竅也。故程子曰視聽言動皆天也。吾儕於此信得及，何天非我？何地非我？何我非天地哉？

所以爲是心者，理也。所以具是理者，心也。故理是處心即安，心存處理即在。敬齋。

心者，人之神明。性者，人之生理。理之所在謂之心，心之所有謂之性。整庵。

程子發明「心有主」一句，真學之要。此便見虚中有實、大本卓然。彼狥于功利者，雜擾而無主。溺於空虚者，寂滅而無主。只收斂專一，便是有主之道。朱子所謂「自作主宰、自操自存」，今有一等學問，常照看一箇心在内裏，乃異教反觀内視之法，其無主一也。敬齋。

中和　三條

初與張敬夫曰：人自有生即有知識，事至物來，應接不暇。念念遷革，以至于死。其間初無頃刻停息，舉世皆然也。然聖賢之言則有所謂「未發之中、寂然不動」者。夫豈以日用流行者爲已發，而指夫暫而休息、不與事接之際爲未發時耶？嘗試以此求之，則泯然無覺之中，邪暗鬱塞，似非虛明應物之體。而幾微之際，一有覺焉，則又便爲已發，而非寂然之謂。蓋愈求而愈不可見。於是退而驗之日用之間，則凡感之而通，觸之而覺，蓋有渾然全體，應物而不窮者，是乃天命流行、生生不已之機，雖一日之間萬起萬滅，而其寂然之本體則未嘗不寂然也。所謂未發，如是而已。夫豈別有一物，限於一時，拘於一處，而可以謂之中哉？又曰：通天下只是一箇天機活物，流行發用，無間容息。據其已發者，而指其未發者，則已發者，人心。而凡未發者，皆其性也。即夫日用之間，渾然全體，如川流不息、天運不窮。所以體用、精粗、動靜、本末洞然，無一毫之間，而鳶飛魚躍，觸處朗然也。存者存此而已，養者養此而已。後答敬夫曰：日前所見，累書所陳者，只是儱侗見得箇大本達道底影像，便執認以爲是了。蓋只見得箇直截根原，傾湫到海底氣象，日用間但覺爲大化所驅，如在洪濤巨浪之中，不容少頃停泊，以故應事接物處，但覺粗厲勇果，而無寬裕雍容之象〔八〕。雖竊病之，而不知其所自來也。今而後，乃知浩浩大化之中，一家自有一箇安宅，正是自家安身立命、主宰知覺處，所以立大本、行達道之樞要。所謂「體用一源、顯微無間」者，乃在於此。道邇求遠，亦可見矣〔九〕。又答敬夫曰：近復體察，見得此理須以心爲主而論之，則性情之德，中和之妙，皆有條而不紊。蓋人之一身，知覺運用莫非心之所爲。心者，所以主於身，無語默動靜之間者也。方其靜也，事物未至，思慮未萌，而一性渾然，道義全具，其所謂「中」，乃心之所以爲體，而「寂然不動」者也。及其動也，事物交至，思慮萌焉，由七情迭用，各有攸主，其所謂「和」，乃心之所以爲用，「感而遂通」者也。然性之靜也而不能不動，情之動也而必有節焉，是則心之所以寂然感通，周流貫徹，而體用未始相離者也。然人有是心而或不仁，則無以著此心之妙。人雖欲仁而或不敬，則無以致求仁之功。蓋心主乎一身而無動靜語默之間。是以君子之於敬，亦無動靜不用其力焉〔一〇〕。未發之前，是敬也固已主乎存養之實；已發之際，是敬也又常行於省察之間。方其存也，思慮未萌而知覺不昧，是則靜中之動，復所以「見天地之心」也。及其察也〔一一〕，事物糾紛而品節不差，是則動中之靜，艮之所以「不獲其身不見其人」也。有以主乎靜中之動，是則寂而未嘗不感。有以察乎動中之靜，是以感而未嘗不寂。寂而常感，感而常寂，此心之所以周流貫徹而無一息之不仁也。晦庵。

未發之前，不可無主。敬齋。

程子曰：「未應不是前，已應不是後。」蓋未應之時，此理全具於寂然不動之中。當此之時，敬以操存之，而未發之中，天下之大本立焉。已應之時，此理發見於感而遂通之際。當此之時，敬以省察之，則發而中節之和而天下之達道行焉。未應，體也、靜也。已應，動也、用也。體即用之所存，用即體之所發。非有兩事，固無先後之可言，亦是動靜無端、陰陽無始之意。敬齋。

中　二條

「執中無權」，雖君子之所惡，苟無忌憚，則不若無權之爲愈。南軒。

夏葛冬裘，饑食渴飲，朝作暮息，得其正者，皆時中也。敬軒。

誠　立誠　存誠　五條

「不能反躬，天理滅矣」。天理云者，百理具備，元無少欠，故「反身而誠」。遺書。

「誠者，物之終始」。來處是誠，去處亦是誠。誠則有物，不誠則無物。且如而今對人説話，若句句説實，皆自中心流出，這便是有物。若是脱空誑誕，不説實話，雖有兩人對話，如無物也。且如草木萌芽發生〔一二〕，以至枯死朽腐，皆是有此實理，方有此物。若無此理，安得有此物？南軒。

惟誠無間斷破缺。敬軒。

以誠感人者，人亦以誠應。以詐御人者，人亦以詐應。敬軒。

人於「實」之一字，當念念不忘。隨事隨處省察，必使人一念一事皆出於實，斯有進德之地。敬軒。

感應屈伸之理 二條

風竹便是感應無心，如人怒我，勿留胸中，須如風動竹。遺書。

問寂感，曰：寂然是體感是用，當其寂然時，理固在此，必感而後發。如仁感爲惻隱，未感時，只是仁；義感爲羞惡，未感時，只是義。

神 二條

立「清虛一大」爲萬物之源，恐未安。須兼清濁虛實乃可言神。道體物不遺，不應有方所。遺書。

天道至教，四時行，百物生，莫非造化之神。不可專以太虛無形爲道體，而判形而下爲粗迹也。晦庵。

本末　一條

程子以「盡性至命，必本于孝弟」，蓋「孝弟」是性命中事，至親至切而最要者。此處能精察而力行之，則性命不外是矣。窮神知化，由通於禮樂。禮樂、神化只一理。禮樂乃人事顯著者，然其中精微曲折，察而知之，神化可契而知之矣。敬齋。

校勘記

〔一〕陽消處便是陰　朱子語類卷六十五作「陽之退便是陰之生」。

〔二〕天地間無非氣人之氣與天地之氣相接無間斷　「間」字原脱，據朱子語類卷三補。「相接」，朱子語類卷三作「常相接」。

〔三〕正譏此爾　「譏」，晦庵集卷四五答廖子晦作「談」。

〔四〕無形跡之可言禮則有品節文章之可見矣　晦庵集卷六〇答曾擇之作「未有形跡之可言制而爲禮則由品節文章之可見矣」。

〔五〕不須問他從初　「初」字下，朱子語類卷三三有「時」字。

〔六〕天命猶君之命令性猶受職於君氣猶有能守職者有不能守職者　「猶」，朱子語類卷四皆作「如」。

〔七〕道心性也人心情也　此句下，困知記卷上有「心一也」三字。

〔八〕寬裕雍容之象　「象」，晦庵集卷三二答張敬夫作「氣」。

〔九〕亦可見矣　「見」，晦庵集卷三二答張敬夫作「笑」。

〔一〇〕亦無動靜不用其力焉　「動靜」下，晦庵集卷三二答張敬夫有「語默」二字。「力」，宋元學案卷四八作「致」。

〔一一〕及其察也　「察」，劉子遺書卷一聖學宗要作「發」。

〔一二〕且如草木萌芽發生　「草木」下，朱子語類卷六十四有「自」字。

近思録補卷二

總論爲學之要

聖賢學力　四條

孔子只十五歲時，便斷然以聖人爲志。晦庵。

近看孟子見人便道「性善」、稱堯舜，此是第一義。若於此看得透、信得及，直下便是聖賢，更無一毫人欲之私做得病痛。若信不及，孟子又説箇第二節功夫，只引成覸、顔淵、公明儀三段説話，教人如此發憤，勇猛向前。日用之間，不得存留一毫人欲之私在這裏，此外更無别法。若於此有箇奮迅興起處，方有田地可下工夫。不然，即是畫脂鏤冰，無真實得力處也。晦庵。

孟子道「人皆可以爲堯舜」，何曾道堯舜更不假修爲？晦庵。

世俗之學，所以與聖賢不同者，亦不難見。聖賢直是真箇去做。説正心，直要心正。説誠意，直要意誠。「脩身齊家」皆非空言。今之學者，説「正心誠意脩身」，不過將聖賢許多説話吟咏諷誦而已。或掇拾言語，綴緝時文，如此爲學，却於自家身上有何交涉？今之朋友，固有樂聞聖賢之學而終不能去世俗之陋者，無他，只是志不立爾。學者大要立志，纔學便要做聖人是也。南軒。

外誘 二條

一切外物放下，緊緊於身心上用力，斯得近裏之效。敬軒。

「動亦定，靜亦定」，性之本體然也。動靜之不常者，心也。聖人性之，心即理，理亦心，本體常自湛然，了無動靜之別。常人所以膠膠擾擾，曾無須臾之定貼者，心役於物而迷其性也。夫事物雖多，皆性分中所有。苟能順其理而應之，亦自無事。然而明有未燭，誠有未存，平時既無所主，則臨事之際，又惡知理之所在而順之乎！故必誠明並進〔一〕，工夫純熟，然後定性可得而言。此學者所當勉也。整庵。

德業　附知行　五條

知與行常相須，如目無足不行，足無目不見。論先後，知爲先。論輕重，行爲重。晦庵。

知之而行，譬皎日當空，脚踏實地，步步相應。未知而行者，如闇中模索，雖或中，而不中者多矣。南軒。

見理明，須一一踐履過，則事與理相安而皆有著落處。見理雖明，而不一一踐履過，則理與事不相資，略無可依據之地。曾點所以流於狂也。敬軒。

行在知之後，故子路之强勇、司馬君實之篤行皆有差。使其有致知工夫，則二賢何可及也？故程子以爲「若達便是堯舜氣象」。敬齋。

「知猶識路，行猶進步」，若謂但知便可，則釋氏「一超直入如來地」之語也。常旦驗之妻子，以觀其行之篤否，夜考之夢寐，以卜其志之定未，須於此等處常常體密，最可驗學力。敬齋。

敬義　二條

朱子於書之堂左曰「敬」，右曰「義」，蓋嘗讀易而得其兩言，曰「敬以直内，義以外方」，以爲爲學之要無以易此，而未知所用力之方也。及讀中庸，見其所論脩道之教，而必以「戒慎恐懼」爲始，然後得夫持敬之本。又讀大學，見其所論明德之序，必以「格物致知」爲先，然後得夫所以明義之端。既而觀夫二者之功，一動一靜，交相爲用，又有合乎周子「太極」之論，然後又知天下之理，幽明鉅細，遠近淺深，無不貫於一者，樂而玩之，固將終吾身而不厭〔二〕，又何暇夫外慕哉？因以名吾二齋云。

學者工夫，惟在「居敬」、「窮理」二事。能窮理，則居敬工夫日益進；能居敬，則窮理工夫日益密。兩項都不相離。才見成兩處，便不得。南軒。

敬 四條

敬齋箴曰：「正其衣冠，尊其瞻視。潛心以居，對越上帝。足容必重，手容必恭。擇地而蹈，折旋蟻封。出門如賓，承事如祭。戰戰兢兢，罔敢或易。守口如瓶，防意如城。洞洞屬屬，罔敢或輕。不東以西，不南以北。當事而存，靡它其適。弗貳以二，弗參以三。惟心惟一，萬變是監。從事於斯，是曰持敬。動靜弗違，表裏交正。須臾有間，私慾萬端。不火而熱，不冰而寒。毫釐有差，天壤易處。三綱既淪，九法亦斁。於乎小子，念哉敬哉。墨卿司戒，敢告靈臺。」晦庵。

心具衆理，所患者紛亂、放逸、惰慢，故須主敬。主一無適，所以整其紛亂、放逸；整齊嚴肅，所以救其惰慢。此存心之要法也。敬齋。

「端莊整肅，嚴威儼恪」是敬之入頭處，「提撕喚醒」是敬之接續處，「主一無適，湛然純一」是敬之無間斷處，「惺惺不昧，精明不亂」是敬之効驗處。敬齋。

古今聖賢説「敬」字，曰欽，曰寅，曰恭，曰畏，曰翼，曰戒懼，曰戰兢，曰齊莊，字雖不同，其實一也。洪範「貌曰恭」，是外面之敬也，至曰「恭作肅」，則心亦敬也。内外一致也。「臨深淵，履薄冰」，形容戒懼之意最切。孔子言「出門如見大賓，使民如承大祭」，又畫出一箇敬底樣子出來與人做。程子言「整齊嚴肅」是入敬處，朱子曰：「畏字是敬之正意。」程子「主一無適」是就存主處説，謝氏「惺惺」法是就敬之精明處説，尹氏「收斂身心，不容毫髮事」，又以人到神祠致敬爲喻，即是孔子「見大賓，承大祭」之意形容得最親切。朱子敬齋箴説得全備，毫釐有差，便流於禪定，故朱子有「三綱淪、九法斁」之戒。敬齋。

誠敬　恭敬　二條

誠然後能敬，未及誠時，却須而後能誠。遺書。

一者，誠也。主一，敬也。由敬入誠。誠敬既立，本心自存。力行既久，全體皆仁。舉而措之，家齊國治，聖賢能事，此其備矣。敬齋。

無妄　一條

無妄，誠也。誠，天理之實也。聖人只是循其實理之自然，無一毫私意造爲。故出乎實理無妄之外，則爲過眚。循此實理無妄而行之，則吉無不利。不幸而災疾之來，亦守此無妄之實理而不足憂。卦辭、爻辭皆此意，學者則當擇善而固執也。敬齋。

誠意　養誠　三條

「思無邪」乃誠身之要。敬軒。

無所爲而爲者，誠也。有所爲而爲者，僞也。誠者不息，僞者易輟。敬軒。

程明道不用文字，蓋誠意既不能動人，文字何補？敬軒。

心感　二條

「寂然不動，感而遂通」者，天理具備，元無欠少，不爲堯存，不爲桀亡。父子君臣，常理不易，何曾動來？因不動，故言「寂然」。雖不動，感便通，感非自外也[三]。遺書。

莊子曰：「至人之用心若鏡，不將不迎，應而不藏。」程子所謂「形容道體」之言，此類是也。晦庵。

心志　趨向　三條

書不記，熟讀可記。義不精，細思可精。惟有志不立，直是無著力處。只如今貪利禄而不貪道義，要作貴人而不要作好人，皆是志不立之病。直須反覆思量，究見病痛起處，勇猛奮發，不復作此等人。一躍躍出，見得聖賢所説千言萬語，都無一字不是實語，方始立得此志，就此積累工夫，迤邐向上去，大有事。晦庵。

學者須要有廉隅牆壁，便可擔負大事如子路，世間病痛都没了。晦庵。

今學者之病，最是先學作文干禄，使心不寧靜，不暇深究義理。故於古今之學，義利之間，不復能察其界限分別之際，而無以知輕重取舍之所宜。所以誦數雖博，文詞雖工，而秖重爲此心之害，須要反此，然後可以議爲學之方爾。晦庵。

志氣　氣質　四條

謂陳廷秀曰：今只理會下手做工夫處，莫問他氣禀與習，只是是的便做，不是的莫做。

那箇萬里不留行，更無商量。一任你氣稟物欲，我只是恁地。如此，則「雖愚必明，雖柔必强」。又曰：學問之道無他。莫論事之大小，理之淺深，但到目前，即與理會到底。晦庵。

人之爲學，最當於矯揉氣質上做工夫。如懦者當强，急者當緩，視其偏而用力焉。又曰：近思爲學，必須於平日氣稟資質上驗之，如滯固者疏通，顧慮者坦蕩，智巧者易直，苟未如此轉變，要是未得力爾。南軒。

爲學，第一變化氣質，不然只是講説爾。然氣質極難變，十分用力，猶有變不能盡者，然亦不可以爲難變而遂懈於用力也。敬軒。

輕當矯之以重，急當矯之以緩，褊當矯之以寬，躁當矯之以靜，暴當矯之以和，粗當矯之以細，察其偏者而悉矯之，久則氣質變矣。敬軒。

氣　理氣　五條

理乃氣之理，氣乃理之氣。混之則無別，二之則不是。敬齋。

理須就氣上認取，然認氣爲理便不是，此處間不容髮，要人善觀而默識之，只就「氣認理」與認「理爲氣」兩言明有分別，於此看不透，多説無用。整庵。

夜氣之所息其用力處，全在旦晝之所爲，不在靜中也。整庵。

孟子以「勿忘勿助」爲養氣之法，氣與性一，但有形而上下之分爾。養性即養氣，養氣即養性，顧所從言之不同，然更無别法。子思所謂「戒慎恐懼」，似乎「勿忘」之意多，孟子語意更完也。整庵。

此身只是形氣神理，理精於神，神精於氣，氣精於形，形則一定。氣能呼吸，能冷暖。神則有知覺，能運用。理則知覺運用上許多道理。然有形斯有氣，有氣斯有神，有神斯有理，只是一物分出許多名字，知此則心、性、情之類皆可見矣。

言行　忠恕　忠信　五條

一箇大公至正之路甚分明。不肯行，却尋得一線路與自家私意合，便稱是道理，今人每每如此。晦庵。

人不謀諸己，而强爲之謀，彼即不從，是謂失言，日用間此等甚多。人以爲細事而不謹，殊不知失言之責，無小大也，謹之。敬軒。

忠，只是一箇忠，做出百千萬箇恕來。晦庵。

忠信積久，可孚於人。敬軒。

敬則心之體立，恕則心之用行。爲仁之功莫過此。敬齋。

知禮　禮儀　二條

學只是智與禮，知識貴乎高明，踐履貴乎著實。知既高明，須是放底著實去。又曰：禮要極卑，禮儀三百，威儀三千，無非卑底。事卑便廣，地卑便廣，高則狹了。晦庵。

天下同知畏有形之寇，而不知畏無形之寇。欲之寇人，甚於兵革；禮之衛人，甚於城郭。東萊。

天理　人欲　三條

先生疾革，訓門人曰：爲學之要，惟事事審求其是，決去其非，積習久之，心與理一，自然所發皆無邪曲。聖人應萬事，天地生萬物，直而已矣。晦庵。

有一分利欲，便蔽一分天理。利欲長一分，大本便虧一分。敬齋。

盡天理，不以一毫私意智力撓之，便是堯舜氣象。敬齋。

古今之學　一條

聖賢言語儘多了，前輩説得分曉了，學者只將己來聽命於他，切己去做，依古人説的行出來，便是我底。何必别生意見，硬自立説？此最學者大病，不可不深戒。晦庵。

内外　名實　進退　五條

務反求者，以博觀爲内馳〔四〕；務博觀者，以内省爲狹隘。墮於一偏，此學者之大病。晦庵。

爲學須是切實爲己，則安静篤實。承載得許多道理，若輕揚淺露，縱探討得説得去，也承載不住。晦庵。

聞深以好名爲戒，此固然矣。然偏持此論，將恐廉隅毁頓，其弊有甚於好名者。故先聖云：「君子疾没世而名不稱焉。」南軒。

「離内外，判心跡」，此二本也。蓋心具衆理，衆理悉具於心，心與理一也。故天下事物之理雖在外，統之在吾一心。應事接物之跡雖在外，實吾心之所發見。故聖人以一心之理應天下之事，内外一致，心跡無二。異端虚無空寂，此理先絶於内，以何者而應天下之事哉？由其專事乎内而遺其外，不考諸跡而專求諸心，厭棄事物之理，專欲本心之虚靈，是分内外心迹爲二本矣。愚嘗思之内外心跡終二他不得。空則内外俱空，實則内外俱實。有則内外俱有，無則内外俱無。是則心迹皆是，非則心迹皆非。正則心迹皆正，邪則心迹皆邪。固未嘗二也。敬齋。

先儒言「合内外之道」，又曰「表裏交正」，曰「内外交養」，曰「本末相資」，曰「體用一源，顯微無間」，曰「動靜相涵」，曰「敬義夾持」。此等處最宜理會，此處看得破則知所用力，知所用力則功利無所誘，異端不能惑矣。敬齋。

説樂　人己　學知　六條

近來學者，多是以自家合做底事報與人知。如有飯，不將來自喫，只要鋪攤在門前，要人知我家裏有飯。打疊得此意盡，方有進。晦庵。

爲學之道，更無他法。但能熟讀精思，久久自有見處。尊所聞，行所知，久久自有至處。晦庵。

如説有一項不可言的知，便是釋氏之誤。晦庵。

己與人物本同一理一氣，而或不能公好惡於天下者，蔽於有己之私也。南軒。

學不爲己，根本已失，讀書窮理，皆非自己之物。爲己，只把做自己分内事，爲其所當爲。久之，只見一箇當然的道理，其餘都不見矣。敬齋。

近日學者便要尋滋味、尋快活，此皆是未學行先學走，如何不倡狂顛倒？只當教他去窮理力行，見理明，力行熟，自有滋味，自能快活。孔子教人博文，便是入滋味處；教人約禮，便是人快活處。但當先難而後獲。敬齋。

循序　自得　四條

嚴立功程，寬著意思，久之，自當有味，不可求欲速之功。晦庵。

習矣不察，行矣不著。如今人又不如此，不曾去習，便要説察；不曾去行，便要説著。晦庵。

答林退思曰：道之全體，雖高且大，而其實未嘗不貫乎日用細微切近之間。苟悦其高而忽於近，慕其大而略於細，則無漸次經由之實，而徒有懸想跂望之勞，亦終不能以自達矣。故聖人之教，循循有序，不過使人反而求之至近至小之中，博之以文，開其講學之端，約之以禮，嚴其踐履之實，使之得寸則守其寸，得尺則守其尺。如是久之，日滋月盈，然後道之全體，乃有所鄉望而漸可識，有所循習而漸可能。自是而往，俛焉孳孳，斃而後已。而其所造之淺深，所就之廣狹，亦非可以必詣而預期也。故夫子嘗以「先難後獲」爲仁，又以「先事後得」爲崇德，苟於此少差，則心失其正，雖有「鑽堅仰高」之志，而反爲計功計利之私矣，仁何自而得？德何自而崇哉？晦庵。

聖門之學，循循有序，非若異端，矜誇籠罩，自謂「一超径詣」，卒爲窮大而無所據也〔五〕。近世一種學者之弊，渺茫臆度，更無積學之功，其意見只類「一超徑詣」之説，非惟自误，且誤人，不可不察。

學問　聞見　悟敏　七條

吾儕講學，欲上不得罪於聖賢，中不誤一己，下不爲害於將來。晦庵。

人多言爲事所奪，有妨講學，此爲不能使船，嫌溪曲者也。遇富貴就富貴上做工夫，遇貧賤就貧賤上做工夫，兵法一言甚佳，因其勢而利導之。晦庵。

如今工夫須是一刀兩段，所謂「一棒一條痕，一摑一掌血」。使之歷歷分明，開去莫要含糊。晦庵。

莫説要一箇頓段工夫方做得，如此便蹉過了。只今便要做去，斷以不疑，鬼神避之。需者，事之賊也。晦庵。

爲學正如撐上水船，一篙不可放緩。晦庵。

學者須是耐煩辛苦。晦庵。

這道理若不拚生棄死去理會，終不解得。晦庵。

遇橫逆之來，當思古人所處有甚於此者。晦庵。

困學　學治　四條

學者之所講明踐履，仕者之所表倡推明，皆當以三綱五常爲本。敬軒。

學只是修身，功業是修身之效，不可以功業爲心。敬齋。

爲政須通經有學術者，不學無術，雖有小能，不達大體。敬軒。

明善　弘毅　二條

孔子曰：「不得中行而與之，必也狂狷乎？」看來這道理，須是剛硬，立得脚住，方有所成。孔子晚年方得曾子，曾子得子思，子思得孟子，都如此剛果决烈。若慈善柔弱的，終不濟事。况當世衰道微之時，尤當硬著脊梁，無所屈撓於世間，禍福得喪，一不足以動其心，方靠得。然其工夫只在自反常直，仰不愧、俯不怍，則自然如此，不在他求也。晦庵。

學者做工夫，當忘寢食做。一上便得些入處，自後方滋味接續，浮浮沉沉，半上落下，不濟得事。又曰：這箇物事要得不難，如飢之欲食，渴之欲飲，如救火，如追亡，似此年歲間看得透，活潑潑地在這裏流轉方是。又曰：譬如煉丹，須先將百十斤炭火煅一餉方可，用微微火養教成就。今人未曾煅，便要將微火養，如何得成？·晦庵。

修德　無時不學　三條

古人説「學有緝熙於光明」，此句最好。蓋心地本自光明，只被利欲昏了。要令其光明處轉光明緝將去。晦庵。

只從今日爲始，隨處提撕，隨處收拾，隨處體究，隨事討論，則日積月累，自然純熟，自然光明。晦庵。

無事則專一嚴整，求自己之放心。讀書則虛心觀理，求聖賢之本意。晦庵。

學力應驗　二條

學問須是大進一番，方許有益。若能於一處大處攻得破，見那許多零碎，只是這一箇道理，方是快活。曾點、漆雕開已見大意，只緣他大處看得分曉，今且道他那大底是甚物事。晦庵。

顔子最好處，是「得一善則拳拳服膺而弗失」。孟子最好處，是「善端之發便能擴充以至其極」。今人見好事不肯做，故不濟事。若因善端之發不肯放過，直做到底，真箇難及，便是顏孟復生。敬齋。

經學　文學　一條

古之聖賢，其文可謂盛矣！然初豈有意於爲如是之文哉！有是實於中，則必有是文於外。如天有是氣，則必有日月星辰之光耀；地有是形，則必有山川草木之行列。聖賢之心，既有是精明純粹之實以旁薄充塞乎其内，則其著見於外者，亦必有自然條理分明，光輝發越而不可掩蓋。不必託於言語，著於簡册而後謂之文。但自一身接於萬事，凡其語嘿動静，人所可得而見者，無適而非文也。姑舉其最而言，則易之卦畫、詩之詠歌、書之記言、春秋之述事，與夫禮之威儀、樂之節奏，皆已列爲六經而垂萬世，其文之盛，後世固莫能及。然其所以盛而不可及者，豈無所自來而世亦莫之識也。晦庵。

道學　理學　八條

爲學工夫不在日用之外。檢身則動静語默，居家則事親事長，窮理則讀書講義。大抵只要分别一箇是非，而去彼取此爾，無他玄妙之可言也。論其至近至易，即今便可用力，論其至急至切，即今便當用力。晦庵。

古人之學，所貴於存心者，蓋將推此以窮天下之理。今之所謂識心者，乃欲恃此而外天下之理。是以古人知益崇而禮益卑，今人則論益高而其狂妄恣睢也愈甚，得失亦可見矣。晦庵。

道體之全，渾然一致。而精粗本末、内外賓主之分，粲然於其中，有不可以毫釐差者。此聖賢之言所以或離或合、或異或同，乃所以爲道體之全也。今徒知所謂渾然者之爲大而樂言之，而不知所謂粲然者之未始相離也。是以信同疑異，喜合惡離，其論每陷於一偏，卒爲無星之秤、無寸之尺而已。豈不誤哉！晦庵。

學不要窮高極遠，只言行上檢點便實。今人論道，只論理不論事，只説心不説身，其説至高而蕩然無守，流於空虚異端之歸。晦庵。

「高者入於空虚，卑者流於功利」，此二句説盡天下古今病痛。正學不明，名教無主，學者纔就身心上用功，便入虚空去。纔就事業上著力，便入功利去。蓋見道不明，以近似者爲真故也。敬齋。

今人不曾做得下學工夫，便欲貪求高妙，如何不入異端去？不曾識得聖賢作用，便欲建功立業，如何不入功利去？敬齋。

若是真學問、文章，須見于威儀之際與夫日用之常。若是真道德、性命，須見於治家之法與夫當官之政。不然，徒自皇皇於多故，而在身無受用之實，在心無灑落之趣，是真博學之小人，而詞章之兒豎爾，危哉！虚齋。

唐宋諸名臣多尚禪學，學之至者，亦儘得受用。蓋其生質既美，心地復緣此虚静，兼有稽古之功，運用酬酢，雖不中不遠矣。且爲此學者，皆不隱其名，不諱其實，初無害其爲忠信也。故其學雖誤，其人往往有足稱焉。後乃有儒其名而禪其實，諱其實而侈其名者，不知反之於心，果何如也。整庵。

友道　師教　三條

「導友善，不納，則當止」，宜體此言。敬軒。

未合者，不可强言以鈎之。若然，則近於譎。敬軒。

古人於小學，自能言便有教，一歲有一歲工夫。今都蹉過了，只據而今地頭，便立定脚跟做去，栽種後來根株，填補前日欠缺。晦庵。

西銘　東銘　一條

訂頑立心，便可語王道。物我之私既去，則天地之生意在我。推而行之，將無一物不得其所。不然，則雖一匡天下，不過出於智計之私，况禍敗者乎！敬齋。

校勘記

〔一〕誠明並進　「並」，困知記卷上作「兩」。

〔二〕固將終吾身而不厭　此句晦庵集卷七八名堂室記作「固足以終吾身而不厭」。

〔三〕感非自外也　「自」，原作「是」，據二程遺書卷二上改。

〔四〕務反求者以博觀爲外馳　「外」，原本作「内」，據晦庵集卷五十四改。

〔五〕卒爲窮大而無所據也　「而」、「據」，原本闕，據南軒集卷二六答周允升補。

近思録補卷三

致知類

思　思慮　明睿　六條

延平先生之教，以爲爲學之初，且當常存此心，勿爲他事所勝。凡遇一事，即就此事反覆推尋，待其融釋脱落而後已，如此既久，積累之多，胸中當自有灑然處。晦庵。見得人情事幾，未甚分明，此乃平日意思不甚沈静，故心地不虚不明，而爲事物所亂。要當深察此病而亟反之。晦庵。

答王子合曰：所喻思慮不一，胸次凝滯，此學者之通患，然驟難革。莫若移此心以窮理，使向於彼者專，則繫於此者不解而自釋矣。晦庵。

問：思慮難一，如何？曰：若見得道理分曉，自無閑雜思慮。人之所以思慮紛擾者，只爲未見得實理。若實見得此理，更何待思慮？天下何思何慮？不知有甚事可思慮也！晦庵。

張旭見擔夫與公主爭道及公孫大娘舞劍而草書進，乃心常思念，至此而感發。程子曰：須是思，方有感悟處。若不思，怎生得如此？然可惜張旭留心於書，若移此心學道，何所不至？此即無忘之意。敬軒。

真能主敬，自無雜慮。欲屏思慮者，皆是敬不至也。敬齋。

致知　力行　三條

洪慶將歸，先生召入與語曰：如今下工夫，且須端莊存養，獨觀昭曠之原，不須全費工夫鑽紙上語。待養得此中昭明洞達，自覺無許多窒礙。恁時方取文字來看，則自然有意味，道理自然透徹，遇事自然迎刃而解。此等語不欲對諸人說，恐他不肯去看文字，又不實了。且教他看文字，撞來撞去，將來自有撞著處。凡看文字，非是要理會文字，正要理會自家性分上事也。晦庵。

謂陳安卿曰：吾友僻在遠方，無師友講明，不接四方賢士，不知遠方事情，又不知古今人事之變。只知「尊德性」，而無「道問學」許多工夫，恐只是佔便宜自了之學，出門動步便有礙，時變日新而無窮，安知他日之事非吾輩之責乎？學不足以應變，應得祇成杜撰，不合義理，則平日工夫依舊是錯。今須遊學四方，事事去理會這道理，方周遍浹洽。自古無不曉事情底聖賢，無不通變底聖賢，無閟門獨坐底聖賢。若只就一線上窺見天理，便要去通那萬事，如何可得？萃百物，然後觀化工之神；聚衆材，然後知作室之用。於一事一義上欲窺聖人之用心，非上智不能也。須撤開心胸去理會。他人未做工夫的，不敢向他說。如吾友於己分上已自見得，若不說與公，又可惜了。晦庵。

知之而行，譬皎日當空，脚踏實地，步步相應。未知而行者，如闇中模索，雖或中，而不中者多矣。南軒。

窮理　格物　明理　十三條

窮理且令有切己工夫。若只泛窮天下萬物之理，不務切己，即遺書所謂「遊騎無歸」矣。晦庵。

逐事上自有一箇道理。易曰「探賾索隱」，「賾」是紛亂時，「隱」是隱奥也，全在探索上。紛亂他自紛亂，我若有一定之見，安能紛亂得我？晦庵。

問：看道理不出，只是心不虛靜否？曰：也是不會去看。會看的，就看處自虛靜，這箇互相發。晦庵。

大學不曰「窮理」而謂之「格物」，只是使人就實處窮究。須是於事上窮理，理於事本無二。今見事來，别把做一般看，便錯了。晦庵。

器遠問致知格物。曰：眼前凡所應接底皆是物，都有箇極至之理，便要知得到。若知不到，便都不分明；若知得到，決定着恁地做，更無第二、第三著。止緣人見道理不破，便恁地苟簡做，不得第一義。問：如何是第一義。曰：如「爲人君止於仁」之類，決定著憑地，不憑地便不得。又如在朝，須著「進君子退小人」，這是第一義。有功決定著賞，有罪決定著誅。更無小人可用之理，更無包含小人之理。惟見得不破，便道小人不可去，也有可用之理，這都是第二、第三義。如何會好？若事事窮得盡道理，事事占得「第一義」，甚麽樣剛方正大！且如爲學，決定是要做聖賢，這是「第一義」，便漸漸有進步處。若道自家做不得，且隨分依稀做些子，這是見不破。所以説「不以舜之所以事堯事君，賊其君者也。不以堯之所以治民，賊其民者也」。謂吾身不能者，自賊者也。晦庵。

見得義當爲，却説不做也無害；見得利不可做，却説做也無害，便是物未格、知未致。見得義當爲，決爲之，利不可做，決是不做。心下自肯自信，便是「物格知至」。

或問：「格物致知」之學與世之所謂「博物洽聞」者，奚以異？曰：此以「反身窮理」

爲主，而必究其本末是非之極摯〔一〕。彼以徇外誇多爲務，而不覈其表裏真妄之實然。必究其極，是以知愈博而心愈明。不覈其實，是以識愈多而心愈窒。此正爲己爲人之分，不可不察也。晦庵。

或讀書，或處事，或論人物，必求其是處，便是格物。蓋是者，天理也。非者，人欲也。得其是則天理是矣。敬軒。

人苦無才，此只是不窮理。理明才自長。然又須養氣以充之，存心以察之。敬齋。

窮理格物，先從性情上窮究，則見得「仁義禮智」渾然全具於心。「惻隱羞惡辭讓是非」隨感而發，就從此力加操存省察，推廣擴充，此源頭工夫、根本學問。敬齋。

窮理非一端，所得非一處。讀書得之最多，講論得之最速，思慮得之最深，行事得之最實。敬齋。

窮理須得心專一，方有細密工夫，方見得透徹。若不專一，則粗疏草略，縱敏者亦略見仿佛而已。敬齋。

「格物致知」，學之始也。「克己復禮」，學之終也。物格則無物，唯理之是見。己克則無我，唯理之是由。沛然天理之流行，此其所以爲仁也。整庵。

會疑　知疑　釋疑　七條

看書不可穿鑿，看從分明處，不可尋從隱僻處去。晦庵。

凡說書，只就眼前說出底便好，崎嶇尋出底便不好。文字須活看，此就此說，彼就彼說，不可牽此合彼，便處處有礙。晦庵。

讀書若有所見，未必便是，不可便執着，且放在一邊。若執着。一見此心，便被此見遮蔽了。譬如一片潔淨田地，若上面纔安一物，便有遮蔽處。晦庵。

凡看書麤則心麤，看書細則心細。若研窮不熟，得些義理，可以爲是，亦可以爲非，如何有益？須是見得「差之毫釐，謬以千里」方可。晦庵。

大抵思索義理到紛亂窒塞處，須是一切掃去，放教胸中空蕩蕩地了，却舉起一看，便自覺得有下落處。晦庵。

以我觀書，處處得益。以書博我，釋卷而茫然。晦庵。

學者不欲進則已，欲進則不可以有成心，有成心則不可與進於道矣。故成心存，則自處以不疑；成心亡，則知所疑矣。小疑則必小進，大疑則必大進。蓋疑者，不安於故而進於新者也。東萊。

讀書有疑　觀文求義　十條

讀書之法，在循序而漸進，熟讀而精思。又曰：字求其訓，句索其旨，未得於前，則不敢求於後。未通於此，則不敢置於彼。又曰：先須熟讀，使其言若皆出於吾之口。繼以精思，使其意若皆出於吾之心。晦庵。

今人讀書，務廣而不求精。是以刻苦者迫切而無從容之樂，平易者泛濫而無精約之功。兩者之病雖殊，其受病之源一而已。晦庵。

讀書只一遍，讀時便作焚舟計。止此相别，更不再讀，便記得。晦庵。

看文字須如猛將用兵，直是鏖戰一陣；如酷吏治獄，直是推勘到底，決不恕他。晦庵。

學者觀書，病在只要向前，不肯退步。愈向前，愈看得不分曉。不若退後，反復玩味，用意深，便見意味長，受用牢固。晦庵。

一學者苦讀書，不記。先生曰：只是貪多，故記不得。福州陳正之極魯鈍，每讀書只讀五十字，必二三百遍方熟，積習讀去，後來却無書不讀。晦庵。

人常讀書，庶幾可以管攝此心，使之常存。須是存心與讀書爲一事方得。南軒。

學者有二患：一是自主己意，一是有先入之説。晦庵。

讀書須着實理會。敬齋。

讀書雖多，若不精熟〔二〕，不若少而精熟。書雖精熟，又要實體於身方能有得。嘗謂讀得十章熟，不如做得一章來，那幾章亦將湊得來。敬齋。

解經　八條

解經不可做文字，止合解釋得文義通，則理自明、意自足。今多去上做文字，只說得自一片道理，經意都蹉過了。要之，經之於理，亦猶傳之於經。傳所以解經也，經明則可無傳；經所以明理也，理明則可無經。晦庵。

解經但可略釋文義、名物，而使學者自求之，乃爲有益。晦庵。

尹和靖云：「解經而欲新奇，何所不至？」聞之，令人悚然汗下。晦庵。

爲學讀書，須是耐煩細意，切不可麤心。若曰「何必讀書，自有箇捷徑法」，便是誤人底深坑也。晦庵。

名數制度之類，略知之便得。不必大段深泥，以妨學問。晦庵。

學問不考古固不得，若一向去采摭故事，零碎湊合也無益〔三〕。孟子慨然以天下自任，曰「當今之世，舍我其誰」，說到制度處曰「諸侯之禮，吾未之學，嘗聞其略也」。要之，後世若有聖賢出來，如儀禮等書也不應便行得。只就中定其尊卑隆殺之數，使人可以通行，這便是禮。爲之去其淫哇鄙俚之詞〔四〕，使不失中和散悦之意，這便是樂。晦庵。

經書有不可解處，只得闕。若一向去解，便有繆處。南軒。

大概讀書且因先儒之説，通其文意而玩味之，使之浹洽於心，自見意味可也。若舊説不通，而偶自見得，别有意思，則亦不妨。但必欲於傳注之外别求所謂自得者，而務立新説，則於先儒之説，或未能究而遽舍之矣。如此則用心愈勞而去道愈遠。且謂之自得，則是自然而得，豈可彊求哉！今人多是認作獨自之自，故不安於他人之説，而必已出爾。晦庵。

六經　二條

讀書先以經爲本，而後讀史。晦庵。

上古之書莫尊於易，中古後，書莫大於春秋，然此兩書皆未易看。晦庵。

大學　語　孟　四條

大學在「明明德」一句，須常常提醒在這裏，他日長進處在這裏。晦庵。

伊川問尹氏：讀大學何如？曰：只看得「心寬體胖」一句甚好。又問：如何？尹氏只長吟「心寬體胖」一句〔五〕。今人讀書，都不識這樣意思。晦庵。

「致知、誠意」是學者兩關。「致知」乃夢與覺之關，「誠意」乃善與惡之關。此大學一篇樞紐，乃生死路頭。晦庵。

孟子説四端處極好，思索玩味，只反身而自驗其明昧淺深何如。又曰：「須當日夕體究，令分曉精確。」晦庵。

讀詩　讀論語　四條

讀詩之法，只是熟讀涵泳，自然和氣從胸中流出，妙不容言。不待安排措置，務自立説，只憑虚心平讀，意思自足。上蔡云：「學詩須先得六義體面，而諷詠以得之。」此是讀詩要法。晦庵。

讀詩必如「三復白圭」，方是有味。晦庵。

詩只是憑地説話，一章説了，次章又從而歎詠之。雖別無義而意味深長。不可於名物上尋義理，後人往往見其意只如此平淡，添上義理，如一源清水，多將物事窒塞了他。晦庵。

論語日夕玩味，覺得消磨病痛，稍變氣質，須是潛心此書，久愈見其味〔六〕。南軒。

書　一條

尚書貫通，猶是第二義，直須見得二帝三王之心，而通其所可通，毋强通其所難通。晦庵。

中庸　一條

聖賢教人只從近處做去，學者貪高慕遠，面前的反蹉過了。中庸説細處只是謹獨、謹言、謹行，大處是武王、周公達孝，經綸天下，須是謹言謹行，從細處做起，方能充得如此大。晦庵。

易　七條

伏羲畫八卦，只此數畫該盡天下萬物之理。學者於言上會得者淺，於象上會得者深。晦庵。

易不是説煞的物事，只輕輕地説過。晦庵。

某説語孟極詳，易説却大略。譬之此燭籠，添一條骨子，便障了一路明。蓋著不得詳說也。晦庵。

凡易一爻皆具兩義，如此吉者，不如此則凶。如此凶者，不如此則吉。晦庵。

易中多言「利貞」「貞吉」「利永貞」之類，皆是要人守正。晦庵。

天下之變無窮，惟易可以盡之。蓋易陰陽奇偶，變易無窮。若天地之闔闢、氣運之盛衰、日月之更迭、寒暑之往來、陰陽之消長、人物之死生、國家之興亡、世道之今古，其消息盈虚升降、屈伸消長、進退存亡、幽明終始、善惡邪正，皆是此理。雖萬變無窮，易足以盡之。蓋易造化中寫出來，故也。其餘諸經，或因時制作，隨時記録，天理人事，無不詳盡。所以垂世立教，無不精切。但天下古今之變，惟易能盡也。敬齋。

康節言「畫前有易」，此說最精。未畫卦之前，卦之理已具。但非聖人寫不出來，禮、樂亦然。制禮作樂，雖出於聖人，未制作之前，禮、樂之理悉具，特假聖人之手裁成。如曰「天地設位，而易行乎其中」「天高地下，萬物散殊而禮制行矣。流而不息，合同而化而樂興焉」，皆此意也。删後無詩，却說不定。如有聖王者作，其詩固在也。敬齋。

周禮　四條

周禮乃周家盛時聖賢制作之書，又曰：周禮一書，周公所以立下許多條貫，皆是從廣大心中流出。又曰：周官徧布精密，乃周公運用天理熟爛之書。晦庵。

學禮先看儀禮，儀禮載其事，禮記是講説其理。晦庵。

禮有經有變。經者，常也；變者，常之變也。先儒以曲禮爲變禮，蓋曲者，委曲之義。故以爲變禮。然「毋不敬」、「安定辭」、「安民哉」，此三語謂之變可乎？先儒以儀禮爲經禮，然其中亦自變，又不可一律觀也。晦庵。

曲禮少儀皆是遜志道理，步趨進退，左右周旋。若事事理會，必有所不周。惟常存此心，則自然不違乎理。心有時而不存，則禮有時而或失。内有毫釐之礙，則外有尋尺之差。東萊。

中庸　春秋　詩　書　春秋　二條

洪範篇造化、氣數、天理、人事皆具，書之易也。敬軒。

春秋即人事以明天理，用天理以處人事。敬齋。

春秋　三條

春秋大旨，其可見者，誅亂臣、討賊子、内中國、外夷狄、貴王賤伯而已，未必如先儒所言，字字有義也。晦庵。

讀春秋便曉得君是君、臣是臣、父是父、子是子、長是長、幼是幼、夫婦朋友、中國夷狄，截然分明而各止其所。其於天道人事，分殊理一，無不明備，此聖人手段。○春秋以正大天理觀之，則見王道不行當時，諸侯皆是營營於私意，或當爲而不爲，或不當爲而爲之，或昏弱而不振，或恃强以爲暴，或怠惰而不知修省，或僭逆而無狀。聖人之意，蓋欲一歸天理之正而後已。其於天地生物之心，保民救時之意，生殺予奪之權，隱然見於書法之中，實爲百王經世之大法。或者乃欲計區區霸業之盛衰，又以姓名日月爵號爲誅賞，其穿鑿瑣碎甚矣。敬齋。

讀史 一條

或問看史。曰：亦草率不得，須當看人物是如何，治體是如何，國勢是如何，皆當仔細。上蔡説明道看史，逐行看過，不蹉一字。晦庵。

校勘記

〔一〕而必究其本末是非之極摯 「摯」，朱熹四書或問（朱子全書本）卷二大學或問作「至」。

〔二〕讀書雖多若不精熟 「若」，原作「苦」，據居業録卷二改。

〔三〕零碎湊合也無益　朱子語類卷八六作「零碎湊合説出來也無甚益」。

〔四〕爲之去其淫哇鄙俚之詞　「淫哇」，朱子語類卷八六作「哇淫」。

〔五〕又問如何尹氏只長吟心寬體胖　此句下，據朱子語類卷十六尚有「尹氏必不會嚇人，須是它自見得」二句。

〔六〕須是潛心此書久愈見其味　「久」，南軒集卷二三答朱元晦、西山讀書記卷二四引「南軒張氏曰」作「久久」，似是。

近思録補卷四

存養類

無欲　止欲　七條

非全放下，終難湊泊。晦庵。

君子之心如一泓清水，更不起些微波。晦庵。

人欲横流，彊止遏之，未有不奔潰湍决者，此鯀治水也。水之性無不下，禹能順以治之，行其所無事也，自然平治。人之良心，豈無發見之時，引而伸之，涵養而廣充之，天理明，人欲自消。南軒。

無欲如至清之水，秋毫必見。有欲如至濁之水，雖山岳之大，亦莫能鑑矣。敬軒。

尋思千能百巧，都不濟事，只無欲是高處。敬軒。

掃却浮雲而太虚自清，徹去蔽障而天理自著。敬軒。

欲心一動，如火之熾，如水之溢，非用大壯之力，莫能止其欲。敬軒。

損欲　寡欲　四條

有欲則人得而中之，惟無欲則彼無自而入。敬軒。

少欲則心静，心静則事簡。簡者，非厭事煩而求簡也，但爲所當爲，而不爲所不當爲爾。敬軒。

程子曰：「吾以狥欲傷生爲深恥。」學者體此，則知所以保身矣。敬軒。

養心莫善於寡欲，不是不好底欲。不好底不當言寡，只是眼前事，才多欲，便將本心都紛雜了。如讀書，要讀這一件，又要讀那一件，又要學寫字，又要做詩人，只有一個心，如何分做許多去，到得合用處都不得力。晦庵。

存養　涵養　二十條

若不先得個本領，雖理會得許多骨董，只是添得雜亂，只是添得許多驕吝。晦庵。

心只是一個心，非是以一個心治一個心。所謂「存」，所謂「收」，只是唤醒。學者工夫只在喚醒上。晦庵。

他本自光明廣大，只看些子力去照管他，便不要苦着力，着力反不是。晦庵。

「居處恭，執事敬，與人忠」，便是存心之法。如説話覺得不是便莫説，做事覺得不是便莫做。只此是存心之法。晦庵。

答吕子約曰：所論「主一」、「主事」之不同，恐亦未然。「主一」只是專一，蓋無事則湛然安静而不驚於動，有事則隨事應變而不及乎他。是所謂「主事」者，乃所以爲「主一」者也。若有所係戀，却是私意。雖是專一不舍，然既有係戀，則必有事已過而心未忘，身在此而心在彼者，此其支離畔援，與「主一無適」非但不同，直是相反。今比而論之，亦可謂不察矣。晦庵。

持養之久則氣漸和，氣和則温裕婉順，望之者，意消忿解，而無招咈取怒之患矣。體察之久則理漸明，理明則諷導詳欵，聽之者，心諭慮移，而無起爭見却之患矣。更須參觀物理，深察人情，體之以身，揆之以時，則無偏蔽之失也。要於事物上驗學力，若有窒礙齟齬，即深求病源所在而鋤去之。東萊。

心不可識，然静而有以存之，動而有以察之，則其體用亦昭然矣。近世之言識心者則異於是。蓋其静也，初無持養之功；其動也，又無體驗之實，但於流行發見之處認得頃刻間正當底意思，便以爲本心之妙不過如是。擎誇作弄，做天來大事看，不知此只是心之用耳。此事一過，此用便息，豈有只據此頃刻間意思，便能使天下事事物物無不各得其當之理耶？晦庵。

或問：心之體與天地同其大，心之用與天地流通。先生曰：又不可一向去無形迹處尋，更當於日用事物、經書指意、史傳得失上做工夫。庶精粗表裏[一]，融會貫通。晦庵。

胡季隨曰：學者須常令胸中通透灑落。先生曰：通透灑落，如何令得？纔有一毫令之心，則終身只是作意助長，欺己欺人，永不能到得灑然地位矣。此是見識分明、涵養純熟之效，須從真實積累功用中來。晦庵。

心不操則無主。放者固馳於外物，不放者亦入於空虛。敬齋。

無事時不教心空，有事時不教心亂。敬齋。

勿忘勿助之間，是本心正處、人欲淨處、天理妙處。敬齋。

涵養之道，須沉潛篤實，方能制其飛揚之心，消其麄厲之氣。敬齋。

今人有過去思慮以爲心不放者，有看住心在這裏以爲存者，皆非聖賢存心之法。聖賢只說「戒謹恐懼」則心自存，何嘗看住此心不許他走？只說「整齊嚴肅」則心便一，何嘗遏絶思慮以求不雜？敬齋。

或問：存養在致知之先，在致知之後？曰：未知之前，非存養則此心昏亂，本原已塞，何以致此知？既知之後，非存養則此心放逸，天理隨失，何以保此知？敬齋。

學問易差。李延平教人看喜怒哀樂未發以前氣象。既是「未發」，如何看得？只存養便是又有一等學問。言靜中不可着個「操」字，若操時便又不静，不知「操」字是持守之意，即靜時敬也。若無個「操」字，則中無主宰，悠悠茫茫，無所歸着。若不外馳，定入空寂，此學所以易差也。敬齋。

學者一日之間，心在義理上之時少，在閒事上之時多，所以於義理生而於閒事熟。誠能移在閒事上之心常在義理上，念念不忘，則天理熟。敬軒。

「操心」，一則義理昭著而不昧，一則神氣凝定而不浮。養德養身，莫過「操心」之一法也。許魯齋曰：「萬般補養皆虛僞，只有操心是要規。」惟心得而實踐者，乃知其言之有味。敬軒。

涵養本原與窮索義理實交相涉入。蓋人心只有許多義理，更無别物。涵養既至，則天理自明；窮理既精，本心愈安也。敬齋。

食服常温，一體皆春。心氣常順，百病自遯。虚齋。

志氣　辭氣　十二條

呂與叔謂養氣可以爲養心之助，程先生大以爲不然。某初亦疑之，近方信。才養氣，心便在氣上，却不是養心了。此所以爲不可也。晦庵。

問「夜氣」。曰：病根只在放其良心上。蓋心既放，氣必昏；氣既昏，則心愈亡。兩個互相牽動，所謂「牿之反覆」，如下文「操則存，舍則亡」，却是用工緊切處，是個生死路頭。晦庵。

「持志」比「存心」字較緊，只持其志，便內外肅然。晦庵。

凡人多動作，多笑語，做力所不及底事，皆是暴其氣。須事事節約，莫教過當，便是養氣之道。晦庵。

人自從生來受天地許多氣，自是浩然，只緣見道理没分曉，漸漸衰颯了。若見得真是真非，要説一直説去，要做一直做去，這氣自浩然。又曰：「浩然之氣」，孔子有兩句説盡了，曰：「内省不疚，夫何憂何懼。」晦庵。

酒色之類使人志氣昏酣荒耗，傷生敗德，莫此爲甚。俗以爲樂，余不知果何樂也。惟心清慾寡，則氣平體胖，樂可知矣！敬軒。

常默最妙，己心既存，而人自生敬。敬軒。

人能於言動事爲之間不敢輕忽，而事事處置合宜，則浩然之氣自生矣。敬軒。

多言最使人心志流蕩，而氣亦損。少言不惟養得德深，又養得氣完，而夢寐亦安。敬軒。

輕言戲謔最害事。蓋言不妄發，則言出而人信之。苟輕言戲謔，後雖有誠實之言，人亦弗之信矣。敬軒。

與人言，宜和氣從容。氣忿則不平，色厲則取怨。敬軒。

平旦虚明氣象最可觀。使一日之間，常如平旦之時，則心無不存矣。敬軒。

意度　心馳　五條

此心自不用大段拘束也，只爭個醒與不醒耳。人若醒時，耳目聰明，應事接物自然無差錯處。若被私欲引去，一似睡着相似，只與他唤醒，才醒便無事。又曰：只要此心常自整頓惺惺了了，即未發時不昏昧，已發時不放縱耳。晦庵。

問：思慮難一，如何？曰：覺得不當思慮底便莫要思，久久純熟，自然無此等思慮矣。又曰：徒然思慮，濟得甚事？若見得道理分曉，自無間雜思慮。人所以思慮紛擾，只緣未見道理耳。天下何思何慮？是無間思慮也。又曰：人心無不思慮之理，若當思而思，自不當苦苦排抑，反成不静。又曰：静坐時正要體察思繹道理，只此便是涵養。又曰：思慮不可過苦，但虚心游意，時時玩索，久之當自見縫罅意味。晦庵。

要得坐忘，便是坐馳。晦庵。

或問：求放心，愈求愈昏亂，如何？曰：即求者便是賢心也〔二〕。才覺其失，覺處即心，何更求爲？自此更求，自然愈失。此用力甚不多，只要常知提惺耳，惺則自然光明，不假把捉。晦庵。

問：心不能自把捉，奈何？曰：心便能把捉自家，自家如何把捉得他？惟有義理涵養耳。晦庵。

動靜　光明　十條

明道教人靜坐，李先生亦教人靜坐，蓋精神不定則道理無凑泊處，看來須是靜坐。晦庵。

平居須是儼然若思，當應事時，常如無事時便好。晦庵。

專務靜坐，又恐墮落那一邊去。只是虚着此心，隨動隨靜，無時無處不致其「戒謹恐懼」之力，則自然主宰分明，義理昭著矣。然著「戒謹恐懼」四字已是壓得重了，要之，只略綽提撕，令自省覺便是。晦庵。

或勞先生人事之繁，先生曰：凡事只得奈煩做將去，才起厭心，便不得。晦庵。

李先生言：事雖紛紜，須還我處置。

楊道夫曰：羅先生教學者靜坐中看喜怒哀樂未發作何氣象，李先生以爲此意不惟于進學有力，兼亦是養心之要。而遺書有云：「既思則是已發。」與前所舉有礙否？黄直卿曰：此問亦切。但程先生剖析毫釐，體用明白；羅先生探索本原，洞見道體，二者皆有大功於世。善觀之則亦並行而不相悖矣。況羅先生於靜坐觀之，乃思慮未萌，虛靈不昧，自有以見其氣象，則初無害于未發；蘇季明以求字爲問，則求非思慮不可。此伊川所以力辨其差也。先生曰：公雖如此分解羅先生說，終恐做病。如明道亦說「靜坐可以爲學」，謝上蔡亦言「多著靜不妨」，此說終是小偏，才偏便做病。道理自有動時，自有靜時，學者只是「敬以直內，義以方外」。見得世間無處不是道理。雖至微至小處亦有道理，便以道理處之，不可專要去靜處求，所以伊川謂「只用敬，不用靜」，便說得平，也是他經歷多，故見得恁地。若以世之大段紛擾人觀之，會靜得固好，講學則不可有毫髮之偏，如天雄、附子，冷底人吃也好，如要通天下吃，便不可。晦庵。

問靜中有物。曰：「只知覺便是。」「伊川却云『才知覺便是動。』」「恐說太過。若云知個甚底？覺個甚底？如知寒覺暖，便知覺一個物事，今不曾知覺甚事，但有知覺在，何妨其爲靜。」晦庵。

造化翕靜專一則發育萬物有力，人心寧靜專一則窮理作事有力。敬軒。

心常有主，乃靜中之動。事得其所，乃動中之靜。敬齋。

人心活物，當動而動，當靜而靜，動靜不失其時，則其道光明。是乃本心全體大用，如何須要棲之澹泊然後爲得。且此心果爲何物？又如何其棲也耶？晦庵。

自立　剛立　四條

被雜事昏擾者，心役于物也。苟能立己，事雖多，常整整不亂。敬齋。

人之自立，當斷於心。若實見得是，當決意爲之，不可因人言以前却而易其守。敬軒。

挺持剛介之志常存，則有以起偷懶而勝人欲。一有頹靡不立志，則甘爲小人，流於卑汙之中而不能振拔矣。敬軒。

萬事須是有精神方做得。又曰：須磨厲精神去理會天下事，非燕安暇裕之可得。又曰：人須是剛，方做得事，如天地之氣剛，故不論甚物事皆透過。晦庵。

敬　仁誠　五條

敬只是此心自做主宰處。又曰：敬只是個畏字。又曰：敬非别是一事，常喚醒此心便是。人每日只鶻鶻突突過了。又曰：敬只是内無妄思，外無妄動。晦庵。

問：敬易間斷，如何？曰：覺得間斷，便已接續。習得熟，自然打成一片。晦庵。

一學者苦敬而矜持。先生曰：只爲將此「敬」字别作一物，而又以一心守之，故有此病。若知敬只是自心自省，當體便是，則自無此病矣。晦庵。

吴伯英問「持敬」之義。曰：且放下了「持敬」，更須向前進一步。問：如何是進步處？曰：心中若無一事時便是敬。晦庵。

人之一心，敬爲之主。主於敬則心常虚，虚者，物不入也。主於敬則心常實，實者，我不出也。

謹獨 七條

飲食男女，入道之門也。故君子謹微。敬齋。

不善之端，豈待應物然後見耶？如静中一念之刻即非仁，一念之貪即非義，一念之慢即非禮，一念之詐即非智，此君子貴乎慎獨也。敬軒。

師道閑門處，老瞞獨睡時。用之得其道，造化無藏機。虚齋。

問：程子曰其只在謹獨，如何？曰：能謹獨，則無間斷而其理不窮。若不謹獨，便有人欲來參入裏面，便間斷了，如何會如川流底意？晦庵。

天誠可畏，密室顯地，無非天也，敢不畏乎？

坤之初六「履霜，堅冰至」，不但小人、女子、夷狄，從微以至著。如人一念之惡，循習不已，必至於大惡。故大而治天下國家，近而治一心一身，皆當謹之於微也。敬軒。

履霜而知堅冰之必至，羸豕而知蹢躅之有孚。故凡事必謹於微，微不謹必至於著矣。敬軒。

夢驗　操存　一條

問「操則存」。曰：心不是死物。操存者，只於應事接物之時，事事中理，便是存處。應事不是，便是心不在。若只兀然守在這裏，驀有事來操底便散了，却是「舍則亡」也。晦庵。

校勘記

〔一〕庶精粗表裏　「庶」，朱子語類卷九作「即」。

〔二〕即求者便是賢心也　「是」，原文闕，據朱子語類卷五九補。

近思録補卷五

克治類

乾損益動 十條

君子法乾之健，只無私，便不息。有私，便息矣。敬軒。

通書竭力説箇「幾」字，儘有警發人處。近則公私邪正，遠則廢興存亡，只於此處看破，便斡轉了。此是日用第一親切工夫，精粗隱顯，一時穿透。堯舜所謂「惟精惟一」，孔子所謂「克己復禮」，便是此事。晦庵。

天理、人欲之分，只爭些子。故周先生只説「幾」字。然辨之又不可不早，故横渠每説「豫」字。晦庵。

人只有箇天理、人欲，此勝則彼退，彼勝則此退，無中立不進退之理。譬如劉項相拒滎陽成皋之間，我進一步，則彼退一步。初學要牢劄定脚，逐旋挨將去，此心莫退，終須有勝時。勝時甚氣象！晦庵。

做事只要靠着心，但恐己私未克時，此心亦有時錯認了。晦庵。

「克己」別無巧法，譬如孤軍猝遇强敵，只是盡力舍死向前而已。晦庵。

善幾不可不充，惡幾不可不絕。朱子所謂「近則公私邪正，遠則廢興存亡，只於此處看破，便斡旋了」。此實治己治人之至要也。敬軒。

人心有一息之怠，便與天地之化不相似。敬軒。

易曰：「由辨之不早辨也。」李光祖云：「直到得停當了方辨，剗地做出事來。」此説最好。敬軒。

上蔡有一硯，極愛之，遂屏去。此可爲「克己」之法。敬軒。

視聽　言動　十條

人性褊急，發不中節者，常於平日言語動作間以緩持之，持之久，則所發自有條理。晦庵。

輕言輕動之人，不可與遠謀。多動，不可與久處。敬軒。

近看得處事有二法：知以别可否，義以決取舍，斯無過舉矣。敬軒。

孔子曰：「庸言之信，庸行之謹。」以是知言行之至小者，皆當謹信而不可忽。今人日用言行，將謂小事都不謹信，此德業所以不廣崇也。敬軒。

一字不可輕與人，一言不可輕許人，一笑不可輕假人。敬軒。

晉伯宗每朝，其妻必戒之曰：「盜憎主人，民惡其上。子好直言，必及于難。」後伯宗果爲三郤所害，伯宗之妻有先見之明如此。敬軒。

風光月霽其心胸，海闊天高其器宇，鳳文麟趾其威儀，玉振金聲其詞語。虚齋。

有道德者必不多言，有信義者必不多言，有才謀者必不多言。惟見夫細人、狂人、佞人，乃多言爾。夫未有多言而不妄者也，澄其心於淵瑩之天，奉其身于光明之地，言則無一字之遺，而亦無一字之贅。動則如萬鈞之弩，一發便中其機會，此蓋古之人也。虚齋。

親戚故舊，因言語而失歡者，未必其言語之傷人，多是顔色辭氣暴厲，能激人之怒。且如諫人之短，語雖切直而能温顔下氣，縱不見聽，亦未必怒。若平常言語無傷人處，而詞色俱厲，縱不見怒，亦須懷疑。古人謂「怒於室者色于市」，方其有怒與他人，言必不卑遜，他人不知所自，安得不恠？故盛怒之際，與人言話，尤當自警。前輩有言「誡酒後語，忌食時嗔」，忍難耐事，順自强人。常能持此，最得便宜。

悔吝　忿欲　輕惰　五條

學者須實作工夫。且如見一事不可爲，忽然又要去做，是如何？又如好事，初心要做，又却終不肯，是如何？蓋人心本善，方其見善欲爲之時，此是真心發見之端。然才發便被氣稟物欲錮蔽了，此須自去省察，最是一件大工夫。晦庵。

人做不是底事，心却不安，此是良心，但被私欲錮蔽。雖有端倪，無力爭得出，須是大段著力與他戰，不可輸與他。知得此事不好，立定脚跟硬地行，從好路去，待得熟時，私欲自住不得。濂溪曰「果而確，無難焉」。晦庵。

厚重、靜定、寬緩，進德之基。敬軒。

元城於「不妄語」三字，力行七年而後成。上蔡别伊川一年，方只去得箇「矜」字，而明道少年之獵心猶不覺其躍然於十二年之後也。故曰：言之非難，先行其言。堅苦强忍作工夫，古之人皆然。虚齋。

文公病，或勸晚起，曰：「某自是不能晚起，雖甚病，纔見光，亦便要起，尋思文字。纔稍晚起，覺似宴安酖毒，便似箇懶惰底人，心裏不安。須是早起了，却覺心下鬆爽。」

克伐 怨欲 懼 怒矜 十條

氣直是難養。余克治用力久矣，而忽有暴發，可不勉哉！二十年治一「怒」字，尚未消磨得盡，以是知「克己」最難。敬軒。

人知天下事皆分内事，則不以功能誇人矣。敬軒。

深以刻薄爲戒，每事當從忠厚。敬軒。

人當自信自守，雖稱譽之、承奉之，亦不爲之加善。雖謗毁之、侮慢之，亦不爲之加沮。敬軒。

聞人毁己即怫然怒，是水之不可磯也，其小也固矣。顔子犯而不校，乃其量大，無所不包。譬以寸莛而撞千石之鐘，固不能使之鳴也。敬軒。

外物得亦不喜，失亦不怒，則心定矣。得失而喜怒生焉，猶累於外物而心未定也。敬軒。

聖人所以不矜者，只爲道理是天下古今人物公共之理，非己有之私，故不矜。敬軒。

人須「有容，德乃大」，古謂山藪藏疾，川澤納污，瑾瑜掩瑕，有容之謂也。敬軒。

吕伯恭自言少時多愛使性氣，纔使令者不如意便躁怒。後讀論語至「躬自厚而薄責於人」，遂更不復如此。晦庵。

纔自有其能便爲心累。

人己　省責　六條

自家猶不能快自家意，如何要他人儘快我意？晦庵。

必能忍人不能忍之觸忤，斯能爲人不能爲之事功。敬軒。

聞外議只宜自修自省。敬軒。

事往之非者，不可拈起説。敬軒。

浮議雖不足惜，亦可以恐懼修省。是他山之石可以攻玉也。敬軒。

勸君莫着半點私，但着半點私，終無人不知。勸君莫用半點術，但用半點術，終無人不識。君不見，巍巍温公，律身嚴，與人忠，赤心質神明，素行孚狡童。敬軒。

善惡　好惡　二條

疾惡之心固不可無，然當寬心緩思可去與否，審度時宜而處之，斯無悔。切不可聞惡遽怒，先自焚撓，縱使即能去惡，己亦病矣。況傷於急暴而有過中失宜之弊乎。經曰「勿忿疾於頑」，孔子曰「膚受之愬不行」，皆當深味。敬軒。

黄勉叔問：「心無惡念時，此心空空蕩蕩的，不知亦須存箇善念否？」先生曰：「既去惡念，便是善念，便是心之本體矣。譬如日光，被雲來遮蔽，雲去光已復矣。若惡念既去，又要存箇善念，是日光之中添燃一燈。」晦庵。

動心　忍性　二條

事須是忍，忍到熟處，自無戚戚之患矣。晦庵。

某平生不會懶，雖甚病，一心只要向前做事，自是懶不得。今人所以懶，未必是真箇怯弱，自是先有畏縮之心。纔見一事，便料其難而不爲，所以習成怯弱而不能有爲也。晦庵。

近思録補卷六

齊家類

事親 三條

聖人之德，莫大於孝。故書首稱「舜克諧以孝」。敬軒。

君父，人之大倫，只當竭誠敬盡。所以盡之之道，其合與否，有所不恤也，苟慮其不合，枉道以求之，則所失多矣。交朋友、事官長皆然。敬軒。

人子事親，只是和敬和氣，愉色婉容。發得深時，養得熟時，任父母冷面寒鐵，雷霆震怒，也只是這一腔温意，一面春風，則自無不回之天，自無屢變之天，讒譖何由入？嫌隙何由作？尤須負罪引慝，常見不是在己而自責自修。如大舜之夔夔齋慄，即瞽瞍亦允若矣。蓋温和消融父母之惱怒，敬慎激發父母之悲憐，所謂積誠意以感動之者，養和致敬之謂也。袁氏世範。

孝悌　三條

答陳膚仲曰：承以家務叢委，妨於學問爲憂，此固無可奈何。然只此便是用功實地，但每事看得道理，不令容易放過，更於其間見得平日病痛，痛加剪除，則爲學之道何以加此。若起一脱去之心，生一排遣之念，則事理却成兩截，讀書亦無用處矣。晦庵。

古之君子思所以顯其親者，惟立身揚名之爲足恃。是以不求諸人而求諸己，不務其外而務其内。晦庵。

「親親，仁也。敬長，義也。無他，達之天下也」。故知惟「孝友于兄弟」爲爲政之本。敬軒。

正家　父母　夫婦　子侄　壻婦　八條

答胡伯逢曰：男女居室，人事之至近而道行乎其間，此君子之道，所以費而隱也。然幽闇之中，衽席之上，人或褻而慢之，則天命有所不行矣。此君子之道所以造端乎夫婦之微密，而語其極則察乎天地之高深也。然非「知幾慎獨」之君子，其孰能體之？易首於乾坤，而中於咸恒，禮謹大昏，而詩以二南爲正始之道。其以此與。知言亦曰「道存乎飲食男女之事，而溺其流者，不知其精」，又曰「接而知有禮焉，交而知有道焉，惟敬者能守而不失耳」，亦此意也。晦庵。

孔明擇婦，正得醜女，奉身調度，人所不堪。彼其正大之氣、經綸之藴，固已得於天資，然竊意其志慮之所以日益精明、威望之所以日益隆重者，則寡欲養心之助爲多。晦庵。

問：「人不幸處繼母、異兄弟不相容，當如何？」曰：「從古來自有那樣子，公看舜如何？只是爲人子止於孝。」晦庵。

問：「父母之于子，有無窮憐愛，欲其聰明成立，此之謂誠心耶？」曰：「父母愛其子，正也。愛之無窮而必欲其如何，則非矣！此天理人欲之間，正當審決。」晦庵。

男女之欲，天下至情。聖人能通其情，故家道正而人倫明。敬軒。

人之至親，莫過於父子兄弟。而父子兄弟有不和者，父子或因于責善，兄弟或因于爭財。有不因責善、爭財而不和者，世人見其不和，或就其中分别是非而莫明其由。蓋人之性或寬緩，或褊急，或剛暴，或柔懦，或嚴重，或輕薄，或持檢，或放縱，或喜閑靜，或喜紛拏，或所見者小，或所見者大，所禀自是不同。父必欲子之性合於己，子之性未必然。兄必欲弟之性合于己，弟之性未必然。其性不可得而合，則其言行亦不可得而合。此父子兄弟不和之根源也。

况凡臨事之際，一以爲是，一以爲非，一以爲當先，一以爲當後，一以爲宜急，一以爲宜緩，其不齊如此，若互欲同於己，必致於爭論，爭論不勝，至於再三，至於十數，則不和之情自兹而啓，或至於終身失歡。若悉悟此理，爲父兄者通情於子弟，而不責子弟之同於己。爲子弟者仰承於父兄，而不望父兄惟己之聽。則處事之際，必相和協，無乖爭之患。孔子曰「事父母，幾諫，見志不從，又敬不違，勞而不怨」。此聖人教人和家之要術也，宜熟思之。袁氏世範。

自古人倫賢否相雜，或父子不能皆賢，或兄弟不能皆令，或夫流蕩，或妻悍暴，少有一家之中無此患者。雖聖賢亦無如之何。譬如身有瘡痍疣贅，雖甚可惡，不可決去，惟當寬懷處之。能知此理，則胸中泰然矣。古人所以謂父子兄弟夫婦之間，人所難言者如此。

兄弟子侄同居，至於不和，本非大有所爭。由其中有一人設心不公，爲己稍重，雖是毫末，必獨取於衆，或衆有所分，在己必欲多得，其他心不能平，遂啓爭端，破蕩家産，馴小得而致大患。若知此理，各懷公心。取於私則皆取于私，取於公則皆取於公。衆有所分，雖實果之屬，直不數十金，亦必均平，則何爭之有？袁氏世範。

二程父母治家　六條

晦庵先生閒居，未明而起，深衣、幅巾、方履，拜於家廟以及先聖。退坐書室，几案必正，書籍器用必整。其飲食也，羹食行列有定位，匙筯舉措有定所。倦而休也，瞑目端坐；休而起也，整步徐行。中夜而寢，既而寤，則擁衾而坐，或至達旦。其色莊，其言厲。其行舒而恭，其坐端而直。威儀容止之則，自少至老，祁寒盛暑，造次顛沛，未嘗有須臾之離也。

司馬温公居家雜儀：令僕子非有警急修葺不得入中門，婦女婢妾無故不得出中門，只令鈴下小童通傳内外。治家之法，此過半矣。

凡有家産，必有税賦。須是先截留輸納之資，却將贏餘分給日用。歲入或薄，只得省用，不可侵支輸納之資。臨時爲官中所迫，則舉債認息，或托攬户兑納而高價算還，是皆可以耗家。大抵曰貧曰儉，自是賢德，又是美稱，切不可以此爲愧。若能知此，則無破家之患矣。

正家須正之於始，伊川言「群居必有悔」，夫群居相聚，則忌刻疾害無所不有。故於群居之時最見悔處。若不常自點檢，則乖爭陵犯無所不有。須防之於始而後悔可亡。東萊。

閨門之内，恩常掩義。是以雖以英雄之才，尚有困於酒色、溺於情愛而不能自克者。苟非正心脩身，動由禮義，使之有以服吾之德而畏之威，則亦何以正其宫壼、杜其請托、檢其姻戚而防禍亂之萌哉？傳曰「福之興，莫不本乎室家；道之衰，莫不始乎梱内」。晦庵。

居於鄉曲，輿馬衣服不可鮮華。蓋鄉曲親故居貧者多，在我者揭然異衆，貧者羞澀，必不敢相近，我亦何安之有？此説不可與口尚乳臭者言。

二南從始　一條

工夫在大學，效驗在二南。敬齋。

葬不酒　一條

喪葬之時只當以素食待客，祭饌葷食只可分與僕從。晦庵。

乳婢利害　謹婢僕　五條

陶淵明曰：「此亦人子也，可善遇之。」此言當體。敬軒。

婢僕欲其出力辦事，其所以禦饑寒之具，爲家長者不可不留意，衣須令其温，食須令其飽。士大夫有云：蓄婢不厭多，教之紡績則足以衣其身；蓄僕不厭多，教之耕種則足以飽其腹。大抵小民有力足以辦衣食，而力無所施則不能以自活，故求就役于人。爲富家者，能推惻隱之心蓄養婢僕，乃以其力還養其身，其德至大矣。而此輩既得温飽，雖苦役之，彼亦甘心焉。

僮僕姑取其給使令之役耳，切不可聽其言，恐大有害於事。敬軒。

婦人女子之言，切不可聽。余見仕宦之家，多有以是取敗者，不可不以爲戒。敬軒。

文中子曰：僮僕稱恩，可以從政矣。

近思録補卷七

出處類

進退 二條

「進將有爲，退必自修」。君子出處，惟此二事。敬軒。

聖賢以義制心，「得志，與天下由之；不得志，獨行其道」，出處進退、富貴貧賤視之如一，初不少動其心。小人則不然，方血氣盛時，據位持勢，真若剛强不屈者；及血氣既衰，去位失勢，悲感流涕、卑屈苟賤之態，靡所不至，由無義以制心也。敬軒。

比合 六條

不可因人曲爲承順而與之合，惟以義相接則可以與之合。敬軒。

無妄主於人，庶幾不失所守。敬軒。

名節至大，不可妄交非類以壞名節。敬軒。

不論人之賢否，但見勢利即傾慕，豈非失其本心乎？噫！弊也久矣！敬軒。

不以利交則無咎。敬軒。

人未己知，不可急求其知。人未己合，不可急與之合。敬軒。

操履　二條

劉器之謫潞州時，小人有爲部使者，郡中事無巨細皆詳考，竟不得其纖毫。至過往驛券，亦無法外者，部使亦歎服之。嚴哉！嚴哉！敬軒。

以篤實信天下，以大節竦天下，以器量包天下，以學識周天下，以規模駕天下，以實才猷實事業副天下，嗚呼！豈不真烈烈然世之大丈夫哉！虚齋。

守正　七條

今人只爲不見天理本原，而有汲汲以就功名之心，故其議論見識，往往卑陋，多方遷就，下稍頭只成就一箇私意，更有甚好事。晦庵。

不合而去，則雖吾道不得施於時而猶在是，異時猶可有爲。不合而苟焉以就之，不惟吾道不得行於今，亦無可望於後矣。晦庵。

問「既明且哲，以保其身」。曰：明哲只是見得道理分明，順理而行，自然災害不及其身。非趨利避害，偷以全軀之謂也。今人以邪心看了，先占取便宜，必至於孔光之徒而後已。如楊子雲説「明哲煌煌，旁燭無疆。遜於不虞，以保天命」，便是占便宜説話，所以一生被這幾句誤。古人到舍生取義處不如此説。晦庵。

問：比干之死，以理論之，可謂正命。以氣論之，恐非正命。曰：如何恁地説，「盡其道而死者」，皆正命也。當死而不死，却是失其正命。公冶長「雖在縲絏之中，非其罪也」，若當時死於縲絏，不能説他不是正命。有罪無罪，在我而已。古人殺身以成仁，身已死矣，又成箇甚底？直是要看此處。孟子謂「舍生取義，志士不忘在溝壑，勇士不忘喪其元」。學者須於此處見得定，臨利害時便將自家斬剉也，須壁立萬仞。而今人有小利害，便生計較，説道恁地死非正命，如何得？晦庵。

先生當孝宗初年，嘗兩進絶和議，抑佞倖之戒，言既不行，雖擢用狎至，不敢就。出處之義，凛然有不可易。提點江西刑獄，促奏事。有要之於路，以「正心誠意」爲上所厭聞，戒以勿言者。先生曰：「吾平生所學，止此四字，敢回互而欺吾君乎？」

先生平居惓惓，無一念不在於國。聞時政之闕失，則戚然有不豫之色。語及國勢之未振，則感慨以至泣下。然謹難進之禮，則一官之拜必抗章而力辭；厲易退之節，則一語不合必奉身而亟去。其事君也，不貶道以求售；其愛民也，不狥欲以苟安。故與世動輒齟齬，自筮仕以至屬纊，五十年間，歷仕四朝，仕於外者，僅九考，立於朝者，四十日而已。

善愛其身者，能以一生爲萬載之業，或以一日而遺百年之休。不知自愛者，以其聰明際盛時、操名器，徒就一己之私而已，所謂如入寶山空手回者也。虚齋。

行藏進退趨向　六條

士大夫出處辭受，非獨其身之事而已。其所處之得失，乃關風俗之盛衰，故尤不可以不審！晦庵。

觀聖人出處，須看他至誠懇切處及灑然無累處。晦庵。

君子量而後入，不入而後量。晦庵。

天下事，誰被你筭得盡？今人須要計較到有利無害處，所以人欲愈熾而義理愈滅。晦庵。

怪不得今日士大夫，是他心裏無可做。飽食終日，無所用心，自然只隨利欲走。間有務記誦、爲詞章者，又不足以救其本心之陷溺。所以箇箇如此，只緣無所用心。敬軒。

救時　一條

唐人詩曰：「足知造化力，不及使君需。」吾有取焉。以其能治不能，以其賢治不賢，設官之本意，不過如此。有假官威剥民以自奉者，果何心哉！敬軒。

潔身　見幾　七條

凡是名利之地，退步便安穩，只管向前便危險。事勢定是如此。晦庵。

財猶膩也，近則污人。豪傑之士耻言之。晦庵。

今世人多道東漢名節無補於事。某謂三代而下，惟東漢人才，大義根於心，利害生死不變其節。未説公卿大臣，且如當時郡守懲治宦官、親戚，雖前者既爲所治，而來者復蹈其迹，誅殛竄戮，項背相望，略無所創。今士大夫顧惜畏懼，何望其如此！平居暇日琢磨淬勵，緩急之際，尚不免于退縮，况游談聚議，習爲軟熟，卒然有弊，何以得其仗節死義乎？大抵不顧義理，只計較利害，皆奴婢之態爾。晦庵。

廉而自忘其廉，則人高其行，服其德。敬軒。

凡事皆有其漸，其漸方萌，是即所謂「幾」也。易曰「知幾，其神乎」，難其人矣。整庵。

「色斯舉矣，翔而後集」，大而出處，小而交接，皆當見幾而作也。敬軒。

凡禍患伏於無形之中，惟聖人則知幾而防之于未然，故能消其禍。衆人不知幾而圖之於已著，則已無及矣。敬軒。

拯隨　位分　止　五條

一氣交運，便齊不得，故所生物萬有不齊。而剛柔、善惡、邪正，古今淳漓、治亂盛衰亦萬變不一，然其間莫不有一定之理。聖賢隨其事而以理處之，雖萬變於前，而吾之心未嘗不定也。敬齋。

纔出門去事君，這身便不是自家底了。貪生怕死，何所不至。晦庵。

臣之事君，猶子之事父，東西南北，惟命之從。此古今不易之理也。晦庵。

錦衣玉食，古人謂惟辟可以有此。以其功在天下而分所當然也。世有一介之士，得志一時即侈用無節，甚至袒衣皆綾綺之類，宜其顛覆之無日。此余有目覩其事者，可以爲貪侈之戒。敬軒。

非力所及而思者，妄也。故君子思不出其位，不能知止，則耳目無所加，手足無所措。南軒。

羞賤之異　二條

側媚小人，惟得是務，不知其可賤也。敬軒。

人須有廉耻，有耻則能有所不爲。今有一樣人，不能安貧，其氣銷屈以至立脚不住，不知廉耻則亦何所不至。吕舍人詩曰：「逢人即有求，所以百事非。」某觀今人不能咬菜根而至於違其本心者衆矣，可不戒！晦庵。

安命義　五條

今人遇小小利害，便生趨避計較之心。古人刀鋸在前，鼎鑊在後，視之如無物者，只緣見得道理，不見那刀鋸鼎鑊。晦庵。

人若有些利害，便不免開口告人，却與不學之人何異？向見李先生説「若大段排遣不去，只思古人所遭患難有大不可堪者，持以自比，則亦可以少安矣」。始者甚卑其説，以爲何至如此，後來臨事却覺有得力處，不可忽也。晦庵。

患難之際，正當有以自處，不至爲彼所動，乃見學力。晦庵。

學者去一箇計功謀利之心，則心地自然坦夷安泰。敬軒。修德行義之外，當一聽於天。若計較利達，日夜思慮萬端，而所思慮者未必遂，徒自勞擾，秖見其不知命也。敬軒。

辨義利　三條

學者潛心孔孟，必求其門而入。愚以爲莫先於明義利之辨，蓋聖賢無所爲而然也。無所爲而然者，命之所以不已，性之所以不偏，而教之所以無窮也。凡有所爲而然者，皆人欲之私而非天理之所存。此義利之分也。自未知省察者言之，終日之間，鮮不爲利矣，非特名位貨殖而後爲利也。意之所向，一涉於有所爲，雖有淺深之不同，而其爲狥己自私，則一而已，如孟子所謂「内交」、「要譽」、「惡其聲」之類是也。是心日滋則善端遏塞，欲邇聖賢之門墻以求自得，豈非却行而望及前人乎？學者當立志以爲先，持敬以爲本，而精察於動靜之間，毫釐之差，審其爲天壤之判，則有以用吾力矣。學然後知不足，平時未覺吾利欲之多也，灼然有見於義利之辨，將日救過之不給。由是而不舍，則趣益深、理益明而不可以已也。孔子曰「古之學者爲己，今之學者爲人。爲人者，無適而非利；爲己者，無適而非義」，曰利，雖在己之事，皆爲人也。曰義，則施諸人者，亦莫非爲己也。嗟乎！義利之辨大矣！

豈特學者治己之所當先，施之天下國家一也。王者所以建立邦本、垂裕無疆，以義故也。而霸者所以陷溺人心、貽毒後世，以利故也。南軒。

取與是一大節，其義不可不明。

義利之間，誠有難釋，但意所疑以爲近利者，即便舍去可也。向後看得親切，却看舊事，只有見未盡、捨未盡者，不解有過當也。晦庵。

舉業　科舉　賢良　三條

科舉之習，前賢所不免。但循理安命，不追時好，則心地恬愉，自無怵迫之累。晦庵。

以科舉爲爲親，而不爲爲己之學，只是無志。晦庵。

向來人讀書爲科舉計，已自是末了。如今又全不讀書而應舉，又末之末者。若以今世所習，雖使貴窮公相，也只是箇没見識底的人。若依古聖賢所教做去，雖極貧賤，身自躬耕而胸次亦自浩然，視彼污濁卑下之徒，曾犬彘之不若。南軒。

試教官　一條

問「富與貴」一章。曰：富與貴不以其道，若曰是諂曲以求之，此又是最下等人，不足論。便設有自到我面前，吾知其有一毫不是處，也不可處。譬如秀才赴試，有一人先得試官題目，將出來賣，只要三兩貫錢，人定是去買，惟到這裏見得破，方是有學力。聖人言語，豈可解説一遍便休了，須是實體於身，灼然行得，方是讀書。晦庵。

世禄 一條

士大夫之子弟，苟無世禄可守，無常産可依，而欲爲仰事俯育之計，莫如爲儒。其才質之美，能習進士業者，上可以取科第，致富貴；次可以開門教授，以受束脩之奉。其不能習進士業者，上可以事筆札、代牋簡之役；次可以習點讀，爲童蒙之師。如不能爲儒，則巫醫、僧道、農圃、商賈、伎術，凡可以養生而不至於辱先者，皆可爲也。子弟之流蕩，至於爲乞丐盜竊，此最辱先之甚。然世之不能爲儒者，不肯爲巫醫僧道、農圃、商賈、伎術等事，而甘心爲乞丐盜竊者，深可誅也。凡强顔於貴人之前，而求其所謂應副；折腰於富人之前，而托名於假貸；游食於寺觀，而人指爲穿雲子，皆乞丐之流也。居官而掩蔽衆目，盜財入己；居鄉而欺凌愚弱，奪其所有，私販官中所禁茶鹽酒酤之屬，皆竊盜之流也。世人有之而不自愧者，何哉？

近思録補卷八

治道類

治道　四條

天下之事，有本有末。正其本者，雖若迂緩而實易爲力；救其末者，雖若切至而實難爲功。晦庵。

先生言於孝宗曰：天下之事，千變萬化，其端無窮而無一不本於人主之一心。人主以渺然之身，居深宮之中，其心之邪正，若不可得而窺，而其符驗之著於外者，常若十目所視、十手所指而不可掩。是以古先聖王，兢兢業業，持守此心。雖在紛華波蕩之中，幽獨得肆之地，而所以精之一之，克之復之，如對神明，如臨淵谷，未嘗敢有須臾之急。然猶恐其隱微之間，或有差失而不自知也。是以建師保之官以自開明，列諫諍之職以自規正。而凡其飲食酒漿衣服次舍器用財賄，與夫宦官宫妾之政，無一不領於冢宰之官，使其前後左右、一動一静，無不制以有司之法，而無纖芥之隙、瞬息之頃得以隱其毫髮之私。此先王之治所以由内及外，自微至著，精粹純白，無少瑕翳，而其流風餘烈猶可以爲後世法者也。晦庵。

「天無私覆，地無私載，日月無私照」。王者奉「三無私」以勞於天下，則兼臨博愛，廓然大公，而天下之人莫不心悦而誠服。晦庵。

師保得其人，則君德脩；宰相得其人，則百職舉。敬齋。

立志　責任　求賢　七條

存祗懼之心以畏天，擴寬宏之度以盡下，不敢自是而欲人與己同，不徇偏見而謂衆無足取，不甘受佞人而外敬正士，不狃於近利而昧於遠猷。晦庵。

人主當務聰明之實，不可求聰明之名。信任大臣，日與圖事，反覆辯論以求至當之歸，此聰明之實也。偏聽左右，輕信其言，此聰明之名也。晦庵。

天下之事，非艱難多事之可憂，而宴安鴆毒之可畏。政使功成治定，無一事之可爲，尚當朝乾夕惕，居安慮危而不可以少怠。晦庵。

伏節死義之士，當平居無事之時，誠若無所用者。然古之人君所以必汲汲以求之者，蓋以如此之人，臨患難而能外死生，則其在平世，必能輕爵禄；臨患難而能盡忠節，則其在平世必能不詭隨。平日無事之時，得而用之，則君心正於上，風俗美於下，足以逆折奸萌，潛消禍本，自然不至真有伏節死義之事也。惟其平日，自恃安寧，便謂此等人才必無所用，而專取一種無道理、無學識、重爵禄、輕名義之人，以爲不務矯激而尊寵之，是以紀綱必壞，風俗日偷，非常之禍伏於冥冥之中。而一旦發於意慮之所不及，平日所用之人，交臂降叛，而無一人可同患難，然後前日擯棄流落之人，始復不幸而著其忠義之節。以天寶之亂觀之，其將相貴戚近幸之臣，皆已頓顙賊庭，而起兵討賊，卒至於殺身滅族而不悔如巡、遠、杲卿之流，則遠方下邑，人主不識其面目之人也。使明皇早得巡等而用之，豈不能銷患於未萌，巡等早見用於明皇，又何至爲伏節死義之舉哉？晦庵。

古之大臣以身任天下之重，非以其一耳目之聰明、一手足之勤力爲能周天下之事也。其所賴以共正君心、同斷國論，必有待於衆賢之助焉。是以君子將以其身任此責者，必諮詢訪問，取之於無事之時；而參伍較量，用之於有事之日。蓋方其責之，必加於己而未及也，無旦暮倉卒之頃，則其觀之得以久；無利害紛拏之惑，則其察之得以精。誠心素著，則得之多；歲引月長，則蓄之富。自重者無所嫌而敢進，則無幽隱之不盡；欲進者無所爲而不來，則無巧僞之亂真。久且精，故有以知其短長之實而不差。多且富，故有以使其更迭爲用而不竭。幽隱畢達，則讜言日聞而吾德脩。取舍不眩，則望實日隆而士心附。此古之君子所以成尊主庇民之功，而其遺風餘韻猶思於後世也。或曰：未當其任而欲先得天下之賢者，宜如何？曰：權力所及，則察之舉之；禮際所及，則親之厚之。皆不及，則稱之譽之；又不及，則鄉之慕之。如是而猶以爲未足也，又於其類而求之，不以小惡揜大善，不以衆短棄一長，如此而已。晦庵。

朝廷設官求賢，故在上者不當以請托而薦人；士人當有禮義廉恥，故在下者不當自衒鬻而求售。晦庵。

天地之間有自然之理，凡陽必剛，剛必明，明則易知。凡陰必柔，柔必暗，暗則難測。故聖人作易，以陽爲君子，陰爲小人。竊推易説以觀天下之人，凡其光明正大、疏暢洞達，如青天白日，如高山大川，如雷霆之爲威，雨露之爲潤，如龍虎之爲猛，而麟鳳之爲祥，磊磊落落，無纖芥可疑者，必君子也。而其依阿淟涊，回互隱伏，糾結如蛇蚓，瑣細如蟣蝨，如鬼蜮狐蠱，如盜賊咀呪，閃倏狡獪，不可方物者，必小人也。君子、小人之極，既定於内，則其形於外者，雖言談舉止之微，無不發見。而況於事業文章之際，尤所謂燦然者。彼小人者，雖曰難知，亦豈得而逃哉？晦庵。

定民志 一條

四海之廣，兆民至衆，人各有意，欲行其私。而善爲治者乃能總攝而整齊之。使之各循其理而莫敢不如吾志之所欲者，則以先有紀綱以持之於上，而後有風俗以驅之於下也。何謂紀綱？辨賢否以定上下之分，核功罪以公賞罰之施也。何謂風俗？使人皆知善之可慕而必爲，皆知不善之可羞而必去也。晦庵。

治表 一條

須是自閨門衽席之微，積累到薰蒸洋溢，天下無一民一物不被其化，然後可以行周官之法度，不然則爲王莽矣。晦庵。

王伯 三條

事事循其當然之理，而已無與焉，便是王者事。着些計較，便是私吝心，即流於伯矣。敬齋。

天下古今，共此箇道理。大用之則大治，小用之則小治，小失之則小亂，大失之則大亂。誠者爲王，假者爲伯，竊者爲奸，未有捨此而能濟者。敬齋。

聖人不忍生民塗炭，故取伯者之功。聖門明乎修己治人之道，故羞稱「五伯」。敬齋。

治道　治法　治則　三條

天下萬事有大根本，而每事之中又各有切要處。所謂「大根本」者，固無出於人主之心術。而所謂「切要處」，如任賢相、杜私門，則立政之要也；擇良吏、輕賦役，則養民之要也；公選將帥，不由近習，則治軍之要也；樂聞警誡，不喜導諛，則聽言用人之要也。然未有大本不立而可以與此者。此古之欲平天下者所以汲汲於正心誠意以立其本也。若徒言正心而不識事物之要，或精覈事情而特昧根本之歸，則是腐儒迂闊之論、俗士功利之談，皆不足與論當世之務矣。晦庵。

天下之紀綱不能以自立，必人主之心術公平正大，無偏黨反側之私，然後紀綱有所繫而立。君心不能以自正，必親賢臣，遠小人，講明義理之歸，閉塞私邪之路，然後可得而正。晦庵。

問：論治便當識體。曰：然。如作州縣，便合治告訐，除盜賊，勸農桑，抑末作。如朝廷，便須開言路，通下情，消朋黨。如爲大吏，便須求賢才，去贓吏，除暴斂，均力役，這都是定格局，合當如此做。〔一〕如爲天子近臣，合當蹇諤正直，又却恬退寡默，及至處鄉里，合當閉門自守，躬廉退之節，又却向前要做事，便都傷了大體。晦庵。

法意　教治　四條

答廖子晦曰：爲政以寬爲本者，謂其大體規模意思當如此耳。古人察理精密，持身整肅，無偷惰戲豫之時，故其政不待作威而自嚴，但其意則以愛人爲本耳。及其施之於政事，便須有綱紀文章，關防禁約，截然而不可犯，然後吾之所謂寬者，得以隨事及人，而無頽弊不舉之處。人之蒙惠於我者，亦得以通達明白，實受其賜而無間隔欺蔽之患。聖人説政，以寬爲本，而今反欲其嚴，正如古樂以和爲主，而周子反欲其淡。蓋今之所謂寬者乃縱馳，所謂和者乃哇淫，非古之所謂寬與和。故必以是矯之，乃得其平耳。如其不然，則雖有愛人之心，而事無統紀，緩急先後、可否與奪之權，皆不在己，於是姦豪得志，而良善之民反不被其澤矣。晦庵。

法者，因天理、順人情而爲之防範禁制也。當以公平正大之心，制其輕重之宜。不可因一時之喜怒而立法，若然，則不得其平者多矣。敬軒。

法立，貴乎必行。立而不行，徒爲虚文，適足以啓下人之翫而已。故論事當永終知敝。

敬軒。

凡國家禮文制度法律條例之類，皆能熟觀而深考之，則有以酬應世務而不戾乎時宜。敬軒。

止惡　止盗　二條

婦人與奄寺常相倚而爲奸，不可不並以爲戒。歐陽公嘗言：「宦官之禍，甚於女寵。」其言尤爲深切，有國家者，可不戒哉！晦庵。

自古傾覆之由，何嘗不起於盗賊〔二〕。盗賊竊發之端，何嘗不生於饑餓。赤眉、黄巾、葛榮、黄巢之徒，其事已可見也。晦庵。

説民　通窮　用民　三條

天下國家之大務，莫大於恤民。而恤民之實，在省賦。省賦之實，在治軍。財者，人之所同欲也。而我欲專其利，則民有不得其所者矣。大抵有國有家所以生起禍亂，皆是從這裏來。晦庵。

春秋最重民力，凡有興作，小大必書，聖人「仁民」之意深矣。敬軒。

財出於民。費用廣則財不足，財不足則賦斂重，賦斂重則民窮，民窮則力竭，力竭則本搖矣。敬齋。

爲政 舉賢 三條

王者，修德行政，用賢去奸，能使陽盛足以勝陰，陰衰不能侵陽。則日月之行，雖或當食，而月常避日，故其遲速高下，必有參差而不正相合、不正相對者，所以當食而不食也。若國家無政，不用善，使臣子背君父，妾婦乘其夫，小人凌君子，夷狄侵中國，則陰盛陽微，當食必食。雖曰有常度，而實爲非常之變矣。晦庵。

與留丞相書曰：蒙垂諭，深以士大夫之朋黨爲患，此古今之通病，誠上之人所當疾也。然熹竊謂，朋黨之禍，止於縉紳。而古之惡朋黨而欲去之者，往往至於亡人之國。蓋不察賢否忠邪而惟黨之務去，則彼小人之巧於自謀者，必將有以自蓋其迹。而君子恃其公心，直道無所回互，往往反爲所擠而目以爲黨，漢、唐、紹聖之已事，今未遠也。熹恐丞相或未深以天下之賢否忠邪爲己任，是以上之所以告於君者，未能使之判然不疑于君子小人之分，下之所以行於進退予奪者，未能有以服天下之心、慰天下之望，而陰邪讒賊，常若反有侵凌干犯之勢。丞相又慮此身自陷於君子之黨，而使彼之蓄憾久而爲禍深也。又稍故爲迷亂昏錯之態以調柔之，反使之意豪氣健，旁若無人，敢於干祿之章，肆爲誣善之語，而朝廷亦不之問也。夫杜門自守、孤立無朋者，此一介之行也。延納賢能，黜退姦險，合天下之人以濟天下之事者，宰相之職也。奚必以無黨者爲是，而有黨者爲非哉？願丞相先以分別賢否忠邪爲己任，其果賢且忠耶，則顯然進之，惟恐其黨之不衆而無與共圖天下之事也。其果姦且邪耶，則顯然黜之，惟恐其去之不盡而有以害吾用賢之功也。不惟不疾君子之爲黨，而不憚以身爲之黨；不惟不憚以身爲之黨，又將引其君以爲黨而不憚也。如此則天下之事其庶幾乎！晦庵。

「闢四門、明四目、達四聰」，此舜爲治手段，後世所當法也。然搜揚賢才而用之，則四門闢矣。得賢明忠直之士而寄以耳目，廣詢博訪，以來直言極諫，則四聰達、四目明矣。敬齋。

治綱目　漢唐　本朝　一條

漢武帝才足以有爲，惜乎多欲。周世宗才足以有爲，惜乎未學。宋神宗亦欲有爲，惜乎汩於功利。敬齋。

學政　二條

道學、治道不可岐而爲二。道學正所以推而爲治道。孟子之後，知王、霸之分者董子。敬軒。

三代王佐事業，皆本於道德；後世輔相事功，多出於才氣。敬齋。

校勘記

〔一〕這都是定格局合當如此做　「當」字原闕，據朱子語類卷九五補。

〔二〕何嘗不起於盜賊　「賊」，原誤作「賦」，據晦庵集卷二六上宰相書改。

近思録補卷九

治法類

禮樂　二條

禮以謙遜退貶爲尚，故主減，然非人情之所樂，故須勉强做將去方得。樂以發揚蹈厲爲尚，故主盈，然樂只管充滿而不反，則又不可。故須反，方得。晦庵。

所謂樂者，亦不過謂胸中無事而自和樂爾。非是着意放開一路而欲其和樂也。然欲胸中無事，非敬不能。故程子曰：「敬則自然和樂。」而周子亦以爲「禮先而樂後」，此可見也。晦庵。

學校人材　三條

學校之政，不患法制之不立，而患理義之不足以悅其心。夫理義不足以悅其心，而區區於法制之末以防之。是猶決湍水注之千仞之壑，而徐翳蕭葦以捍其衝流，必不勝矣。晦庵。

今科舉之弊已極矣。鄉舉里選之法是第一義，今不能行，只就科舉法中與之區處。晦庵。

今科舉所取文字，多是輕浮，不明白着實。最可憂者，不是說秀才做文字不好，這事大關世變。東晉之末，其文一切含糊，是非都没理會。晦庵。

安定湖學　一條

學校之設，非爲士之貧而食之也，又非欲群其類而習爲文辭也。不農不商，若何而可以爲士？非老非釋，若何而可以爲儒？事親從兄，當以何者爲法？希聖希賢，當自何門而入？道德性命之理，當如何而明？治亂興衰之故，當何由而達？考之古，以爲得失之鑒；驗之今，以爲因革之宜。此士之所當用心也。自孔門高第，猶勤勤於問仁、問孝、問知、問政，請之於師，辨之於友，後世之士不逮遠矣。聖人憂之，著爲成書，以詔萬世，教養漸摩，以俾之講習；立師儒之官以董正之，此開設學校之本意也。東萊。

論治　師傅　兵役　六官　民食　經界　四民　鄉黨　山澤　貢士　分數　二條

周禮天官兼嬪、御、宦官飲食之人皆總之，則其於飲食男女之欲，所以制其君而成其德者至矣！豈復有後世宦官之弊？古者宰相之任如此。晦庵。

止末作〔一〕，禁游民，所以敦財利之源。省妄費，去冗食〔二〕，所以裕財利之用。晦庵。

井田　封建　經界　四條

孟子論王道，以制民産爲先。今井地之制未能遽講，莫若令逐州逐縣各具民田一畝歲入幾何，輸税幾何，非泛科率又幾何，州縣一歲所收金穀總計幾何，諸色支費總計幾何，有餘者歸之何許，不足者何所取之，俟其畢集，然後取忠厚通練之士數人，類會考究而大均節之，有餘者取，不足者與，務使州縣貧富不至甚相懸，則民力之慘舒亦不至大相絶矣。晦庵。

今日民困，正緣屯兵費重。只有屯田可減民力。晦庵。

漢世宗室，惟天子之子則裂地而王之，其王之子則嫡者一人繼王，庶子皆封侯。侯惟嫡子繼侯，而其諸子則皆無封。故數世之後，與庶人無異。其勢無以自給，則不免躬農畝之事，如光武少年自販米是也。晦庵。

版籍不正，田税不均，雖若小事，實爲公私莫大之害。天下事所以終做不成，只是壞於懶與私而已。只如經界，就行也安得盡無弊？然十分弊也須革去幾分，所餘者一分半分而已。今人却情願受十分重弊，才有一人理會，便去搜剔那半分一分弊來瑕疵之，以爲决不可行。都是這般見識，分明只有箇天下國家，無一人肯把做自家物事看。晦庵。

刑律 二條

爲政以「法律爲師」，亦名言也。既知律己，又可治人。敬軒。

昔人謂「律是八分書」，蓋律之條目，莫非防範人欲，扶翼天理。故謂之八分書。人之所爲，不犯律條即爲義，犯之即爲非義，則律爲八分書可見。敬軒。

兵備 戍役 統軍 四條

大要臨陣，又在番休遞上，分一軍爲數替，將戰，則食第一替人，既飽，遣之入陣，便食第二替人。覺第一替人力將困，即調發第二替人往代。第三替人亦如之。只管如此更番，則士常飽健而不至於困乏。晦庵。

古之聖王，心同天地。其生物之心，敵國皆知之。雖或誅暴禁亂，不得已而興師，彼之人民皆心服，誰肯與我爲敵？此是箇大兵法，人不識，只有孟子識得透。敬齋。

「兵以仁義爲本」，當先嚴紀律，設謀制勝在後。敬齋。

兵雖曰「威克厥愛」，然愛行乎其中，不如此則必有敗亡之禍，無以全其生。故仁義之兵愈嚴。敬齋。

祭祀　四條

「君子將營宮室」，先立祠堂於正寢之東，爲四龕以奉先世神主。旁親無後者，以其班祔。置祭田，具祭器，主人晨謁於大門之內。出入必告，至正朔望則參，俗節則獻以時食，有事則告。晦庵。

兄弟異居，廟初不異，只合兄祭而弟與執事，或以物助之爲宜。若相去遠者，則主家設主，弟不立主，只於祭時旋設位，以紙榜標記，逐位祭畢，焚之。如此，似亦得禮之變。又曰：禮文品物，亦當少損，或但一獻，無祝可也。晦庵。

凡祭，主於愛敬之誠而已。貧則稱家之有無，疾則量筋骨而行之，財力可及者則當如儀。晦庵。

朔旦，家廟用酒果；望旦，用茶；重午、中元、九日[三]之類皆名俗節。大祭，每位用四味，請出木主，俗節只就家廟，止二味。朔旦俗節，酒止一上，斟一杯。晦庵。

宗子法　一條

言宗子者，謂宗主祭禮。宗子爲士，庶子爲大夫，以上牲祭於宗子之家。非獨宗子之爲士，爲庶人亦然。横渠。

喪葬　十條

答曾光祖曰：家間頃年居喪，於四時正祭則不敢舉，而俗節薦享，則以墨衰行之。蓋正祭「三獻」、「受胙」非居喪所可行，而俗節則惟普同一獻，不讀祝、不受胙也。遷主，禮經所説不一，亦無端的儀制。竊恐當以大祥前一日祭當遷之主，告而遷之，然後次日撤几筵，奉新主入廟，似亦稍合人情也。又曰：「祔」與「遷」自是兩事，卒哭而祔，且從温公之説，蓋是告祖父以將遷他廟，告新死者以將入祖廟之意。已祭，則主復於寢也。至三年喪畢，則又祫祭而遷，祖父之主入他廟，奉新死者之主入祖廟也。晦庵。

問：子爲母大祥及禫，夫已無服，其祭當如何？曰：今禮，几筵必三年而除，則小祥、大祥之祭皆夫主之，但小祥之後，夫即釋服。大祥之祭，夫亦須素服以祭，如吊喪忌日之服可也。晦庵。

喪禮自葬以前皆謂之「奠」，其禮甚簡。蓋哀不能文，而於死者未忍遽以鬼神之禮事之也。自「虞」以後，方謂之祭。故家禮又謂「奠」爲喪祭，而「虞」爲吉祭，蓋漸趨於吉也。晦庵。

曾擇之問：三年喪而復有期喪者，當服期喪之服以臨其喪。卒事，則反初服。或者以爲方服重不當改輕服，不知如何？曰：或者之説非是。晦庵。

竇文卿問：子之所生母死，題主當何稱？祭於何所？祔於何所？曰：妣者，媲也。避嫡母，止稱亡母以别之可也。伊川云：「祭於私室。」晦庵。

按喪禮，「凡喪，父在，父爲主」，則父存，子無主喪之禮也。又曰「父没，兄弟同居，各主其喪」，注云「各爲妻子喪爲主也」，則是凡妻之喪夫，自爲主也，以子爲喪主，未安。晦庵。

問：夫在，妻之神主，宜書何人奉祀？曰：旁注施於所尊，以下則不必書也。晦庵。

問改葬。曰：須告廟而後告墓，方啓墓以葬。葬畢，奠而歸。又告廟，哭而後畢事。晦庵。

忌日祭，只一位。晦庵。

文公于父母墳墓所托之鄉人必加禮。或曰：敵己以上拜之。晦庵。

父子異宫法　會族　一條

先生所居之鄉，每歲春夏之交，豪户閉糴牟利，細民發廩强奪，動相賊殺，幾至挺變。先生率鄉人置社倉以賑貸之，米價不登，人得安業。後上其法於朝，諸路行之。勉齋。

師傅　一條

賈誼作保傅，其言曰：天下之命，係於太子，太子之善，在於蚤諭教與選左右，教得而左右正，則太子正，太子正則天下定矣。此天下之至言，萬世不可易之定論也。晦庵。

縣令　三條

先生爲治，所至必以興學校、明教化爲先。中進士第，主泉州同安簿，莅職勤敏，纖悉必親。職兼學事，選邑秀民充弟子員，訪求名士以爲表率，日與講説聖賢「修己治人」之道。後差發遣南康軍事，懇惻愛民，如己隱憂，興利除害，唯恐不及。至姦豪侵擾細民、撓法害政者，懲之不少貸。由是豪强斂戢，里閭安静。數詣郡學，諸生質疑問難，誨誘不倦。知漳州，以習俗未知禮，採古喪葬嫁娶之儀，揭以示之，命父老解説以教子弟，禁僧尼之教，俗爲大變。

前輩説話可法。某嘗見吴丈公路云：他作縣不敢旬假一日，一日假，則積下一日行，到底自家用做，轉添得繁劇，則多疎率不子細，豈不害事！晦庵。

浙東大饑，命先生提舉長平茶鹽。先生拜命，即移書他郡，募米商，蠲其征，及其客舟已輻輳。日與僚屬鉤訪民隱，至廢寢食。分畫既定，案行所部，窮山長谷，靡所不到。拊問存恤，所活不可勝計。每出，皆乘單車，屏徒從，一身所需皆自齎以行，秋毫不及州縣，以故所歷雖廣而人不知。郡縣官吏憚其風采，倉皇驚懼，常若使者壓其境。由是所部肅然，而尤以戢盜捕蝗興水利爲急。

校勘記

〔一〕止末作　「止」原漶滅，據薛瑄讀書録卷九補。

〔二〕去冗食　「食」原漶滅，據薛瑄讀書録卷九補。

〔三〕重午中元九日　「日」，原作「月」，據朱子語類卷九〇改。

近思録補卷十

政事類

簿令　一條

一命之士，苟存心於愛物，必有所济。蓋天下事莫非分所當爲，凡事苟可用力者，無不盡心其間，則民之受惠者多矣！

守令　六條

爲守令，第一便是民事爲重。其次便是軍政。今人都不理會。

做守令，如胥吏沉滯公事，邀求於人，其弊百端。須嚴立程限，決要如期，他限日到，自然邀索不得。晦庵。

催税之法，頃見崇安趙宰俵由子，分爲幾限，令百姓依限來納，甚無擾。及過隆興，見帥司令諸邑催税，而責以十限。縣但委之吏手，恣其乞覓。或以少不滿千，欲作一項輸納。吏以違限拒之，每限要分外用錢，擾不可言。所以做官難，要通四方風俗情僞。晦庵。

某爲守，如遇支給官員俸給，預先示以時日，到此日只要一日支盡，更不留未支。這亦防邀索之弊。看百弊之多，只得嚴限以促之，使他大段邀索不得。晦庵。

馬子嚴見文公：近有人作假書請托公事者。曰：收假書而不見下書之人，非善處事者。舊見吴提刑達公路當官，凡下書者須令當廳投下，却將書於背處觀之，觀畢，方發付其人，令等回書。前輩處事，詳密如此。晦庵。

文公因泛言交際之道，曰：先人嘗有雜録册子，記李仲和之祖與包孝肅同讀書一僧舍，每出入必經由一富人門，二公未嘗往見之。一日富人俟其過門，邀之坐，二公托以他事不入。他日復招飯，意勤甚。李欲往，包公正色與語曰「彼富人也，吾徒異日或守鄉郡，今妄與之交，豈不爲他日累乎」？竟不往，後十年，二公果相繼典鄉郡。文公因嗟歎前輩立己接人之嚴蓋如此。方二公爲布衣，所志已如此，此古人所謂言行必「稽其所終，慮其所敝」也。

監司　一條

四海利病，係斯民之休戚；斯民休戚，係守令之賢否。監司者，守令之綱；朝廷者，監司之本。欲斯民之得其所，本原之地亦在朝廷而已。晦庵。

臺省轉運　一條

每路只須置一刺史，正其名曰按察使。令舉刺州縣官吏，其下却置判官數員以佐之，如轉運、刑獄、農田之類，而刺史總之，稍重諸判官之權。判官有事欲奏聞，則刺史爲之發奏。刺史不肯發，許判官徑申御史臺以分刺史之權，豈不簡徑省事而無煩擾耗蠹之弊乎！晦庵。

獻納　誠意　愛民　感君　慮盜　四條

「凡天下疲癃殘疾、惸獨鰥寡，吾兄弟顛連而無告者也。」君子之爲政，要主張這等人！敬軒。

人臣事君，當竭忠盡誠，雖細事不可欺，雖曲禮當謹。敬軒。

愛民而民不親者，皆愛之不至也。書曰「如保赤子」，誠能以保赤子之心愛民，則民豈有不親者哉！敬軒。

爲君所委任者，當以誠報，不可一事欺之。敬軒。

諫君　正君心　三條

先生在南康上疏言：立紀綱在正君心，正君心在親賢臣、遠小人。今宰相、臺省、師傅、賓友、諫諍之臣，皆失其職，而陛下所與親密謀議者不過一二近習之臣。此一二小人者，上則蠱惑陛下之心志，使陛下不信先王之大道，而説于功利之卑説；不樂莊士之讜言，而安於私贄之鄙態。下則招集士大夫之嗜利無恥者，文武匯分，各入其門。所喜則陰爲引援，擢寘清顯。所惡則密行訾毁，公肆擠排。交通貨賂，則所盜者皆陛下之財，命卿置將，則所竊者皆陛下之柄。陛下所謂宰相師傅賓友爲諫諍之臣，或反出入其門牆，承望其風旨。其幸能自立者，亦不過齪齪自守，而未嘗敢一言以斥之。其甚畏公論者，乃略能輕逐其徒黨之一二。既不能深有所傷，而終亦不敢明言以擣其囊橐窟穴之所在。勢成威立，中外靡然向之。使陛下之號令黜陟不復出於朝廷，而出於此一二人之門，名爲陛下之獨斷，而實此一二人者陰執其柄。蓋其所壞非獨陛下之紀綱，乃併與陛下所以立紀綱者而壞之。

晦庵。

八年，易提舉浙東長平茶鹽事，乞奏事之任，入對言：今日近習之勢日重，士大夫之勢日輕，重者既挾其重以竊陛下之權，輕者又借力於所重以爲竊位固寵之計。中外相應，更濟其私，日往月來，浸淫耗蝕。使陛下之德業日隳，綱紀日壞，邪佞充塞，貨賂公行。兵愁民怨，盜賊間作，災異數見，饑饉薦臻，群小相挺，人人皆得滿其所欲，惟有陛下了無所得，而國家顧乃獨受其弊。極論天理人欲之介云：願陛下自今以往，一念之萌，則必謹而察之，此爲天理耶？爲人欲耶？果天理也，則敬以擴之而不使其少有雍閼；果人欲也，則敬以克之而不使其少有凝滯。推而至於言語動作之間，用人處事之際，無不以是裁之，則聖心洞然，中外融徹，無一毫之私欲得以介乎其間，而天下之事將惟所欲爲無不如志矣。晦庵。

極言近習，交通將帥，共爲欺蔽。此輩但當使之守門傳命，供掃除之役，不當假借崇長，使得逞邪媚、作淫巧於内，以蕩上心；立門庭、招權勢於外，以累聖政。至于選任大臣，常不得剛明公正之人，而反容鄙夫之竊位者，直以一念之間，未能祛其私邪之蔽，而燕私之好、便嬖之流不能盡由於法度。若用剛明公正之人以爲輔相，則恐其有以妨吾之事，害吾之人而不得肆。是以選掄之際，常先排擯此等，寘之度外，而後取凡疲懦軟熟、平日不敢直言正色之人而揣摩之，又於其中得其至庸極陋、决可保其不至於有所妨者，然後舉而加之於位。是以除書未出而物色先定，姓名未顯而中外已逆知其决非天下之第一流矣。又言紀綱不正於上，是以風俗頹弊於下。大率習爲軟美之態、依阿之言，以不分是非、不辨曲直爲得計。下之事上，固不敢少忤其意；上之御下，亦不敢稍拂其情。惟其私意之所在，則千塗萬轍，經營計較，必得而後已。甚者以金珠爲脯醢，以契券爲詩文，宰相可啗，則啗宰相；近習可通，則通近習，惟得之求，無復廉恥。一有剛毅正直守道循理之士出乎其間，則群譏衆排，指爲道學而加以矯激之罪。十數年來，以此二字禁錮天下之賢人君子，排擯詆辱，必使無所容而後已。此豈治世之事而尚復忍言之哉。晦庵。

職守　任事　十七條

只有一箇「正其誼不謀其利，明其道不計其功」，公平正大行將去，其濟不濟，天也。古人做得成者，不是他有智，只是偶然，其他費心費力用智用數計較，都不濟事，都是枉了。晦庵。

今天下事只礙箇失人情，便都做不得。蓋事理只有一箇是非，今朝廷之上不能辨别這是非。如宰相固不欲逆上意，上亦不欲忤宰相意。今聚天下之不敢言是非者在朝廷，又擇其不敢言之甚者爲臺諫，習以成風，如何做得事？晦庵。

論事只當言其理之是非，不當計其事之利害。晦庵。

作事若顧利害，其終未有不陷於害者。晦庵。

今日有一般議論，只云不要矯激。遂至凡事回互，都揀偎風躲箭處立地，却笑人慷慨奮發，以爲必陷矯激之禍。此風不可長，固是矯激者非，只是不欲矯激的心，亦是私意。大凡只看道理合做與不合做爾，如合做，豈可避矯激之名而不爲。晦庵。

當官之法唯有三事：曰清、曰慎、曰勤，知此三者則知所以持身矣。然世之仕者，臨財當事，不能自克，常自以爲必不敗，持必不敗之意，則無不爲矣。然事常至於敗而不能自已，故設心處事，戒之在初，不可不察。借使役用權智，百端補治，幸而得免，所損已多，不若初不爲之爲愈也。司馬子微坐忘論云：「與其巧持於末，孰若拙戒于初。」此天下之要言，當官處事之大法。用力寡而見功多，無如此言者。人能思之，豈復有悔吝邪！東萊。

百種奸僞，不如一實，反復變詐，不如慎始。防人疑衆，不如自慎，智數周密，不如省事。東萊。

先生愛説「恰好」二字，云「凡事自有恰好處」。晦庵。

當官者先以暴怒爲戒，事有不可，可當詳處之，必無不中。東萊。

天下事須論一箇是不是後，却又論其中節與不中節。晦庵。

爲政須是先平其心，不平其心，雖好事亦錯。南軒。

處事當詳審安重，爲之以艱難，斷之以果決。事了即常若無事者，不可以處置得其當而有自得之心，若然，則反爲所累矣。敬軒。

處事了，不形之於言尤妙。敬軒。

處事最當熟思緩處，熟思則得其情，緩處則得其當。敬軒。

大臣行事當遠慮，後來之患，雖小事不可啓其端。敬軒。

凡治事有涉權貴，須平心看理之所在，若其有理，固不可避嫌，故使之無理。若其無理，亦不可畏禍，曲使之有理。政使見得無理，只須作尋常公事看，斷過後不須粘出說。尋常犯權貴取禍者，多是張大其事，邀不畏强禦之名，所以彼不能平。若處得平穩妥貼，彼雖不樂，視前則有間矣。然所以不欲粘出者，本非以避禍，蓋此乃職分之當。若特然看做一件事，則發處已自不是矣。東萊。

范文正作事必要盡其方，曰：「爲之自我者當如是，其成與否，則有不在我者。雖聖賢不能必，吾豈苟哉！」此范公有脗合聖賢處，故其進退出處，超然無累，行藏卷舒，過於他人。敬齋。

息訟　議獄　六條

今人獄事，只理會要從厚，不知不問是非善惡，只務從厚，豈不長奸惠惡？大凡事付之無心，因其所犯，考其情實，輕重厚薄，付之當然可也。晦庵。

不問其是非曲直而待之如一，則是善者常不得伸，而惡者反幸而免。以此爲平，乃大不平。晦庵。

聽訟，只與他研窮道理，分别是非曲直，自然訟少。若厭其多，不與分别，愈見事多。晦庵。

凡聽訟，必先論其尊卑上下長幼親疏之分，而後聽其曲直之詞。晦庵。

情可矜，雖從寬典，又當使之不知其寬可也。敬軒。

治獄有四要：公、慈、明、剛。公則不偏，慈則不刻，明則能照，剛則能斷。敬軒。

使臣　給事　一條

心誠色温，和氣辭婉，必能動人。敬軒。

薦才　臨民　御史　十二條

人才衰少、風俗頹壞之時，士有一善，即當扶接導誘以就其器業。晦庵。

殊頃在同安，見官户富家典買田業，不肯受業，操有餘之勢力以困破賣家計狼狽之人，使人扼腕。每縣中有送整理者，必了於一日之中。蓋不如此，則村民有宿食廢業之患，而市人富家得以持久困之，使不敢伸理，此最弊之大者。晦庵。

自古救荒只有兩説。一是感召和氣以致豐穰，其次只有儲蓄之計。若待他饑餓時理會，更有何策？晦庵。

賑濟無奇策，不如講水利。到賑濟時成甚事？又曰：下手得早，亦得便宜。晦庵。

大抵做官，須令自家常閑，吏胥常忙方得。若自家被文字叢了，討頭不見，吏胥便來作弊。晦庵。

當官須有旁通曆，逐日公事，開項逐一記録，了即勾之，未了須教了，方不廢事。晦庵。

臨事須是分毫莫放過，如某當官，或有一相識親戚之類，越用分明，不肯放過。晦庵。

張文忠曰：「左右非公故，勿與語。」予深體此言，吏卒輩不嚴而慄然也。敬軒。

作官者，雖愚夫愚婦，皆當敬以臨之，不可忽也。敬軒。

爲政當以公平正大行之，是非毁譽皆所不恤。必欲曲狥人情，使人人譽悦，則失公正之體，非君子之道也。敬軒。

天下大慮，惟下情不通爲可慮。昔人所謂『下有危亡之勢而上不知』是也」。敬軒。

爲宰相不能搜訪天下賢才而用之，更使誰去爲治？朱子言呂夷簡爲相，有范文正不能用，更有甚相業？敬軒。

事人　使人　三條

與其得小人，不若得愚人。温公晚年更歷之，多爲此説。晦庵。

心不可有一毫之偏向，有則人必窺而知之。余嘗使一走卒，見其頗敏捷，使之稍勤，下人即有趨重之意，余遂逐去之。此雖小事，以此知當官者，當正大明白，不可有一毫之偏向。敬軒。

恭而不近於諛，和而不至於流，事上處衆之道。敬軒。

私愛　公私　四條

天下只有一是一非。是者，須還他是；非者，須還他非，方是自然之平。若不分邪正，不別是非，而但欲其平，決無可平之理。此元祐之調停、元符之建中所以敗也。晦庵。

官無大小，凡事只是一箇公。若公做得來也精采，便是小官，人也望風畏服。若不公，便是宰相做來做去，只没下稍。晦庵。

當官不接異色人最好，不止巫祝、尼媪所宜疏絶，至於匠藝之人，雖不可缺，亦當用之以時。大不宜久留於家，與之親洽，皆能變易聽聞，簸弄是非。儒士固當禮接，亦有本非儒者，或假文詞，更假字畫以媒進，一與之款洽，即墮其術中。如房琯爲相，因一琴工黄廷蘭出入門下，依倚爲非，遂爲相業之玷。若此之類，能審疏節，亦清心省事之一助。敬軒。

韓魏公、范文正公諸公皆一片忠誠爲國之心，故其事業顯著而名望孚動於天下。後世之人，以私意小智自持其身，而欲事業名譽比擬前賢，難矣哉！敬軒。

氣量　限量　識量　德量　八條

大丈夫當容人，勿爲人所容。晦庵。

第一要有渾厚包含從容廣大之氣象，促迫偏窄淺率浮躁，非有德之氣象。敬軒。

觀人氣象，便知其涵養之淺深。敬軒。

人有滿於得意而不覺形於詞色者，則其所養可知矣。敬軒。

識量大，則欣戚毁譽皆不足以動其心。敬軒。

忮心一生而天地否，良心一生而天地泰。敬軒。

常人纔有觸即有不平意，只是量小。敬軒。

接物大，宜含弘，如行曠野而有展步之地。不然，太狹而無以自容矣。敬軒。

君子小人 五條

自古小人所以敗亂國家，豈皆凶惡猛鷙，有可畏之威而後能之，但有患失之心，便自無所不至。晦庵。

答潘叔昌曰：君子之於小人，固不可過爲忿疾，然無交和之理。韓、富當時事力蓋不足以勝二姦，非固欲與之和也。元祐誠有過甚處，然當時事勢恐不如此，亦不免禍。要當有以開悟人主之心，乃絶後患爾。晦庵。

答張敬夫曰：所疑小人不可共事固然。然堯不誅四凶，伊尹五就桀，孔子仕於季孫，惟聖人有此作用，而明道或庶幾焉。觀其所在爲政而上下響應，論新法而荆公不怒，同列異意者亦稱其賢，此等事類非常人所及。所謂元豐大臣當與共事，蓋實見其可而有是言，非傳聞之誤也。然力量未至此而欲學之，則誤矣。晦庵。

不可因小人包承而易其志。敬軒。

君子小人自不相容，其類不同也。君子進則小人退，小人進則君子退。未有君子小人共治者也。然則堯用四凶豈不是小人？曰：「堯，聖人也。聖君德盛勢重，方可因其才而用之。」孔明用魏延如何？曰：「魏延雖小人，非是大姦惡，故孔明亦因其才而用之。」敬齋。

君子同異　常變　二條

挺特自守者必君子，攀援附和者必小人。敬軒。

文中子曰：同不害正，異不傷物。敬軒。

防過　二條

稱意之事，不可加喜，喜則爲外物動矣。敬軒。

物惡太過，造化尚然，况人事乎。敬軒。

任濟大事　四條

古之名將能立功名者，皆謹厚周密，乃能有成。如吴漢、朱然終日欽欽，常如對陣，須學這樣底方好。今人率負才，以英雄自待，以至恃氣傲物，不能謹嚴，卒至於敗而已。要做大功名底，越要謹密，未聞麤鲁闊略而能有成者。晦庵。

安重深沉者能處大事，輕浮淺率者不能。敬軒。

處大事，不宜大厲聲色，付之當然可也。敬軒。

聖賢成大業者，從戰戰兢兢之小心來。敬軒。

處旅困　謹小物　七條

人遇拂亂之事，愈當「動心忍性，增益其所不能」。所行有窒礙處，必思有以遷之，則智益明。敬軒。

當官廉謹是吾輩本分事，不待多説。然細微處亦須照管，不可忽略，因循怠惰。又云：自治既不苟，更能事上以禮，接物以誠，臨民以寬，馭吏以法，而薄書期會之間，亦無所不用其敬焉，則庶乎其少過矣。晦庵。

孔子微服過宋，其自處雖裕，慮事則密。敬軒。

凡事須小心寅畏，仔細體察，思量到人所思量不到處，防備到人所防備不到處，方得無事。晦庵。

雖細事，亦當以難處之，不可忽。況大事乎！敬軒。

「有不速之客三人來，敬之終吉」，處横逆之道也。敬軒。

學常要親細務，莫令心麤。晦庵。

更革　守法　變法　五條

爲政無大利害，不必議更張。議更張，則所更之事未成，必鬨然成擾，卒未已也。晦庵。

號令既明，刑法亦不可弛。苟不嚴刑罰，則所謂號令者徒掛牆壁爾。與其不道以梗吾治，曷若懲其一以戒其百？與其覆實檢察於其終，曷若嚴其始而使之毋犯？晦庵。

立法之初，貴乎參酌。事情必輕重得宜，可行而無弊者，則播告之，既立之後，謹守勿失。信如四時，堅如金石，則民知所畏而不敢犯矣。或立法之初，不能參酌，事情輕重不倫，遽施於下，既而見其有不可行者，復遂廢格，則後有良法，人將視爲不信之具矣。令何自而行？禁何自而止乎？敬軒。

固不可假公法以報私仇，亦不可假公法以報私德。敬軒。

會做事的人，必先度事勢，有必可做之理方去做。不能，則謹守常法。晦庵。

議事　言論　五條

於天下之事有可否，則斷以至公，而勿牽于内顧偏聽之私。於天下之議有從違，則開以誠心，而勿悞以陽開陰閤之計。則庶乎德業盛大，表裏光明，中外遠邇，心悦誠服。敬軒。

狀牒煩多，須集屬官同堂商量分判，自無壅滯。此非獨爲長官者省事，而屬官亦各得自效。兼是簿尉等初官，使之决獄聽訟得熟，是亦教誨之也。晦庵。

爲官最宜安重，下所瞻仰，一發言不當，殊愧之。敬軒。

接下言貴簡，不可一語冗長。敬軒。

論事不可趨一時之重，當思其久而遠者。敬軒。

毋疑懼　毋急迫　二條

天下之事，成於懼而敗於忽。懼者，福之原也；忽者，禍之門也。東萊。

天下之事，緩則得，忙則失。先賢謂「天下甚事不因忙後錯了」，此言當。敬軒。

隱惡　盡禮　二條

爲人寮屬，世俗常禮有不可廢者，亦且得隨例，不須大段立異。不濟得事，徒爲人所指目憎嫌，却費調護求寬假，所屈愈多也。晦庵。

處人之難處者，正不必與之厲聲色，與之辨是非、較長短。惟謹于自修，愈謙愈約，彼將自服。不服者，妄人也。又何較焉？敬軒。

不訕上　不毀短　一條

聖賢之忠厚不可當。如明道之去，分明不容于時，猶謂「已學未至當時，誠意不能動人」，其忠厚如此。敬軒。

近思録補卷十一

教人之法類

聖教　四條

聖人教人，大概只是説孝弟忠信日用常行底語，人能就上面做將去，則心之放者自收，心之昏者自著。如「心性」等字，到子思、孟子方説得詳。晦庵。

敬敏任卹，則閭胥書之；孝弟睦婣，則族師書之。其所教人，皆因性牖民而納諸至善之域，禮鎔樂治以成其德、達其材。古者作人之功蓋如此。真西山。

先王所以建學造士之本意，蓋將使士者講夫仁義禮智之彝，以明夫君臣父子兄弟朋友之倫，以之修身齊家治國平天下。其事蓋甚大矣，而爲之則有其序，教之則有其方。南軒。

教人言理太高，使人無可依據。敬軒。

訓蒙　四條

後生初學且看小學書，是做人底樣子。晦庵。

教導後進，須是嚴毅，然亦須有以興起開發之，徒拘束之，亦不濟事。晦庵。

劉元城有言「子弟寧可終歲不讀書，不可一日近小人」，此言極有味。晦庵。

古之童子未冠，爲長者役，而其心安焉。蓋古之教養之道必本諸孝悌，孝悌之心雖主於惻隱恭敬之端，孝悌之行常在於灑掃應對執事走趨之際，蓋凡有血氣者，未有安於事人者也。今使之知長之可敬，甘於僕役而不辭，是所以存其良心，折其傲慢之氣，然後可與進於德矣。東萊。

小大學　小大教　三條

答孫仁甫曰：夫人無英氣，固安於卑陋而不足以語上。其或有之，而無以制之，則又反爲所使而不肯遜志於學，此學者之通患也。所以古人設教，自灑掃、應對、進退之節，禮、樂、射、御、書、數之文，必皆使之抑心下首，以從事於其間而不敢忽，然後可以消磨其飛揚倔强之氣而爲入德之階。今既皆無此矣。唯有讀書一事，尚可以爲攝伏身心之助，然不循序而致謹焉，則亦未有益也。故今爲賢者計，且當就日用間致其下學之功，讀書窮理則細立課程，耐煩着實而勿求速解，操存持守，則隨時隨處省覺收斂而毋計近功。如此積累，做得三五年工夫，庶幾心意漸馴，根本粗立而有可據之地。不然，終恐徒爲此氣所使而不得有所就。晦庵。

凡小說一切不經之書，最能蠱惑風俗，眩耳目、喪善心，天下若能通禁革得無些毫迹在，使聖賢傳經等書浸潤耳目，則風俗可淳，爲治亦易。

力是亦拔本塞源之一機也。敬齋。

小學教之以事，大學教之以理。晦庵。

身教　一條

君子之教，以身不以言，故公明宣學于曾子，三年不讀書。曾子曰：「宣，而居參之門，三年不學，何也？」公明宣曰：「安敢不學，宣見夫子居庭，親在，叱咤之聲未嘗至於犬馬，宣說之，學而未能。宣見夫子之應賓客，恭儉而不懈惰，宣說之，學而未能。宣見夫子之居朝廷，嚴臨下而不毀傷〔一〕。宣說之，學而未能。宣安敢不學而居君子之門乎？」古之君子，其以身教也如此，豈必諄諄然命之而後謂之教耶。東萊。

言教　十一條

與長子受之曰：早晚受業請益，隨衆例不得怠慢。日間思索有疑，用册子隨手劄記。候見質問，不得放過。所聞誨語，歸安下處思省，要切之言，逐日劄記。不得自擅出入，與人往還。初到，問先生有合見者見之，不令見則不必往。人來相見，亦啓禀然後往報之，此外不得出入一步。居處須是居敬，不得倨肆惰慢。言語須要諦審，不得戲笑喧嘩。凡事謙恭，不得尚氣凌人，自取耻辱。不得飲酒，荒思廢業。亦恐言語差錯，失己忤人，尤當深戒。不可言人過惡及説人家短長是非，有來告者亦勿酬答。交游之間，尤當審擇，雖是同學亦不可無親疏之辨，皆當請于先生，聽其所教。大凡敦厚忠信能攻吾過者，益友也；其諂諛輕薄，傲慢褻狎，導人爲惡者，損友也。推此見之，亦自合見得五七分，更問以審之，百無所失矣。但恐志趣卑凡，不能克己從善，則益者不期疏而日遠，損者不期近而日親。此須痛加檢點而矯革之，不可荏苒漸習，自趨小人之域，如此則雖有賢師長，亦無救拔自家處矣。見人嘉言善行，則敬慕而記録之。見人好文字勝己者，則借來熟看，或傳録之而資問之，思與之齊而後已。以上數條，切宜謹守，其所未及，亦可據此推廣。大抵只是「勤謹」二字，循之而上，有無限好事。吾雖未敢言，而竊爲汝願之。反之而下，有無限不好事，吾雖不欲言，而未免爲汝憂之也。晦庵。

白鹿洞規曰：父子有親，君臣有義，夫婦有别，長幼有序，朋友有信。博學之，審問之，慎思之，明辨之，篤行之。言忠信，行篤敬，懲忿窒欲，遷善改過。正其誼不謀其利，明其道不計其功。己所不欲，勿施於人，行有不得，反求諸己。晦庵。

凡預此集者，以孝弟忠信爲本。其不順於父母，不友於兄弟，不睦於宗族，不誠於朋友，言行相反，文過遂非者，不在此位。既預集而或犯，同志者規之；不可，責之；責之不可，告於衆而共勉之，終不悛者，除其籍。

凡預此集者，聞善相告，聞過相警，患難相恤，游居必以齒，相呼不以丈，不以爵，不以爾汝。

會講之容，端而肅；群居之容，和而莊。箕踞跛倚，諠譁擁併，謂之不肅。狎侮戲謔，謂之不莊。

舊所從師，歲時往來，道路相遇，無廢舊禮。

毋得品藻長上優劣，訾毁外人文字，評品政事、鄉閭人物，稱善不稱惡。

毋得干謁、投獻、請託。

毋得互相品題，高標置，妄分清濁。語毋褻、毋諛、毋妄、毋雜。妄語，非特以虚爲實，如期約不信、出言不情、增加張大之類皆是，雜語，凡無益之談皆是。毋狎非類。親戚故舊或非士類，情禮自不可廢，但不當狎昵。毋親鄙事，如賭博、鬥毆、蹴踘、籠養、酣飲酒肆，赴試代筆及自投兩副卷，閱非僻文字之類，其餘自可類推。俱東萊。

舞射詩禮樂之教　一條

入小學，教之以事，便自養得他心。不知不覺自好了。到得漸長，漸更歷通達事物，將無所不能。今人既無本領，只去理會許多閒技藝，反以害心。南軒。

禮教　一條

問：横渠之教，以禮爲先。某恐謂之禮，則有品節，每遇事，須用秤停當，禮方可遵守。初學者或未嘗識禮，恐無下手之處。敬則有一念之肅，便已改容更貌，不費安排，事事上見得此意，如何？曰：古人自幼入小學，便教以禮，及長，自然在規矩之中，横渠却是以官法教人。禮也易學，今人乍見，往往以爲難，某嘗要取三禮编成一書，事多蹉過，若有朋友，只兩年工夫可成。晦庵。

説書　教導　三條

與魏應仲曰：所讀經史，切要反復精詳，方能漸見旨趣。誦之以舒緩不迫，令字字分明，更須端莊正坐，如對聖賢，則心定而義理易究。不可貪多務廣，涉獵鹵莽，纔看過了便謂已通。小有疑處，即便思索，思索不通，即置小册子逐一抄記，以時省閲。切不可含糊護短，耻於質問而終身受此黯暗以自欺也。起居坐立，務要端莊，不可傾倚，恐至昏怠。出入步趨務要凝重，不可剽輕以害德性。以謙遜自牧，以和敬待人。凡事切須謹飭，無故不須出入。少説閒話，恐廢光陰。勿觀雜書，恐分精力。早晚頻自點檢所習之業，每旬休日將一旬内書温習數過，勿令心少有放佚，則自然漸近道理，講習易明矣。晦庵。

後生且教他依本子認得訓詁文義分明爲急。自此反復不厭，日久月深，自然心與理熟，有得力處。今人多是躐等妄作，誑誤後生，輾轉相欺，其實都曉不得也。晦庵。

中人以上可以語上，中人以下不可以語上，教人者當謹守此言。與人談論，亦當謹守此言。

正心之教　一條

今人有聰明都不會用，只去駁雜上學，或誦記辭章，或涉獵史傳，或泛觀諸子百家，用心一差，聰明反爲心害，其聰明反爲不聰明矣。善用聰明者，潛心積累，先從小學、大學、近思録、論語、孟子精思熟究，體驗得聖賢心事，義理功夫，瞭然得之於心，然後循序漸進，博學群書。王渤等聰明與聖賢聰明不同者，是做向外面去，故適足爲心之害也。敬齋。

校勘記

〔一〕嚴臨下而不毀傷　「臨下而不毀傷」，原本闕，據劉向説苑卷二〇補。

近思録補卷十二

儆戒類

改過　過失　九條

不應爲，總是罪過。明道。

改過貴勇，防患貴怯。晦庵。

苟欲聞過，但當一一容受，不當復計其虚實，則事無大小，人皆樂告而無隱情矣。若切切計較，必與辨爭，非告以有過則喜之意也。晦庵。

凡日用間，知此一病而欲去之，即此欲去之心便是能去之藥。但當堅守，常自警覺，不必妄意推求，欲舍此拙法，別求妙解也。又曰：知得如此是病，即便不如此是藥，若更問何由得如此，則是騎驢覓驢，只成一場閒説話矣。晦庵。

凡所爲，當下即求合理，勿曰「今日姑如此，明日改之」。一事苟，其餘無不苟矣。敬軒。

人有過，貴於能悔，悔而不改，徒悔而已。於己何益？改過最難，須著實做得操存省察工夫，使吾身心謹密，放僻之心不生，則大本堅固，過失隨覺而不行也。若欲防患於預，須以敬爲主，不使須臾忽慢。又常觀書求義，浸灌此心悦懌，使過失不萌更妙。敬軒。

事已往，不追最妙。敬軒。

不可乘喜而多言，不可乘快而易事。敬軒。

人要立功業是私意，不立功業亦是私意，總之循理而已。敬齋。

德禄盛滿　四條

謙之爲卦，不知天地人鬼何以皆好尚之。蓋太極中本無物，事業功勞於我何有？觀天地生萬物而不言所利，可見矣。晦庵。

問：「謙卑自牧」之義。南軒張氏曰：牧如牧羊，使之馴服方可以言謙。今人往往反以驕矜爲養氣，此特客氣，非浩然之氣也。

向來一向前輩，少日粗有時望，晚來往往不滿人意，正坐講學不精，不見聖門廣大規模，小有所立，即自以爲事業止此，更不求進。荆公所謂：「末俗易高，險塗難盡」者，可念也。晦庵。

勢到七八分，即已如張弓然，過滿則折。敬軒。

豫戒　三條

纔有順適底意思，便是人欲。晦庵。

每事求自家安利處，便不是義，便不可入堯舜之道。晦庵。

不能謹始慮終，乘快作事，後或難收拾，則必有悔矣。敬軒。

止得宜　悦失正　六條

凡事不可著箇且字，鮮有不害事。晦庵。

今人不去學自守，先要學隨時，所以苟且不立。敬齋。

隨時不是隨俗。今人錯認隨俗爲隨時，古人是因那時節便做那時事，無不當其可。如堯舜當那時便揖讓，湯武當那時便征伐，孔子當周末便傳道垂訓，皆隨時，非隨俗也。敬齋。

有意悦人，便失其本心。敬軒。

兑九五「孚於剥，有厲」，君子不可以小人假善悦己而信之，若信之，適墮其計中，乃危道也。敬軒。

人素無實德實才，而悦人作文詞以諛己，而作文辭者，又極口稱譽之。彼以諛求，此以諛應，文辭之弊，孰有甚於此乎！敬軒。

理欲　剛欲　六條

大抵以學者而視天下之事，以爲己事之當然而爲之，則雖甲兵、財穀、籩豆、有司之事皆爲己也。以其可以求知於世而爲之，則雖割股廬墓、弊車羸馬亦爲人耳。善乎！張子敬夫之言，曰：「爲己者，無所爲而然者也。」此其語意之深切，蓋有前賢所未發者。學者以是而日自省焉，則有以察乎善利之間，而無毫釐之差矣。晦庵。

夫子乘桴之嘆，獨許子路之能從，而子路聞之果以爲喜。且看此等處聖氣象是如何！世間許多紛紛擾擾，如百千蚊蚋鼓發狂鬧，何嘗入得他胸次耶！晦庵。

今日士大夫，惟以苟且捱去爲事。上下相咻，以勿生事。不要十分分明理會，且恁鶻突，才理會分明，便做官不得。有人少負能聲，及少經挫抑，却悔其太惺惺了了，一切刓方爲圓，隨俗苟且，自道是年高見長，風俗如此，可畏！可畏！晦庵。

人一縱於慾，德即敗，雖改之，又當關防緊密，不使萌於再。敬軒。

人之氣貴乎剛，却怕麤。氣剛則才大，氣粗則才疏，才大而疏，成少敗多。故君子養其氣以至剛大完密，則才德全矣。敬齋。

陽氣發處，金石亦透，精神一到，何事不成。今之學者，全不曾發憤。東萊。

畏巧令　放鄭音　二條

便僻側媚小童，最能順人志意，使人不覺傾向，幾至心不能持，自非明理剛特有守之君子，鮮不爲所移者，以是知古人比頑童之訓，其慮深矣。敬軒。

以顏子之亞聖，聖人猶告以遠佞人，況他人乎！敬軒。

身心　點檢　五條

士君子立身一敗而萬事瓦裂，豈可不戒！晦庵。

開卷便有與聖賢不相似處，豈可不自鞭策！晦庵。

只理會此身，其他都是閒物事。緣我這身是天造地設底，擔負許多道理，盡得這道理，方成箇人，方可柱天踏地，方不負此生。若不盡得此理，只是空生空死，空具形骸，空喫了世間人飯，見得道理透，許多閒物事都没要緊做甚麽。晦庵。

人固有終身爲善而自欺者，不特外面如此而裏面不如此者方爲自欺。蓋中心欲爲善，而常有個不肯底意思，便是自欺也。須是打疊得盡。晦庵。

余每夜就枕，必思一日所行之事，所行合理則恬然安寢。或有不合，即展轉不能寐，思有以更其失。敬軒。

料事　疑事　較事　七條

吾人所處著個「道理」二字，便自隨衆不得。晦庵。

事只有箇是非，只揀是處行將去。必欲回互得人人道好，豈有此理？然事之是非，久却自定。晦庵。

人於道理不能行，只是在我之道理有未盡耳。不當咎其不可行，當反而求盡其道。晦庵。

萬事差錯，只是是非顛倒。敬軒。

「機事不密則害成」，易之大戒也。敬軒。

雖微細事，不可苟，皆當處置合宜。敬軒。

疑人輕己者，皆内不足。敬軒。

驕吝　一條

驕者氣盈，挾其有也；吝者氣歉，懷不足也。害德者固多端，而二者其總目與？蓋役於血氣者，不失之盈，則失之歉耳。南軒。

枉直　三條

纔枉其小，便害其大。晦庵。

答路德章曰：來諭謂儻遇漢祖、唐宗，亦須有爭不得且放過處。亦是舊時意思尚在，方寸之地，只有一毫此等見識，便是「枉尺直尋」的根株。直須見得正當道理分明，不容些兒走作，即自然無復此等意思。雖欲宛轉回護，亦有所不可得矣。古之聖賢以「枉尺直尋」爲大病，今日議論以「枉尺直尋」爲根本，若果如此，即孟子果然迂闊，而公孫衍、張儀直可謂大丈夫矣。晦庵。

孟子一生忍窮受餓，費盡心力，只破得「枉尺直尋」四字。今日諸賢苦心勞力，費盡言語，只成就「枉尺直尋」四字。晦庵。

捨禮儀　樂燕遊　二條〔一〕

損者三樂，惟宴樂最可畏，所謂「宴安鴆毒」也。晦庵。

林中恭問下學之要受用處〔二〕。文公曰：潑椅卓在屋下坐便是受用，若貪慕外面高山曲水，便不是受用的。因舉詩云：「貧家淨掃地，貧女好梳頭。下士晚聞道，聊以拙自修。」前人只恁地說了。

反經　徇情　二條

今日釋氏盛而道家蕭索，方其盛時，天下之士往往自從其學，自難與之力爭。惟當自明吾理，吾理自然明，則彼不必與爭。南軒。

康節詩云：「閒居慎莫說無妨，蓋道無妨便有妨。」要做好人，上面煞有等級。做不好人，則立地便至，只在把住放行之間爾。晦庵。

校勘記

〔一〕二條　「二」，原作「三」，據實際條數改。

〔二〕林中恭問下學之要受用處　林中恭，朱子語類卷一二〇作「林仲參」。

近思録補卷十三

辨異端類

異端　三條

老氏説「無終」，不奈這道理有何？佛氏説「空終」，不奈這道理實何？所以終歸邪遁也。敬齋。

學稍有差，便入異教。如此「無爲」是無私意造作也，彼遂以爲真虚静無爲矣；此言「虚心」是心有主而外邪不入也，彼遂以爲真虚空無物矣；此言「無心」是「寂然不動」而「萬理咸具」也，彼遂以爲真無思慮矣；此言「無適非道」是道理無處無之，不可須臾離也，彼遂以爲隨其所適，無非是道，竟猖狂自恣而不顧矣。敬齋。

異端之道，全要安排造作，儒者只是順其自然之理。敬齋。

釋氏　十三條〔一〕

芮國器嘗云：天下無二道，聖人無兩心，如何要排佛？曰：只爲無二道，無兩心，故着不得他佛法。晦庵。

雜書中有或問儒佛異同，答曰：公本來處，還有儒、佛否？先生曰：天命之性，固未嘗有儒、佛也。然儒、佛是非之理則已具矣。必以未嘗有者爲言，則奚獨儒、佛？固未嘗有堯、桀也，然堯之所以爲堯，桀之所以爲桀，豈有莫之辯哉？今某子之言如此，是欲以本來無有者混儒、佛而一之也。此禪學末流淫遁之常談，俗學之士，從風而靡有不足怪，獨某子自謂親承有道而立意如此，爲不可解耳。晦庵。

學者往往多歸異教，何故？蓋爲自家這裏工夫欠缺，奈何這心不下，見禪者之説有個悟門，一朝得入，則前後際斷，恁地見成捷快，如何不隨他去。不知自家這裏有個道理，不必外求，此心自然各止其所。晦庵。

某數日來，間思聖人所以説個「格物」工夫盡在這裏。今人都無這工夫，所以見識皆低。晦庵。

近年以來，乃有假佛釋之似以亂孔孟之實者，其法首以讀書窮理爲大禁，常欲學者注其心於茫昧不可知之地，以僥倖一旦恍然獨見然後爲得。蓋亦有自謂得之者也。而察其容貌詞氣之間，脩己治人之際，乃與聖賢之學有大不相似者。晦庵。

異端之學，以性自私固爲大病，然又不察氣質情欲之偏而率意妄行，便謂無非至理，此尤害事。近世儒者之論亦有近似之者，不可不察也。晦庵。

答江德功曰：近世學者溺於佛學，本以聖賢之言爲卑近而不滿於其意，顧天理民彝有不容殄滅，則又不能盡叛吾説以歸於彼，兩者交戰於胸中而不知所定。於是因其近似之言以附會而説合之。凡吾教之以物言者，則攙而附之於己；以身言者，則引而是納之於心。苟以幸其不異於彼，而便於出入兩是之私，至於聖賢之本意，則雖知其不然而有所不顧也。蓋其心自以吾之所見已高於聖賢，可以咄嗟指顧而左右之矣，又况推而高之，鑿而深之，使其精神氣象有加於前，則吾又爲有功於聖賢，何不可者？而不自知其所謂高且深者，是乃所以卑且陋也。此近世雜學之士心術隱微之大病，不但講説異同之間而已。晦庵。

答廖子晦曰：詳來喻，正謂日用之間，別有一物，光輝閃爍，動盪流轉，是即所謂「無極之真」，所謂「穀神不死」。學者合下便要識得此物，而後將心想像照管，要得常在目前，乃爲根本功夫。至於學問踐履，零碎湊合，自是下一截事，與此粗細迥然不同。雖以顔子之初，仰高鑽堅，瞻前忽後，亦是未見此物。故不得爲實見耳。此其意則善矣，然若果是如此，則聖人設教，首先便合痛下言語，直指此物，教人着緊體察，要令實見，着緊把捉，要常在目前，以爲直截根原之計。而却都無此説，但只教人「格物致知」、「克己復禮」，一向就枝葉上零碎處做工夫，豈不誤人枉費日力耶？論、孟之言，平易明白，固無此等玄妙之談。雖以子思、周子喫緊爲人，特著中庸、太極之書，以明道體之極致，而其所説用工夫處，只説擇善固執、學問思辨而篤行之，只説「定之以中正仁義而主静」、「君子脩之吉」而已，未嘗使人日用之間，必求見此天命之性、無極之真而固守之也。蓋原此理之所自來雖極微妙，然其實只是人心之中許多合當做底道理而已。但推其本，則見其出於人心而非人力之所能爲，故曰「天命」；雖萬事萬化皆自此中流出，而實無形象之可指，故曰「無極」耳。若論工夫，則只擇善固執，中正仁義，便是理會此事處，非是别有一段根原工夫，又在講學應事之外也。如説求其放心，亦只是説日用之間，收斂整齊，不使心念向外走作，庶幾其中許多合做底道理，漸次分明，可以體察。亦非捉取此物，藏在胸中，然後别分一心出外以應事接物也。來書又云：事事物物，皆有實理。如「仁義禮智」之性，「視聽言動」之則，皆從「天命」中來，須如顔、曾洞見全體，即無一不善。此説雖似無病，然詳其語脉，究其意旨，亦是以「天命」全體者爲一物之渾然，而「仁義禮智」之性、「視聽言動」之則，皆是其中零碎查滓之物。初不異於前説也，至論所以爲學，則又不在乎事事物物之實理，而持以洞見全體爲功。

凡此只是舊病也。且曰「洞見全體」而後事無不善，則是未見以前，未嘗一一窮格以待其貫通，而直以意識想像之耳。是與程子所訶「對塔而説相輪」者何以異哉？此是學問工夫徹上徹下細密謹切處。蓋性命之理雖微，然就博文約禮實事上看，亦甚明白。正不須向無形象處東撈西摸，如捕風繫影，用意愈深而去道愈遠也。晦庵。

答陳衛道曰：釋氏所見，較之吾儒，彼不可謂無所見，但卻只是從外面見得箇影子，不曾見得裏許真實道理。所以見處則儘高明脱灑，而用處七顛八倒，無有是處。儒者則要得見此心此理原不相離，雖毫釐絲忽間，不容略有差舛，才是用處。有差便是見得不實，非如釋氏見處行處打成兩截也。嘗見龜山先生引龐居士説「神通妙用，運水搬柴」話來證孟子「徐行後長」義，竊意其語未免有病。何也？蓋如釋氏説「但能搬柴運水即是神通妙用」，此即來喻所謂「舉起處其中更無是非」。若儒者則須是徐行後長方是，若疾行先長，即便不是。所以「格物致知」便是要就此等處微細辨别，令日用間見得天理流行。而其中是非黑白各有條理，是者，便是順得此理。非者，便是逆著此理。胸中洞然無纖毫疑礙，所以才能「格物致知」，便能誠意正心而天下國家可得，而理亦不是兩事也。凡古聖賢説「性命」，皆是就實事上説，如言「盡性」，便是盡得此君臣父子三綱五常之道而無餘。言「養性」，便是養得此道而不害至微之理、至著之事，一以貫之，略無餘欠，非虚語也。晦庵。

儒者養得一箇道理，釋氏只養得一箇精神。儒者養得一身之正氣，故與天地吻合。釋氏養得一身之私氣，故與天地背違。敬齋。

夫目之視、耳之聽、口之言、身之動，物雖未交而其理已具，是皆天命之自然，無假於安排造作，莫非真也。及乎感物而動，則有當視者，有不當視者；有當聽者，有不當聽者；有當言者，有不當言者；有當動者，有不當動者。凡其所當然者，即其自然之不可違者，故曰「真」也。所不當然者，則往往出於情欲之使然，故曰「妄」也。真者存之，妄者去之，以此治其身心，以此達諸天下國家，此吾儒所以立人極之道，而内外本末無非一貫也。若如佛氏之説，則方其未悟之先，凡視聽言動，不問其當然與不當然，一切皆謂之「妄」；及其既悟，又不問其當然與不當然，皆謂之「真」。吾不知何者在所當存乎？何者在所當去乎？當去者不去，當存者必不能存，人欲肆而天理滅矣。使其説肆行而莫之禁，中國之爲中國，人類之爲人類，將非幸歟！整庵。

莠之亂苗，紫之奪朱，皆以其相似而難辨。與儒道相似，莫如禪學，此最害道者。後之學者做存心工夫，不得其真者，多流於禪，所謂「高者入於虚空」。蓋天資高邁者，多厭世事之冗而樂於虚靜，又好奇妙而忽卑近，又力去做靜中工夫，掃除物欲，屏絶思慮，是在裏面先做空了，不覺流於禪學，只緣在小學、四書、近思録不曾實體驗，而於窮理工夫不到如此。

敬齋。

釋氏之存心有二，一是習爲虚靜，絶滅思慮，使之無雜擾。一是常照住此心，不令走作。殊不知聖賢教人自灑掃應對周旋，禮樂孝弟恭敬，皆是存心之具，如「九容九思」，亦是存養之法，故心存理得而事治。釋氏之存心，適以壞其心之體，絶其心之用，其害莫大焉。敬齋。

仙術　一條

謝子曰「吾嘗習忘以養生」。先生曰：施之養生則可，於道則有害。習忘可以養生者，以其不留情也。學道則異於是。「必有事焉而勿正」，何謂乎？且出入起居寧無事者，正心待之則先事而迎，忘則涉乎去念，助則近於留情。故聖人之心如鑑，孟子所以異於釋氏者，此也。遺書。

諸子言有無　二條

老氏之言「有無」，以「有無」爲二，周子之言「有無」，以「有無」爲一。晦庵。

老氏既説「無」，又説「杳杳冥冥，其中有精；混混沌沌，其中有物」，則是其所謂「無者不無」矣。釋氏既説空，又説有箇真性在天地間不生不滅，超脱輪回，則是所謂「空者不空」矣。若吾儒説有則真有，説無則真無，説實則真實，説虛則真虛，蓋見道明白精切。以理言之，此理流行不息，此性稟賦有定，豈可説空説無；以氣言之，聚則爲有，散則爲無。有形體者爲實，無形體者爲虛。若理則亦無不有、無不實也。敬齋。

校勘記

〔一〕十三條　「十三」原作「十」，據實際條數改。

近思録補卷十四

觀聖賢類

堯舜禹湯文武　一條

禹之有天下也，無所與於己。又曰：禹之爲聖，本由學而成，皆其工夫至到者也。南軒。

舜　一條

四岳稱舜可以當天下之實，獨於家庭中言之，何也？蓋舜，瞽叟之子，父既頑，母既嚚，象復傲，自居死亡之地，而舜克諧以孝。方其始也，怨怒忌克，乖爭陵犯，一家之中，無所不有。克諧之後，悉變爲和順雍睦之風。「烝烝」二字，舜之功夫在此。烝烝者，有薰灌之意，詩曰「烝之浮浮」，如甑之炊物，然薪燃不斷，火氣相續，則自然烝烝以至於熟。舜處頑父、嚚母、傲象之間，苟非孝誠薰灌，工夫源源，安能至於「不格姦」之地？東萊。

周公　一條

周公誅管叔，是理當誅。周公雖不欲，然天理所在，周公不得違也。周公之誅管叔，湯武之伐桀紂，皆聖人之不幸，非其本心也。或曰：何以見湯武不幸處？曰：使桀紂賢，湯武爲諸侯，豈不自在？敬齋。

孔子　二條

禹稷思天下飢溺，由己飢溺。孔子歷聘諸國，以至誨人不倦，皆是合當做事。自古聖人之于天下皆知此。南軒。

觀聖人與師言，辭語從容，誠意懇至，真使人感慕於數千載之上。敬軒。

孔顔孟　二條

問顔子比湯如何？曰：顔子只據見在事業未必及湯，使其成就，則湯又不得比顔子。前輩説禹與顔子雖是同道，禹比顔子又麤些。顔子比孟子，則孟子當麤，看磨稜合縫，猶未有盡處。晦庵。

顔子多是靜處下工夫。文公曰：若如此説，當「不遷怒，不貳過」時節，此心須别有安頓處。看公此意，只道是不應事接物，方存得此心。不知聖人教人，多是於動處説，如云「出門如見大賓，使民如承大祭。」又如告顔子「克己復禮爲仁」，正是於「視聽言動」處理會。公意思只是要靜，將心頓在黑卒卒地，此却是佛家之説。人固有初學，未有執守，應事紛雜，暫於靜處少息，只是略如此。然做箇人，事至須著應，如何事至且説道待自家去靜處，當怒則怒，當喜則喜，更無定時，只當於此警省如何是合理，如何是不合理，如何要將心頓在閑處得。晦庵。

顔孟　二條

問顔子所樂何事？曰：人之所以不樂者，有欲耳。無欲便樂。晦庵。

孟子説滕文公便道性善，他欲人先知得一箇本原，則「爲善必力，去惡必勇」。晦庵。

孔門諸子　二條

曾子之爲人，敦厚質實，而其學專以躬行爲主，故其真積力久而得以聞乎一貫之妙。

然其所以自守而終身者，則固未嘗離乎「孝敬信讓」之規，而其制行立身，又專以輕富貴、守貧賤、不求人知爲大。南軒。

孔門唯一顏子天資至純粹，到曾子便過於剛，與孟子相似。晦庵。

子思　孟子　二條

子思別無所考，只孟子所稱，如「標使者出諸大門之外，北面再拜稽首而不受」「事之云乎，豈曰友之云乎」之類，這是甚麽様剛毅！晦庵。

孟子才高，在心性源頭處理會。曰「存心養性」，曰「求放心，擴充四端」之類，其曰操，曰存，曰養，曰求，曰擴充，孟子工夫便從此下手，非有孟子天資便無可依據。故孔子只教人「忠信篤敬，博文約禮」，便有依據持循，而心性工夫亦無不盡矣。河洛之教實祖孔子，故「主敬主一、莊整嚴肅」，整衣冠齊容貌，格物窮理，益詳益盡，學者亦不患無依歸下手處。敬齋。

諸子　二條

韓退之却有些本領，非歐陽公比，原道其言雖不精，然皆實，大綱是。晦庵。

退之説性，只將仁義禮智信來説，便是識見高處。晦庵。

漢唐儒　二條

漢儒董仲舒最平正，劉向博洽而淺，然皆不見聖人大道。賈誼、司馬遷皆駁雜，大意是言權謀功利，時以仁義揜覆之，然終救不得。晦庵。

孟子後，荀、楊淺，不濟事，只有王通、韓愈好，又不全。晦庵。

孔明　二條

諸葛武侯嘗言：「治世以大德，不以小惠。」而其治蜀也，官府、次舍、橋梁、道路莫不繕理，而民不告勞，是亦庶乎先生之政矣。晦庵。

問：陸宣公比諸葛武侯如何？曰：武侯氣象較大，恐宣公不及。晦庵。

廉溪周元公　一條

先生之言，其高極乎無極、太極之妙，而實不離乎日用之間，其幽探乎陰陽五行造化之賾，而其實不離乎仁義禮智、剛柔善惡之際；其體用之一源，顯微之無間，秦漢以下，誠未有臻斯理者，而其實則不外乎六經、論語、中庸、大學七篇之所傳也。蓋其所謂太極云者，合天地萬物之理而一名之耳，以其無器與形而天地萬物之理無不在是，故曰「無極而太極」；以其具天地萬物之理而無器與形，故曰「太極本無極也」。是豈離乎生民日用之常而自爲一物哉。其爲陰陽五行造化之賾者，固此理也。其爲仁義禮智剛柔善惡者，亦此理也。性此理而安焉者，聖也。復此理而執焉者，賢也。自堯舜以來，至於孔孟，其所以相傳之説，豈有一言以易此哉。顧孟氏既没，而諸儒之智不足以及此，是以世之學者茫然莫知所適，高則放於虛無寂滅之外，卑則溺於雜博華靡之中，自以爲道固如是，莫或知其非也。及先生出，始發明之，以傳於程氏，而其流遂及于天下之學者。於是始知聖賢之所以相傳之實，乃出於此而有以用力焉。此先生之教，所以繼往聖、開來學而大有功於斯世也。晦庵。

明道程純公　二條

明道天資高，本領純粹。其學自大本上流出，於細微處又精盡。敬齋。

程子有「篤恭而天下平」氣象。敬齋。

伊川程正公 一條

問伊川臨終時，或曰：「平生學底正要今日用。」伊川開目曰：「説要用，便不是。」「此是如何？」曰：「説要用便是兩心。」晦庵。

二程張子 四條

明道渾然天成，不犯人力。伊川工夫造極，可奪天巧。明道之言，發明理致，通透灑落，善開發人。伊川之言，即事明理，質慤精深，尤耐咀嚼。然明道之言，一見便好，久看愈好，所以賢愚皆獲其益。伊川之言，乍見未好，久看方好，故非久于玩索者不能識其味。晦庵。

明道德性寬大，規模廣闊。伊川氣質剛方，文理密察，其道雖同，而造德各異。故明道嘗爲條例司官，不以爲浼。而伊川所作行狀，獨不載其事。明道猶謂青苗可且放過，而伊川乃於西監一狀，較計如此，此可謂不同矣。然明道之放過，乃孔子之「獵較爲兆」，而伊川之一一理會，乃孟子之「不見諸侯」也。此亦何害其爲同耶？但明道所處是大賢以上事，學者未至而輕議之，恐失所守。伊川所處雖高，然實中人皆可跂及。學者只當以此爲法則，庶乎寡過矣。晦庵。

氣質之説，始於張程，極有功於聖門，有補於後學，前此未曾有人説到。晦庵。

學者不可謂少年，自緩便是四十、五十。二程從十四歲時，便鋭然欲學聖人。一盡及四十，未能及顔閔之徒。伊川可如顔子，然恐未如顔子之無我。晦庵。

横渠張獻公　二條

横渠教人道：「夜間自不合睡，只爲無可應接，他人皆睡了，已不得不睡。」他做正蒙時，或夜裏默坐徹曉。他直是恁地勇，方做得。因舉曾子「任重道遠」一段，曰：子思、曾子直恁地，方被他打得透。晦庵。

問横渠似孟子否？曰：横渠嚴密，孟子宏闊。又問：孟子平正，横渠高處太高，僻處太僻。曰：是。又曰：横渠之於程子，猶伯夷、伊尹之於孔子。晦庵。

羅仲素先生　一條

龜山先生倡道東南，士之游其門者甚衆，然語其潛思力行，任重詣極，羅公一人而已。延平先生從之學，講誦之餘，危坐終日，以驗夫喜怒哀樂未發之前氣象爲何如，而求所謂中。若是久之，而知天下之大本，真有在於是。晦庵。

李延平先生 一條

延平先生資禀勁特，氣節豪邁，而充養完粹，無復圭角。精粹之氣達于面目，色温言厲，神定氣和，語默動静，端詳閒泰，自然之中，若有成法。平居恂恂，於事若無甚可否，及其酬酢事變，斷以義理，則有截然不可犯者。晦庵。

張南軒先生 二條

某嘗竊病聖門之學不傳，而道術遂爲天下裂。士之醇慤者，拘於記誦；其敏秀者，衒於詞章。既皆不足以發明天理而見諸人事，於是言理者歸於老佛，而論事者歸於管商，則於理事之正反，皆有以病焉。而去道益遠矣。中間河洛之間，先生君子得其不傳之緒而推明之，然今不能百年，而學者又失其指，近歲乃幸得吾友敬夫焉，而天下之士乃有以知「理之未始不該於事。事之未始不根於理也」。晦庵。

南軒疾革，定叟求教，南軒曰：「朝廷官爵，莫愛他底。」一朋友在左右扶掖求教，南軒曰：「蟬蜕人欲之私，春融天理之妙。」語訖而逝。晦庵。

吕東萊先生　一條

吕伯恭舊時性極偏，因病中讀論語，至「躬自厚而薄責於人」有省，遂如此好。晦庵。

晦庵朱文公　三條

道之正統，待人而後傳。自周以來，任傳道之責，得統之正者，不過數人，而能使斯道章章較著者，一二人而止耳。由孔子而後，曾子子思繼其微，至孟子而始著。由孟子而後，周、程、張子繼其紀，至先生而始著。蓋千有餘年之間，孔孟之徒所以推明是道者，既已煨燒殘闕，離析穿鑿，蠹壞之後，扶持植立，厥功偉然，未踰百年，踳駁尤甚。先生出，而自周以來聖賢相傳之道一旦豁然，如大明中天，昭晰呈露。勉齋。

帝王不作，而洙泗之教興，微孟子，吾不知大道之與異端，果孰爲勝負也？聖賢既熄，而關洛之教興，微朱子，亦未知聖傳之與俗學，果孰爲顯晦也？韓子謂「孟子之功不在禹下」，予謂朱子之功不在孟子下。果齋。

程子之學是内裏本領極厚，漸次廓大，以致其極。朱子之學是外面博求廣取，收入内裏，以充諸己。譬如人家，程子是田地基業充實，自然生出財穀以致富；朱子是廣積錢穀，置立田地家業以致富。用力雖異，其富則一也。但朱子喫了辛苦，明道固容易，伊川亦不甚費力。敬齋。

陸子靜先生 四條

陸子靜之學，看他千病萬病，只在不知有氣禀之雜。他只説儒者絶斷了許多利欲，便是千了百當，任意做出都不妨。不知氣禀有不好底夾雜在裏，一齊滾將去，如何都把做心之妙理，道害事不害事。看子靜書，只見他許多麤暴底意思，其徒都是這樣。晦庵。

子靜説，一箇心本來是好底，上面着不得一字，人只被私欲遮了。若識得個心，萬法流出都無許多事。他是實見得恁地，所以不怕天，不怕地，一向胡叫胡喊。他説得動人，使人都快活，便會使得人都恁地放顛放狂。某也會恁地説，使人便快活，只是不敢，怕壞了人。若有這箇直截道理，聖人那裏教人恁地步步做上去。晦庵。

某向與子靜説話，子靜以爲意見。某曰：邪意見不可有，正意見不可無。只理會除意見，安知除意見之心，又非意見乎？晦庵。

問：「象山説『克己』，不但克利欲之私，只是一念要做聖賢便不可。」曰：「聖門何嘗有這般説話？然則堯舜『兢兢業業』、周公『思兼三王』、孔子『好古敏求』、顏子『有爲若是』、孟子『願學孔子』之念，皆當克去矣。他只是禪，誌公云『不起纖毫修學心，無相光中常自在』，他只要如此。然豈有此理？」晦庵。

敬軒薛先生

先生，山西河津人。幼穎悟，年十二作詩賦，監司奇之。稍長，從范、魏二先生講周、程、張、朱書，嘆曰：「此學道正脉也。」遂焚其所作詩賦，至忘寢食。登進士，授御史。内閣楊士奇等邀瑄，欲一識面，瑄曰：「某忝糾劾之任，無相識之理。」一日，三楊于班中尋識之，曰：「薛公見且不可得，况得而屈乎？」王振問士奇：「吾鄉人誰可大用者？」士奇薦瑄，召爲大理少卿。士奇謂瑄：「宜詣振謝。」瑄曰：「安有受爵公朝，拜恩私室耶？」振滋不悦。會指揮某死，妾有色，振侄王山欲娶之，妻持不可，妾因誣告妻毒殺其夫，都察院問，已誣服，瑄辨其冤，駁還之。振嗾言刻瑄，故出入人罪，繫獄，處以死。瑄怡然曰：「辨冤獲咎，死何媿焉？」手持周易，誦讀不廢。至奏將决，大臣有申救之者，得免。先生爲學貴踐履，一言一動，于禮有違便自于心不安。其出處光明峻潔，于富貴利達，泊如也。瑄教人，惓惓于復性，嘗曰：「讀書窮理，須實見得，然後驗于身心，體而行之，不然，無異于賣櫝而還珠也。」所著讀書録二十卷。

虛齋蔡先生

先生，福建晉江人，飭躬厲行，動准古人。平生好學，至老不倦。家極貧，雖位至腰金，恒借貸于人以足用。嘗即其卧處自題云：「命好德不好，王侯同腐草。德好命不好，顔淵任窮夭。」又嘗自箴有曰：「善愛其身者，能以一生爲萬載之業，或以一日而遺百年之休。不知自愛者，以其聰明而際盛時操名器，徒以就其一己之私而已矣。所謂如入寶山空手回者也。」所著有易學蒙引、四書蒙引及虛齋文集，四方學者宗師之。

胡敬齋先生

先生，江西餘干人，少學舉子業，稍厭之，既而聞吳聘君與弼講義理之學于崇仁里第，慨然往，從之遊。于是盡棄舊學，一以求道爲心，專用心于内。其學以忠信爲本，以力行爲要，因以敬名齋。動静語默，造次未嘗少違。對妻孥如對客，執親喪，哀毁踰節，三年不入寢室。家貧甚，鶉衣簞食，處之泰然。或爲之慮，則曰：「以仁義潤身，以牙籤潤屋，足矣！」與學者講學，謂：「第一怕見不真，第二怕工夫間斷，多有美質者好高，入於禪，騁詞失於矜，不知操存省察爲何事，安能造道德之域？」提學僉事李齡聘請主教白鹿洞書院。

羅整庵先生

先生，江西泰和人，諱欽順。少即端重殊異，年十四，題其門有「勉勉於仁義」之語。及第，授翰林，每朝退，即閉户讀書，不事交謁。擢南國子司業，正容端則。以父栗齋翁年高，請歸奉留侍，逆瑾怒，奪職爲民。瑾誅，復職。歷陞南京吏部尚書，馳疏乞致仕，蓋公審時直己，不苟慕榮利如此。公研精聖學，窮探理性，患近時學者持論高虛，不屑古訓，簡約是趨，其流之弊，將墮入虛誕，作困知記若干卷。其言議精微衍奥，根極理要，辨禪悟之學近理似是，而斥其毫釐千里之謬，讀其書，知其用力於斯道之專且久也。

附録

江起鵬小傳

［清］丁廷楗

江起鵬，字羽健，婺源旃坑人。萬曆乙未進士，知永寧縣，縣彝漢雜處，起鵬爲創義學，置社師，申保甲，解嘯聚，習俗一變。調繁姚江，覆畝給券，清弊釐奸，礦使至，毅然抗止。邑民肖像龍山祀之。晉南工部主事，條陳十事，刻石。掌錢法，疏言利弊七事。轉禮部，清伶役三百餘人。陞郎中，卒於官。所著有近思録補、悟道詩、心性編、遵行録、知姚問答諸書。（録自清丁廷楗康熙徽州府志卷十四）

江起鵬小傳

［民國］葛韻芬

江起鵬，字羽健，旃坑人。甫七齡，封公子郁即授以近思録、讀書録，曰「此理學正脈也」。稍長，益以明道語。萬曆壬午領鄉薦，乙未成進士。知永寧縣，夷漢雜處，土寒瘠而人頑獷。鵬至，爲創義學，置社師，申保甲，解嘯聚，俗是用恬。調繁姚江，甫下車即訪盜魁，覆畝給券，清弊蠹奸。斥苞苴，絶私請，愛民造士，坐臻雅化。歲大旱，步禱霖雨。礦使至，毅然抗止，邑民肖像立碑。擢南京工部主事，視庫，條陳十事，刻石。握錢衡，疏言利弊七事。轉禮部，清伶役三百餘户。陞精膳正郎。講學編摩過勞瘁，卒。著有近思録補、悟道詩、心性編、遵行録、知姚問答。（録自民國葛韻芬重修婺源縣志卷二四）

省躬訓十條

［明］江起鵬

鵬以不肖之身，無所樹立于天地間，然而致此亦不易已。兒輩長者粗知梗概，幼者則坐享目前，而本本源源之地，俱茫然矣。爰述一二以示訓云。

讀書

念我原無學，學來苦更多。幼未從師傅，稍長誰琢磨。童蒙三十餘，且教且吟哦。夜半不敢寐，侵晨已默坐。勤苦乃如此，兒輩曷虚過。窮年就師長，所學竟如何？

明理

讀書貴明理，我亦無師承。但喜讀書録，近思爲章程。每置几案間，朝夕勤猛省。有過必自書，有善即景行。所以路不差，漸次亦少明。諸書今具在，兒輩爲箴銘。

孝友

念余終天恨，不得養二親。兼之有二弟，殘疾與夭淪。所以勤苦學，爲親圖顯名。今雖兩褒封，何如負米情。獨爲營葬事，頗盡寸草心。親没鴻九齡，鵬亦僅四歲。母氏恐累予，悲泣渾無計。我言不必憂，手足無分别。可憐鴻謹馴，一疾成永訣。鵬也無所知，娶婦多悖戾。又多比匪人，屢次生惡孽。十畝今割與，亦足稱世業。兄弟無所恨，事親終有缺。兒輩亦有親，何以使之悦。兄弟苦多人，切莫聽婦説。長者頗有知，少者宜自勵。

勤儉

吾不理家務，起家俱爾母。每憶貧乏之時，饑飡衣綴補。後來稍優裕，更自勵勤苦。留銀置田産，支持買酒腐。及予登弟後，猶自甘淡素。自已咬菜根，甘肥供師傅。典釵襖與裙，至今人傳布。到晚猶勤劬，未晚先分付。所以起家業，絲毫皆其助。有等懶女人，貧家反粧富。兀坐高樓上，只叫婢與僕。家事都不管，相邀弄嘴婦。米穀去多少，有妾終成醋。不思生世長，日取丈夫怒。賢者勿效此，各自撑門户。是爲勤儉歌，兒曹日三復。

睦族

余家五六世，能睦族與鄰。田土無爭競，言語不相侵。即余尤懦弱，恂恂過平生。無人來欺我，我亦不凌人。但恐吾兒輩，又多弟與兄。凡事不忍讓，與人相鬬爭。每見鄰家子，恃衆要欺人。後來多吃苦，家破多離分。好好細思量，總來同一根。有何强與弱，至要在睦鄰。

安分

天自生人來，各自有定分。知力雖强求，强求亦無用。念吾與爾母，一生守本分。手畔分毫無，亦是安貧困。全不去忮求，分外有尋趁。後來雖顯達，常自愧爾倖。恐吃兒孫飯，後來遭困頓。兒曹宜戒慎，天道有盈損。世間不義財，真如土與糞。淺水常常流，過分不安穩。

生理

學者先治生，宦家尤所急。多因蒙世業，不想務生理。坐食能幾何，貧窮應立至。所以勤讀書，門户方可立。不則勤本業，亦自了衣食。切莫圖放債，放債多怨詈。切弗走江湖，江湖多損失。亦莫去請謁，請謁傷面皮。惟恃田與土，此是靠金漆。當令有贏餘，要在知撙節。清白留汝輩，各自相勉勵。

慎交

吾生無過人，所幸得良友。不識琴與棋，不貪花共酒。窮則談文義，達時講治理。到處有佳朋，要在能擇取。切莫親便佞，多爲勢利誘。酒食先饋遺，言語相綢繆。機括一相投，便自遭毒手。或引走花街，或牽見父友。骨肉反傷殘，身名因之朽。幾見世宦家，遭此家難守。兒輩宜記取，出入須佳友。

御下

女子與小人，自古稱難養。吾性失之寬，下人多無良。兒輩寬與嚴，兩用始無妨。有等奸險輩，專壞主行藏。又有佞倖徒，口舌生禍殃。此等宜逐去，勿用在身旁。勤力幹家務，用心理田莊。此是堪用的，小過勿較量。婢子尤宜慎，早晚在隄防。總之少爲貴，多蓄惱心腸。（録自清江賡纂修蕭江家乘卷十）